O DIA A DIA DO COORDENADOR PEDAGÓGICO

ANÁLISE E REFLEXÃO PAUTADAS NA TEORIA DA COMPLEXIDADE

Editora Appris Ltda.
1.ª Edição - Copyright© 2024 da autora
Direitos de Edição Reservados à Editora Appris Ltda.

Nenhuma parte desta obra poderá ser utilizada indevidamente, sem estar de acordo com a Lei nº 9.610/98. Se incorreções forem encontradas, serão de exclusiva responsabilidade de seus organizadores. Foi realizado o Depósito Legal na Fundação Biblioteca Nacional, de acordo com as Leis nos 10.994, de 14/12/2004, e 12.192, de 14/01/2010.

Catalogação na Fonte
Elaborado por: Dayanne Leal Souza
Bibliotecária CRB 9/2162

C824d
2024
	Correa, Barbara Raquel do Prado Gimenez
	  O dia a dia do coordenador pedagógico: análise e reflexão pautadas na teoria da complexidade / Barbara Raquel do Prado Gimenez Correa. – 1. ed. – Curitiba: Appris, 2024.
	  278 p. : il. ; 23 cm. – (Educação, Tecnologias e Transdiciplinaridades).
	
	  Inclui referências.
	  ISBN 978-65-250-6338-6
	
	  1. Educação infantil. 2. Teoria (Filosofia). 3. Complexidade (Filosofia). I. Correa, Barbara Raquel do Prado Gimenez. II. Título. III. Série.
	                                                          CDD – 370.111

Livro de acordo com a normalização técnica da ABNT

Appris *editora*

Editora e Livraria Appris Ltda.
Av. Manoel Ribas, 2265 – Mercês
Curitiba/PR – CEP: 80810-002
Tel. (41) 3156 - 4731
www.editoraappris.com.br

Printed in Brazil
Impresso no Brasil

Barbara Raquel do Prado Gimenez Correa

O DIA A DIA DO COORDENADOR PEDAGÓGICO
ANÁLISE E REFLEXÃO PAUTADAS NA TEORIA DA COMPLEXIDADE

Appris editora

Curitiba, PR
2024

FICHA TÉCNICA

EDITORIAL	Augusto Coelho
	Sara C. de Andrade Coelho

COMITÊ EDITORIAL

- Ana El Achkar (Universo/RJ)
- Andréa Barbosa Gouveia (UFPR)
- Antonio Evangelista de Souza Netto (PUC-SP)
- Belinda Cunha (UFPB)
- Délton Winter de Carvalho (FMP)
- Edson da Silva (UFVJM)
- Eliete Correia dos Santos (UEPB)
- Erineu Foerste (Ufes)
- Fabiano Santos (UERJ-IESP)
- Francinete Fernandes de Sousa (UEPB)
- Francisco Carlos Duarte (PUCPR)
- Francisco de Assis (Fiam-Faam-SP-Brasil)
- Gláucia Figueiredo (UNIPAMPA/ UDELAR)
- Jacques de Lima Ferreira (UNOESC)
- Jean Carlos Gonçalves (UFPR)
- José Wálter Nunes (UnB)
- Junia de Vilhena (PUC-RIO)
- Lucas Mesquita (UNILA)
- Márcia Gonçalves (Unitau)
- Maria Aparecida Barbosa (USP)
- Maria Margarida de Andrade (Umack)
- Marilda A. Behrens (PUCPR)
- Marília Andrade Torales Campos (UFPR)
- Marli Caetano
- Patrícia L. Torres (PUCPR)
- Paula Costa Mosca Macedo (UNIFESP)
- Ramon Blanco (UNILA)
- Roberta Ecleide Kelly (NEPE)
- Roque Ismael da Costa Güllich (UFFS)
- Sergio Gomes (UFRJ)
- Tiago Gagliano Pinto Alberto (PUCPR)
- Toni Reis (UP)
- Valdomiro de Oliveira (UFPR)

SUPERVISORA EDITORIAL	Renata C. Lopes
PRODUÇÃO EDITORIAL	Sabrina Costa
REVISÃO	Monalisa Morais Gobetti
DIAGRAMAÇÃO	Bruno Ferreira Nascimento
CAPA	Sheila Alves
REVISÃO DE PROVA	Bianca Pechiski
	Jibril Keddeh

COMITÊ CIENTÍFICO DA COLEÇÃO EDUCAÇÃO, TECNOLOGIAS E TRANSDISCIPLINARIDADE

DIREÇÃO CIENTÍFICA	Dr.ª Marilda A. Behrens (PUCPR)	Dr.ª Patrícia L. Torres (PUCPR)
CONSULTORES	Dr.ª Ademilde Silveira Sartori (Udesc)	Dr.ª Iara Cordeiro de Melo Franco (PUC Minas)
	Dr. Ángel H. Facundo (Univ. Externado de Colômbia)	Dr. João Augusto Mattar Neto (PUC-SP)
	Dr.ª Ariana Maria de Almeida Matos Cosme (Universidade do Porto/Portugal)	Dr. José Manuel Moran Costas (Universidade Anhembi Morumbi)
	Dr. Artieres Estevão Romeiro (Universidade Técnica Particular de Loja-Equador)	Dr.ª Lúcia Amante (Univ. Aberta-Portugal)
	Dr. Bento Duarte da Silva (Universidade do Minho/Portugal)	Dr.ª Lucia Maria Martins Giraffa (PUCRS)
	Dr. Claudio Rama (Univ. de la Empresa-Uruguai)	Dr. Marco Antonio da Silva (Uerj)
	Dr.ª Cristiane de Oliveira Busato Smith (Arizona State University /EUA)	Dr.ª Maria Altina da Silva Ramos (Universidade do Minho-Portugal)
	Dr.ª Dulce Márcia Cruz (Ufsc)	Dr.ª Maria Joana Mader Joaquim (HC-UFPR)
	Dr.ª Edméa Santos (Uerj)	Dr. Reginaldo Rodrigues da Costa (PUCPR)
	Dr.ª Eliane Schlemmer (Unisinos)	Dr. Ricardo Antunes de Sá (UFPR)
	Dr.ª Ercilia Maria Angeli Teixeira de Paula (UEM)	Dr.ª Romilda Teodora Ens (PUCPR)
	Dr.ª Evelise Maria Labatut Portilho (PUCPR)	Dr. Rui Trindade (Univ. do Porto-Portugal)
	Dr.ª Evelyn de Almeida Orlando (PUCPR)	Dr.ª Sonia Ana Charchut Leszczynski (UTFPR)
	Dr. Francisco Antonio Pereira Fialho (Ufsc)	Dr.ª Vani Moreira Kenski (USP)
	Dr.ª Fabiane Oliveira (PUCPR)	

Para Luciano e Vinícius, sempre!

In memoriam

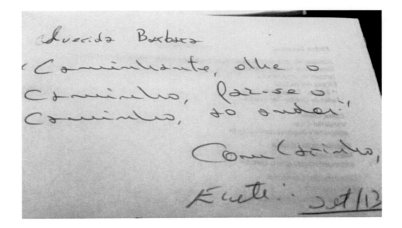

Me ensinaste o caminho,
Mostrou-me como olhar,
Me fizeste andar!
Gratidão eterna!
Saudades eternas!
Sempre, querida Elizete.

PREFÁCIO

Caros(as) leitores(as)

Sempre é uma honra prefaciar uma obra como **O DIA A DIA DO COORDENADOR PEDAGÓGICO: ANÁLISE E REFLEXÃO PAUTADAS NA TEORIA DA COMPLEXIDADE**, elaborado pela autora, professora dedicada e estudiosa, que foi minha aluna desde a graduação, portanto a conheço e recomendo a leitura, pois essa profissional minha colega na docência na Universidade, sempre se apresenta dedicada e envolvida num fazer que acolhe uma visão inovadora na escola.

A autora atua na educação básica e na Pedagogia, com destaque e esmero na docência e com preocupação com a gestão da escola, em especial, no papel do coordenador pedagógico. Assim, elabora essa obra composta por escritos admiráveis da educadora que empresta sua experiência vivenciada e muito estudo realizado para compartilhar com os professores e coordenadores que atuam, em especial, na educação básica.

A riqueza da construção desse livro adveio do seu doutoramento, na Pontifícia Universidade Católica do Paraná (PUCPR), do qual tive o privilégio de ser a orientadora, portanto essa obra foi aprovada por uma banca de doutores de grande expressão na educação brasileira, o que outorga a obra relevância e pertinência.

A temática focaliza a atuação do trabalho dos(as) coordenadores(as) pedagógicos(as), no cotidiano da escola, em especial, nos processos de formação continuada, na atuação profissional junto a seus pares no cenário da Educação Infantil. Mas, a proposta serve também para orientar os coordenadores pedagógicos das demais etapas da Educação Básica e o nível do Ensino Superior.

Apresenta na obra um avanço de concepção, uma visão inovadora baseada nos pressupostos do paradigma da Complexidade, pensamento postulado por Edgar Morin (1921- em vida), o qual defende uma atuação interdisciplinar e transdisciplinar, para tanto, formulou a teoria da Complexidade, na qual propõem a religação dos saberes, a superação da visão disciplinar, a necessidade de oferecer metodologias ativas que levem os(as) professores(as) e alunos(as) ao protagonismo e a produção do conhecimento. Além disto, Edgar Morin defende no paradigma da complexidade, assim preocupa-se com a formação humana, a ética, a visão solidária, a cidadania responsável, entre outros desafios.

Na obra a autora explora temas muitos significativos referentes a profissão do coordenador(a) pedagógico sob o viés de seu trabalho no cenário da escola. Contempla também os aspectos legais que caracterizam as ações do coordenador pedagógico.

A pesquisa junto aos(as) coordenadores(as) exigiu que a autora fosse buscar e registrar avanços para a realização e mediação dos processos na formação continuada junto aos professores, que a levou a realizar uma investigação pertinente de referências sobre a temática, durante Bolsa Doutoral Sanduíche realizada na Universidade do Porto/Portugal. Essa experiência acadêmica permitiu o contato com autores portugueses, que defendem uma formação inovadora para o pedagogo. Esse processo significativos de estudos permitiu enriquecer a sua obra com contribuições significativas para o trabalho profissional dos pedagogos.

Numa visão mais ampla, pode-se comparar esta obra a tessitura de fios que se entrelaçam na produção dos capítulos, que acolhem uma pluralidade temáticas, que se configuram em elaborações carregadas de credibilidade de pesquisadores, que investigam incansavelmente temas que podem subsidiar avanços na educação, na gestão e na docência em todos os níveis de ensino. Os temas apresentados têm como ponto comum a busca do avanço na educação que provoca os(as) leitores(as) para refletir, aprender, ensinar e atuar na coordenação pedagógica com uma nova visão.

As reflexões apresentadas na obra podem contribuir para que os professores e coordenadores possam se autoformar ao se reconhecer como profissionais que tem a missão de apreender sua realidade com consciência crítica e transformadora, sem a qual não conseguiremos aprender a pensar e compreender o ser humano, seu contexto e que requer considerar a visão complexa e transdisciplinar.

As problemáticas cotidianas no enfrentamento da sala de aula tornam-se alavancas para o(a) professora) e o(a) coordenador(a) refletirem por que caminhos conduzir sua atuação e saber buscar referenciais teóricos que subsidiem uma atuação significativa junto aos seus pares e alunos.

Na leitura da obra torna-se possível perceber a urgência de defender para o pedagogo, um desenvolvimento profissional cooperativo, dialógico, participativo, de ajuda mútua e de responsabilidade social, entre outras. Afinal, os atores da escola, gestores, coordenadores, professores e alunos convivem no meio escolar para aprender a ser gente, por meio de processos que tragam solidariedade, paz, justiça social, democracia, respeito e convivência fraterna.

Recomendo a leitura atenta e reflexiva da obra e desejo que os professores e coordenadores pedagógicos sejam provocados a engrossar fileiras na busca de uma escola que impulsione uma educação fraterna, justa e solidária, como protagonistas que se identificam e desejam atingir o desenvolvimento profissional com competência, ética e espírito criativo e inovador.

Curitiba, junho de 2024

Dra. Marilda Aparecida Behrens
Doutora em educação
Docente do Programa de Pós-Graduação em
Educação da PUCPR

SUMÁRIO

O COMEÇO... 15

CAPÍTULO 1
O PERCURSO DA PESQUISA: DECORRÊNCIAS DO NÃO SABER PARA TRAÇAR OS CAMINHOS INVESTIGATIVOS. 21
   1 ENQUADRAMENTO E OPÇÕES METODOLÓGICAS DA INVESTIGAÇÃO .22
      1.1 Objeto de Estudo 24
      1.2 Tema e Justificação 24
      1.3 Formulação do Problema 27
      1.4 Objetivos da Investigação 27
      1.5 A Investigação Qualitativa 28
      1.6 A Opção Metodológica do Estudo de Caso................................ 37
      1.7 Campo de Análise e sua Justificação.. 40
      1.8 Período de Investigação 44
      1.9 Os Instrumentos de Recolha dos Dados................................... 45
      1.10 Pesquisa Bibliográfica 46
      1.11 Entrevista Episódica 48
      1.12 Observação Participativa 61
      1.13 A Análise de Conteúdo como Técnica de Tratamento da Informação 62
      1.14 Sistema de Referências (Categorização)................................... 71

CAPÍTULO 2
A PROFISSÃO COORDENADOR PEDAGÓGICO SOB O VIÉS DA LEGISLAÇÃO EDUCACIONAL E O CENÁRIO DA PESQUISA 79
   2.1 ASPECTOS LEGAIS QUE CARACTERIZAM AS AÇÕES DO COORDENADOR PEDAGÓGICO 88
   2.2 A EDUCAÇÃO INFANTIL: CENÁRIO DA PESQUISA. 117

CAPÍTULO 3
A FORMAÇÃO CONTINUADA EM QUESTÃO: O QUE "FALAM" OS COORDENADORES PEDAGÓGICOS 135
   3.1 REFERÊNCIAS DAS PARTICIPANTES DA PESQUISA NA COMPREENSÃO SOBRE A FORMAÇÃO CONTINUADA 155
      3.1.1 Referência do Conhecimento na Formação Continuada 157

3.1.2 Referência do Aperfeiçoamento, Aprimoramento e Atualização na Formação Continuada 167
3.1.3 Referência do Inacabamento na Formação Continuada 171
3.1.4 Referência da Reflexão-Ação na Formação Continuada 176
3.1.5 Referência de Complementação na Formação Continuada.................181
3.1.6 Referência da Qualidade na Formação Continuada 187

CAPÍTULO 4
AS AÇÕES COTIDIANAS EM PRÁTICAS DE FORMAÇÃO CONTINUADA REALIZADAS PELOS COORDENADORES PEDAGÓGICOS............199
4.1 REFERÊNCIAS SOBRE AS AÇÕES PRÁTICAS DE FORMAÇÃO CONTINUADA..200
4.1.1 A Formação Continuada e a Prática Cotidiana de Estudo-Pesquisa 200
4.1.2 A Formação Continuada e a Importância do Vínculo nas Ações Formadoras 217
4.1.3 A Formação Continuada e a Identidade do Profissional Formador-Formando... 226
4.1.4 A Formação Continuada e a Ação Supervisora do Coordenador Pedagógico..... 241

5
CONTRIBUIÇÕES FINAIS...251

REFERÊNCIAS 263

O COMEÇO...

> *La posibilidad de admirar el mundo implica estar no solamente en él sino com él.*
> *Estar com es estar abierto al mundo, captarlo y comprenderlo; es actuar de acuerdo com sus finalidades para transformalo.*
> *No es sinplemente contestar a estímulos sino que es algo más: es responder a desafios.*
> *Las respuestas del hombre a los desafios del mundo, com las cuales va canbiándolo, impregnándole de su "espíritu", más que puro hacer, son quehaceres que involucrah indicotonablemente acción y reflexión.*
> *(Paulo Freire, 1967)*

Esta obra originou-se do desejo curioso em investigar o cotidiano dos coordenadores pedagógicos em suas ações profissionais no que tange à formação continuada em espaços escolares. Essa necessidade iniciou-se desde quando ingressei[1] na carreira docente, aos 14 anos, em Cuiabá, numa escola privada, ao mesmo tempo que iniciava minha formação no curso de Magistério. Desde então, percebia que coordenadores pedagógicos realizavam reuniões conosco, como professores, conduzindo o trabalho em práticas de "repasses" de informações ou direcionamentos da ação pedagógica da sala de aula. A sensação era de que esses profissionais "recebiam" de outros profissionais da educação tais orientações, e assim, deveriam transmiti-las.

No decorrer da trajetória, em Curitiba, posteriormente, iniciei o curso de Pedagogia, dando continuidade com o mestrado em Educação. Foi nesse período que ingressei na carreira docente na escola pública, que enriqueceu minha vida profissional e pessoal com vivências sob diferentes aspectos de cunho social, econômico e político.

Foi no espaço da escola pública que tive a oportunidade de mudança de função, saindo da sala de aula para a função de coordenadora pedagógica, agora com inserção tanto na rede municipal de Curitiba como em escolas da rede estadual (Paraná).

---

[1] Optamos por escrever o texto na primeira pessoa do plural, considerando as "muitas vozes" que o compuseram. Na Introdução e no Capítulo 1, os parágrafos que se referem à específica trajetória de vida da doutoranda serão escritos na primeira pessoa do singular, a fim de diferenciar esses momentos dos demais.

Foi no período atuando na Secretaria de Educação do Estado do Paraná, que meu objeto de pesquisa tomou corpo, a curiosidade cresceu e gerou a intriga pessoal de pesquisar o porquê os coordenadores pedagógicos, que atuam na relação institucional de rede/sistema escolar, permanecem oferecendo ações de repasses das informações, muitas vezes ignorando situações que poderiam ser otimizadas com propostas diferenciadas e inovadoras com foco no cotidiano pedagógico. Em geral, o dia a dia desses profissionais da educação é fortemente marcado por replicar ações, informações e modelos, dentre outras questões. Essas afirmações partem da experiência vivenciada como professora e depois como coordenadora pedagógica.

Ao finalizar o mestrado em Educação, ingressei na carreira docente no ensino superior, assim vivenciei esse espaço de formação inicial no curso de Pedagogia. O desejo investigativo da temática foi ampliado, principalmente quando lecionava disciplinas ligadas à Didática, ao Estágio Supervisionado e à Gestão Escolar.

Nesse processo, busquei delinear o projeto para o doutorado em Educação que proporcionou a pesquisa considerando os questionamentos iniciais e a decorrente ampliação da temática no contato da busca de investigação junto aos docentes atuantes nas Instituições de Ensino Superior do Paraná. Essa aproximação inicial permitiu levantar outros desdobramentos, assim foi crescente a necessidade de investigar o espaço do coordenador pedagógico, pois foi o primeiro profissional com o qual entrei em contato na exploração do território da pesquisa, ou seja, com coordenadores dos cursos de Pedagogia.

No decorrer das disciplinas realizadas no doutorado em Educação e na participação nos encontros, leituras, reflexões e discussões do Grupo de Pesquisa Paradigmas Educacionais e Formação de Professores (PEFOP), o projeto ganhou forma e intencionalidade, configurando-se no problema, delineamento dos objetivos, estabelecendo a abordagem da pesquisa (método — estudo de caso — coleta dos dados e análise) e registro nesse relatório de tese. A pretensão foi contributiva com os profissionais da educação que atuam na coordenação pedagógica, nos espaços escolares, com a extensão do desafio de mediar o processo da formação continuada de professores sob sua responsabilidade.

Assim, o objeto da pesquisa que deu origem a esta obra focaliza o cotidiano dos coordenadores pedagógicos, em especial, nos processos de formação continuada, na atuação profissional com seus pares coordenadores pedagógicos, na busca de possíveis pressupostos do paradigma da Complexidade, no cenário da Educação Infantil.

Optamos por envolver na pesquisa os coordenadores pedagógicos atuantes nos Núcleos Regionais da Educação (NREs) do município de Curitiba, nomeados na carreira de profissional da educação desse município como suporte técnico-pedagógico.

Para tanto, propusemos investigar a temática por meio de entrevistas e observação participativa da atuação dos coordenadores pedagógicos.

Como escopo teórico e como viés articulador dos argumentos em tese, optamos por investigar o pensamento postulado por Edgar Morin (1921- em vida), o qual formulou em sua teoria da Complexidade as possibilidades de compreensão e análise, numa mediação transdisciplinar, que permite entender a ação, como afirma em um de seus escritos:

> Entende-se que toda ação, uma vez iniciada, entra em um jogo de inter-retroações no meio em que se desenvolve e pode não somente desviar sua via, como desencadear forças adversas mais poderosas do que as que a iniciaram e, finalmente, retornar como um bumerangue, atingindo a cabeça de seus autores. (Morin, 2013, p. 53/NR).

Nesse sentido, a reflexão oriunda do desejo investigador sobre a ação do coordenador pedagógico em propostas de formação continuada, nos espaços escolares, poderiam ser compreendidas e analisadas mediante os dados da pesquisa. Optamos por uma dimensão que considere a complexidade do tempo presente, suas intercorrências, suas referências, suas multifaces, seus múltiplos embricamentos que podem desencadear a relação tensional entre cenário, realidade, ideal e inúmeras variáveis inerentes às ações humanas nesse contexto sociocultural que todos vivemos na atualidade.

Associado ao pensamento Complexo de Morin, não podemos nos distanciar das possibilidades de reflexão legadas por Paulo Freire (1921-1997). Cumpre em nossa utopia pessoal de Educação, na permissão da pesquisa, o entendimento e reflexão entre os princípios e os pressupostos que dimensionam o objeto em questão para além do entendimento como fenômeno reativo contextual, mas que seja extensível no que tange à intencionalidade de fazer Educação significativa e ao mesmo tempo significante.

Significativa na dimensão pessoal, das pessoas envolvidas, e significante na proporção de ação nos diferentes e diversos contextos socioculturais, e assim, Freire (1996) define que lidamos com "gente", para tanto, imprime em nossos argumentos da tese o conceito significativo pessoal, porém abre possibilidades significantes de inserções e postulações de ação e a prática--operante. Afirma o autor:

> É que lido com gente. Lido, por isso mesmo, independentemente do discurso ideológico negador dos sonhos e das utopias, com os sonhos, as esperanças tímidas, às vezes, mas às vezes, fortes, dos educandos. Se não posso, de um lado estimular os sonhos impossíveis, não devo, de outro, negar a quem sonha o direito de sonhar. Lido com gente e não com coisas. E porque lido com gente, não posso, por mais que inclusive, me dê prazer entregar-me à reflexão teórica e crítica em torno da própria prática docente e discente, recusar a minha atenção dedicada e amorosa a problemática mais pessoal deste ou daquele aluno [educandos]. (Freire, 1996, p. 144).

Essa tese nasce do sonho e do amor, do sentido que a Educação permeia a vida e se dimensiona nas pessoas, nas "gentes", nos "seres". Nasce da utopia da necessidade criativa e criadora da pesquisa, nasce das urgências e emergências socioculturais do nosso país, de outros países, da vida globalizada em que fomos colocados por nós mesmos e que podem gerar avanço intelectual, de conhecimento, de investigações, de possibilidades e de necessidades. Nasce do caos e da desestabilização pelas sazonalidades que abarca o cotidiano presente, tensionando nossas opções profissionais, nossas ações, nosso Ser-estar, nossas pessoalidades e nossos sonhos.

A premência de compreender a prática, nesse cenário sugere a transgressão, como professora, profissional, pessoa e pesquisadora, sou, evocando Freire: inquieta e curiosa, sinto-me inacabada, em busca por formas diferentes de pensar o recorrente, descumpro o posto, mas não arbitrariamente, busco o descumprimento no sentido implicado ao outro, de ser e fazer melhor, de doação, do máximo, extensível ao limite, no anseio (às vezes ansiosa) pela transformação. O quanto quero e estou disponível para possibilitar o cumprimento dos sonhos, da ação em serviço ao próximo, quanto mais a abertura eu me exercitar, coloco-me em resiliência, em superação do empecilho posto, o comum e inevitável, numa busca constante, nunca finita e acabada, de Ser-agir educadora, projetada num olhar Complexo.

Não conseguiria organizar este trabalho em partes desvinculadas das vozes trazidas da pesquisa, como é comumente feito na academia: introdução, fundamentação teórica, análise dos dados e considerações finais. Por outro lado, buscamos organizá-lo de forma que os leitores pudessem manter certo sentido organizativo, mas se fez notável trazer todo instante a participação dos atores em dados oriundos das entrevistas e observação participativa realizada, em argumentos e considerações nos vieses dos autores que permeiam os capítulos da obra.

O **Capítulo 1** delineia o percurso metodológico da pesquisa, trazendo referências que permitiram nos demais, aberturas de análises emanadas da abordagem qualitativa. Esse capítulo reflete o resultado da vivência no decorrer da Bolsa Doutoral Sanduíche realizada na Universidade do Porto/ Portugal, que enriqueceu nosso trabalho e vida pessoal/acadêmica.

O **Capítulo 2** trata dos aspectos legais sobre a profissão do coordenador pedagógico e evidencia o cenário em que a pesquisa foi realizada.

O **Capítulo 3** busca compreender como os coordenadores pedagógicos entendem as especificidades do seu pensar e fazer profissional, como concebem e definem a formação continuada como sendo sua principal ação nos espaços escolares.

O **Capítulo 4** delineia o pensamento e reflete ações dos coordenadores pedagógicos em projetos de formação continuada realizados no dia a dia do seu trabalho profissional, as concepções e tensões, as necessidades e realizações.

As **Considerações Finais** trazem a retomada do objeto da pesquisa frente ao problema e objetivos traçados, evidencia a reflexão feita no decorrer dos capítulos e busca argumentar em tese a compreensão característica da metodologia de estudo de caso, na abordagem qualitativa, a qual nos propusemos neste trabalho.

Nosso "sonho" em realidade neste trabalho, é que transpareça em palavras o exercício da "curiosidade epistemológica" (Freire, 1996), não arrogante, em reflexão da transformação de nossas práticas formadoras e cotidianas como coordenadores pedagógicos. Em pauta a Educação: que façamos o despojo da nossa certeza-certa, prosélita, etnocêntrica e conservadora, distanciada do outro, geradora de falácias, que não nos melhora como "gente", que não nos vincula sócio-e-culturalmente, que não age e muitas vezes não reage, que diminui os saberes, que eleva o Ter mais que o Ser, que não nos põe a favor das "gentes"/das pessoas/do próximo, da consciência de sermos/estarmos todos em "ensinar a condição humana" (Freire, 1996; Morin, 2005).

CAPÍTULO 1

O PERCURSO DA PESQUISA: DECORRÊNCIAS DO NÃO SABER PARA TRAÇAR OS CAMINHOS INVESTIGATIVOS

> *Temos uma necessidade vital de situar, reflectir [sic], reinterrogar [sic], o nosso conhecimento, isto é, de conhecer as condições, as possibilidades, os limites das suas aptidões para alcançar a verdade que visa. Como sempre, a questão prévia surge historicamente sem fim, e é à honra derradeira do pensamento ocidental que a resposta – a verdade – se transforma enfim em pergunta.*
> *(Edgar Morin, 1986. O MÉTODO III)*

O objetivo deste capítulo é delinear as opções referentes à abordagem metodológica desta investigação, seus pressupostos, justificativas e o enquadramento do referencial metodológico no que tange tanto à abordagem (metodologia), ao método, às estratégias da coleta dos dados e ao tratamento destes em relação ao problema e objetivos da pesquisa. Os itens deste capítulo, especificamente, foram organizados a partir da vivência no Programa de Pós-Graduação da Pontifícia Universidade Católica do Paraná (PPGE/PUC-PR) e complementada com a relevante inserção na Universidade do Porto/Portugal, no decorrer do Programa de Doutorado Sanduíche no Exterior (PDSE), no qual pudemos elaborar em diferentes situações de aprendizagem (aulas e professora orientadora) referentes às questões metodológicas e opções da pesquisa na relação com o objeto, problema e objetivos da tese que deu origem a este livro. No Brasil, complementou-se essa elaboração mediada pela orientadora do Programa de Pós-Graduação Stricto-Sensu em Educação, na qual se vincula este relatório de tese.

1 ENQUADRAMENTO E OPÇÕES METODOLÓGICAS DA INVESTIGAÇÃO

Tendo em vista o elemento caracterizador de uma pesquisa, na qual pressupõe o tratamento acadêmico-científico de um fenômeno investigativo, a motivação expressa por Morin (1986, p. 27) retrata o sentido da busca pelo conhecimento significativo, ao afirmar que:

> Em suma, porque mantém permanentemente aberta a problemática da verdade, deve considerar todo o conhecimento que se crê verdadeiro, toda a pretensão ao conhecimento, todo o pseudo-conhecimento, isto é, também o erro, a ilusão, o desconhecimento. [...] A epistemologia complexa não poderia encimar os conhecimentos. Deve, pelo contrário, integrar-se em toda a atitude cognitiva que, hoje como nunca, tem a necessidade legítima, como vamos ver, de reflectir-se [sic], reconhecer-se, situar-se, problematizar-se.

Assim sendo, na busca do objeto a ser investigado, suas relações ou causas, até mesmo consequências, partimos do pressuposto imanente da sua complexidade, globalidade, irreverência, mutabilidade, incerteza, entre outros adjetivos que fazem parte do cenário do tempo social presente e, consequentemente, da/na educação.

O projeto de pesquisa vinculou-se também ao referencial teórico deste trabalho — como enunciado em seu tema: "na visão da Complexidade". Evocados os seus princípios, encontramos na abordagem qualitativa a metodologia de intensidade necessária para "tratar" a pesquisa, elegendo o método — estudo de caso, tendo em vista a problemática e os objetivos a serem investigados. Para a coleta dos dados no campo de pesquisa, optou-se pela entrevista episódica (semiestruturada) enriquecida com a observação participante em momentos pontuais designados pelos atores da pesquisa, além da revisão bibliográfica referente ao suporte teórico.

O referencial teórico deste trabalho lança à luz do seu enquadramento metodológico as não linearidades que fazem parte do processo de uma investigação qualitativa, ou seja, ao pensamento de Morin (1986) e Amado (2013) convergem os aspectos da natureza das pesquisas no campo das ciências humanas e sociais — a educação, portanto se faz aqui nestes campos. Como conjugam os autores, seria impensável simplificarmos a natureza dessas ciências, pois a elas subjazem elementos da ordem dinâmica de uma sociedade imprevisível, porém, sem deixar de trazer aos investigadores dessas áreas a cientificidade necessária para sua relevância.

Nesse sentido, a pesquisa qualitativa tem em seu caráter uma dimensão de ruptura necessária para com aspectos da finitude, de simplicidade, da unicidade, do enquadramento que se esgota quando hipoteticamente se pressupõe a resposta ao problema, desconsiderando (quase sempre) as subjetividades e elementos oriundos do que alerta Morin (1986, p. 14) sobre o conhecimento finito nele mesmo:

> A busca da verdade está doravante ligada a uma busca sobre a possibilidade da verdade. Traz, pois, consigo a necessidade de interrogar a natureza do conhecimento para lhe examinar a validade. Não sabemos se teremos de abandonar a ideia da verdade, ou seja, de reconhecer a todo o custo, isto é, à custa da verdade. Vamos tentar situar o combate pela verdade no nó estratégico do conhecimento do conhecimento.

Ao considerarmos, portanto, os elementos de ordem subjetiva, histórica, relacional, contextual e a trajetória da investigação, não nos furtamos em atender ao rigor metodológico, perspectivando na complexidade dos fatos a simultaneidade dos elementos, porém com a abertura que se faz necessária mediante a um paradigma de pesquisa que pressupõe uma investigação complexa: na compreensão; numa síntese na qual sabemos ser transitória; localizada num tempo histórico; com pessoas envolvidas e envolventes numa prática educacional a qual se vinculam a uma ciência em constante movimento e desejosa por algumas proposições realizáveis, como é a Pedagogia — ciência da Educação.

Cabe reforçar sobre a abordagem qualitativa, enquanto opção para desenvolver esta pesquisa e considerando a especificidade do objeto que está sendo investigado, o caráter de envolvimento da pesquisadora, assim, requer ir além de métodos preestabelecidos, um olhar mais aprofundado diante dos dados encontrados, sendo a descrição elemento fundamental para a análise.

Outro aspecto é o caráter das diferentes referências possíveis que envolvem os dados, assim a hipótese não pode ser estabelecida. A pesquisa qualitativa exige analisar o processo, o cenário, os participantes, o objeto definido, enfim, todos os elementos são considerados para o tratamento dos dados. Esclarece-nos sobre essa questão Guerra (2012, p. 8) que "a perspectiva compreensiva torna-se mais pertinente para explicar os períodos de crise, particularmente aqueles em que se assiste a transformações culturais com profundas mudanças ao nível das práticas sociais", afirmações nas quais nenhum de nós, na atualidade, pode-se furtar em concordar com a autora.

Consideramos também o comprometimento da pesquisadora nessa abordagem em relação à ética investigativa, ou seja, desenvolver a concepção sobre a realidade tendo como base os fundamentos teóricos para a construção do conhecimento, os quais não são determinantes, pois são elementos para uma análise aprofundada, para a tomada de decisões mediante o viés ético, consciente, crítico e detalhado dos dados levantados/explorados na investigação.

1.1 Objeto de Estudo

O objeto de estudo dessa investigação focaliza o cotidiano dos coordenadores pedagógicos[2], em especial, nos processos de formação continuada, na atuação profissional com seus pares coordenadores pedagógicos[3], na busca de possíveis pressupostos do paradigma da Complexidade, no cenário da Educação Infantil.

1.2 Tema e Justificação

As mudanças epistemológicas no cenário educacional trazem à baila a discussão do objeto do qual se ocupa todo processo educativo: o conhecimento. As questões sobre o que, como e de quais formas o conhecimento historicamente se constituiu, as pesquisas e tendências sobre as práticas educativas do que e como se ensinar, alimentam um "novo olhar" sobre a formação dos profissionais da educação.

O questionamento constante aliado à investigação proporcionada pela pesquisa, o foco nas práticas de tais profissionais, os referenciais tecnológicos que movimentam o cotidiano dos espaços escolares, são elementos de análise frente às variáveis de uma educação complexa tensionada pelas relações humanos-sociais.

---

[2] Há diferentes nomeações no Brasil para designar a função do coordenador pedagógico. Com base em uma das mais recentes pesquisas (Placco; Almeida; Souza, 2011), utilizaremos o termo: coordenação pedagógica para designar a função em maior abrangência. Utilizaremos nomeadamente: pedagoga-formadora (com as iniciais PF, seguidas dos numerais distribuídos aleatoriamente nas transcrições das desgravações) para indicar as participações das entrevistadas na pesquisa de campo; pedagogo/pedagoga quando se referir aos profissionais pares dessas participantes ou designação usual (entre pares) para a rede municipal que foi cenário da pesquisa. Há outros nomes que aparecerão no decorrer do texto devido as diferentes pesquisas e seus autores, utilizados como referência teórica deste trabalho e que designam a mesma função desse profissional da educação.

[3] A organização da Rede Municipal de Educação de Curitiba divide-se em 9 (se refere ao período em que ocorreu a pesquisa) Núcleos Regionais de Educação (RNEs). Na configuração desses Núcleos, os níveis de ensino têm equipes de trabalho de profissionais que possuem em suas carreiras iniciais a formação em Pedagogia. Portanto, são pedagogos que foram designados para pertencerem a essa equipe, os quais possuem em uma de suas atribuições principais a função de promoverem a formação continuada dos pedagogos que atuam nos Centros Municipais de Educação Infantil (CMEIs). Constituindo os atores centrais desta pesquisa, aqui denominados pedagogos-formadores. Essa questão será mais bem esclarecida no item Campo de Análise e Investigação.

Com certeza, os profissionais da educação são os que mais compreendem a relação de crise e caos, do saber lidar com as contradições, percebem uma demanda social de imprevisibilidade e da complexidade, colocando a necessidade de assumir a profissão pautada nos domínios da ética, destacando sua fundamental e essencial importância para a formação de uma sociedade desejosa por mudanças. Para tanto, como advoga Cosme e Trindade (2013, p. 8), a importância do espaço em que atuam os profissionais da educação nos

> obriga a que valorizemos, em primeiro lugar, aquelas visões e aqueles compromissos que, assim, se constituem como os referentes de uma reflexão que não pode ignorar o papel da Escola como instituição educativa que se afirmou, na sua gênese, como um instrumento de gestão da ordem política e cultural no mundo [...].

São as vivências das transformações sociais que mobilizam a pesquisa, por outro lado o conhecimento científico é posto em questão/debate para que se inter-relacione às práticas escolares de forma significativa, nas quais possam "[...] desencadear perspectivas que revigorem e construam um renovado papel do professor dentro da comunidade acadêmica e na sociedade em geral" (Behrens, 1996, p. 111).

Na ruptura da reprodução para a produção do conhecimento, pensar num paradigma sistêmico é produzir o conhecimento numa postura pessoal nesse entendimento, no qual se necessita compreender que o indivíduo não é finito em si mesmo, possui em sua essência humana recursos de "criatividade inesgotáveis", portanto "pode-se vislumbrar [...] a possibilidade de nova criação [...]. E a educação, que é ao mesmo tempo transmissão do antigo e abertura da mente para receber o novo, encontra-se no cerne dessa nova missão" (Morin, 2005, p. 72).

A prática docente é construída em seu cotidiano, não é isolada de atos individuais, pois desenvolvem-se em conjunto com outros profissionais da educação, como o coordenador pedagógico. Este tem em uma de suas funções o atributo de orientar tal prática, de mediar as situações didáticas numa perspectiva de constante pesquisa e no intuito da formação continuada em serviço, revisitar o dia a dia escolar.

Nesse sentido, esta pesquisa se justifica ainda pela investigação sobre a função do coordenador pedagógico como coparticipante das práticas escolares, o qual tem sua identidade reelaborada concomitante à sua atuação, originando conflitos, tensões, medos, resistências e buscas em legitimação da/na prática.

Enquanto pesquisadora, o primeiro aspecto não foi a pergunta referente ao objeto em si, mas o questionamento como educadora, indagamos como a pesquisa contribuiria (ou não) com a Educação, ou se haveria relevância de contexto social. Ainda se contribuiria na formação do coordenador pedagógico ou quais influências na produção do conhecimento e nas relações com os processos de ensino e aprendizagem se possibilitariam.

Essas foram as primeiras angústias, pois buscávamos investigar algo de relevância não apenas caracterizador ou descritor de números ou procedimentos, mas trazermos algo que fosse contributivo para efetiva proposição de transformação, que analisasse o tempo presente em contexto escolar.

Outro incômodo foi a hegemonia nos pensamentos educativos, ou seja, por condutas políticas, econômicas ou sociais, a investigação mediante a um paradigma fechado, quase que posto, com foco reducionista, levou-nos a desejar algo mais amplo, infinito e de múltiplas possibilidades, assim nas leituras iniciais da pesquisa qualitativa encontramos guarida nos pressupostos para a pesquisa, na qual fomos pouco a pouco formulando a pergunta e objetivos na possibilidade de uma proposição.

Como pesquisadora, acredito que o cenário da pesquisa é como diz Vasconcellos (2011, p. 108): complexo e multidimensional, biológico, humano, social, ambiental e que "exige um conjunto pluralista de perspectivas diferentes de abordagens".

Cabe lembrar que a caminhada para essa pesquisa nasceu da minha prática de professora na rede municipal de Curitiba e depois como coordenadora pedagógica, assim pudemos dimensionar as realidades em dois aspectos, primeiramente "sendo formada" e logo em seguida como formadora. Refere-se também ao tempo da nossa atuação profissional, assim somaram-se aspectos ligados às políticas de formação quando da atuação na Secretaria Estadual de Educação do Paraná, que por mais que fosse outra rede de ensino, trazia características igualitárias aos mesmos aspectos de motivação ou limítrofes da formação na educação pública.

Concomitantemente, iniciei nessa mesma função em uma escola privada de Curitiba, a qual colaborou significativamente na composição do problema da pesquisa e adiante, como professora no curso de Pedagogia, nasceu o desejo de aprofundar os estudos no que se refere ao coordenador pedagógico.

Este profissional da educação — o coordenador pedagógico — tem nomeadamente sua função descrita por várias nomenclaturas no Brasil. Possui sua formação inicial no curso de Pedagogia, como outros profissionais também o tem e que são igualmente atuantes no espaço escolar (professores/educadores/diretores, entre os mais diferentes nomes que "ganham" ao ingressarem na carreira profissional).

Nesse sentido, pela experiência vivenciada na escola, pude perceber que o coordenador pedagógico assume algumas características inerentes ao trabalho que tensionam "os entres": pedagógico e burocrático:

- entre as regulações legais;
- entre sala de aula e diretores/gestão escolar;
- entre alunos e famílias;
- entre famílias e escola;
- e para não deixar de registrar, a "fala" senso comum das vivências escolares: "somos bombeiros na escola, apagamos incêndios", "queria tanto, tanto poder ser pedagogo 'de verdade'".

1.3 Formulação do Problema

Partindo do exposto anteriormente, começamos a desenhar o tema e objeto de pesquisa, em seguida formulamos o problema: como os processos de formação continuada sob a ótica da Complexidade realizados por coordenadores pedagógicos, podem contribuir com o cotidiano desses profissionais da Educação em ações que se efetivem na Educação Infantil?

1.4 Objetivos da Investigação

O objetivo geral estabelecido foi: **analisar** os processos de concepção e desenvolvimento do cotidiano do coordenador pedagógico em ações de formação continuada, sob à luz da Complexidade, visionando práticas formadoras na Educação Infantil.

Em decorrência do referido objetivo geral, elencou-se os seguintes objetivos específicos:

- Identificar os aspectos legais que caracterizam o perfil constitutivo do profissional coordenador pedagógico, elucidando os aspectos de referência à Educação Infantil, no qual compõem o contexto no recorte do cenário da pesquisa.
- Identificar os diferentes nomes atribuídos à função do coordenador pedagógico em diferentes pesquisas.
- Identificar as concepções dos coordenadores pedagógicos sobre o que é formação continuada.
- Identificar os processos de formação continuada operacionalizados pelos coordenadores pedagógicos em suas práticas profissionais.
- Relacionar as ações de referências aos coordenadores pedagógicos em suas práticas cotidianas de formação continuada.
- Compreender os dados oriundos da pesquisa tendo como escopo teórico reflexivo os princípios do pensar/teoria da Complexidade relacionando a transdisciplinaridade à prática da formação continuada sob o viés teórico do pensar/teoria da Complexidade.
- Caracterizar e analisar criticamente as práticas de formação continuada, na mediação realizada pelo coordenador pedagógico visando às especificidades da Educação Infantil.
- Indicar pontos norteadores para a formação continuada e a prática do coordenador pedagógico em seu cotidiano, mediante os pressupostos do pensar/teoria da Complexidade, relacionando-os às possibilidades de uma ação inovadora.

1.5 A Investigação Qualitativa

A pesquisa em educação possui características singulares e se difere de outras áreas do conhecimento, pois o "objeto" — Ser Humano — é único, complexo e com inúmeras possibilidades de interfaces, e a Educação se faz com pessoas, ou seja, seres humanos.

Os diferentes aspectos que diversificam os estudos dessa área requerem do pesquisador seu olhar intencional, considerando a natureza do seu objeto, o cenário que será fonte para a coleta de seus dados, a abordagem epistemológica (metodologia), o método, que servirão para referência da pesquisa, na busca investigativa da melhor análise possível.

Para tanto, cabe apontar as palavras de Morin (2001, p. 280) sobre a ontologia humana:

> Assim, indivíduo, sociedade, espécie, aparecem como três dimensões complementares/concorrentes/antagônicas do humano, sem que se consiga hierarquizá-las, a não ser de forma cíclica, instável, oscilatória; todas estas dimensões vão ligar-se no indivíduo (presença nela da sociedade, presença nele da espécie e presença do indivíduo numa e na outra). [...] O próprio indivíduo é uno e múltiplo; a sua unidade é concebida não apenas numa base genética, fisiológica, cerebral, mas também a partir da noção de sujeito, de que se dá aqui uma nova definição, incluindo particularmente o duplo princípio de inclusão e exclusão, que permite compreender ao mesmo tempo o egocentrismo, a inter-subjetividade e o altruísmo.

Evidentemente nesse desafio proposto pelo autor, pesquisar num campo científico essencialmente movido pelas relações humanas, frente aos desafios socioculturais de se viver e fazer-se humano, traz inúmeras controvérsias ao investigado; assim sentir-se constantemente desafiada, na busca incansável e no caminho ético da pesquisa em compreender os vaivéns humanos, é instigante.

Nesse sentido, tomamos a proposta de Amado (2013,) ao alertar sobre as consequências de uma tentativa da busca pela "racionalidade complexa" da pesquisa qualitativa, ele mesmo citando Morin (1995, p. 66) demonstra em seus escritos que "no limite tudo é solidário. Se tendes o sentido da complexidade tendes o sentido da solidariedade. Além disso tendes o sentido do caráter multidimensional de qualquer realidade".

Assim sendo, compreender os movimentos educacionais em toda sua gama de possibilidades e inter-relações é tarefa árdua, os processos que cercam e envolvem tais perspectivas abrem espaço para inúmeras formas de se olhar, analisar e contextualizar o objeto, assim a clareza do que se desejar investigar, a organização investigativa do pesquisador é fundamental para o sucesso e coerência da pesquisa educacional.

Dentre as controvérsias qualitativas e quantitativas das pesquisas em educação, Lincoln e Guba (2006) trazem à discussão paradigmática pelo menos três questões que merecem destaque, são elas:

I. A legitimidade, onde pesquisadores acostumados a leituras de referencial metodológico passaram a buscar os aspectos ontológicos e epistemológicos que se diferem do amparo da ciência convencional.

II. Profissionais com forte fundamento e experiência em pesquisa quantitativa desejam saber mais sobre a abordagem qualitativa.

III. Aumento do número de textos, artigos e materiais com foco na pesquisa qualitativa. Assim, os autores ainda indicam que:

> A metodologia investigativa não pode mais ser tratada como um conjunto de regras ou de abstrações universalmente aplicáveis. A metodologia encontra-se inevitavelmente entrelaçada à natureza de disciplina específicas [...] e metodologias específicas [...], sendo provenientes dessa natureza. Na realidade, os diversos paradigmas estão começando a se mesclar de tal maneira que dois teóricos, que antes imaginaríamos viverem um conflito irreconciliável, agora, sob uma rubrica teórica diferente, podem nos dar a impressão de que um está prestando informações aos argumentos do outro. Consequentemente, afirmar que são os paradigmas que estão em disputa é provavelmente menos útil do que provar onde e como os paradigmas demonstram confluência e onde e como demonstram diferenças, controvérsias e contradições. (Lincoln; Guba, 2006, p. 170).

O ganho da ciência à prática científica é enorme, pois no processo desse ir e vir investigativo, os saberes podem ser contextualizados face à realidade do tempo presente. Outro aspecto que se percebe na fala dos autores citados, que olhar o objeto de estudo por um outro viés não significa o esquecimento ou mesmo a negação de estudos já realizados, há sim uma nova perspectiva contextual, onde — e talvez — as análises decorrentes de abordagens investigativas que se pautam em outros paradigmas se tornem ponto de referência e/ou de partida para uma "nova" forma de se olhar, vivenciar, analisar o objeto em questão.

O entrelaçamento dos paradigmas leva-nos na atualidade a uma nova exigência de pesquisa, na qual a ética e os significados das investigações exigem maior energia do pesquisador, pois não há hipóteses prontas e determinantes, há sim, construção do/no processo, de concomitâncias, de divergências, de generalizações mutáveis, para que o objeto analisado seja colocado na prática real. A mutabilidade da pesquisa qualitativa requer uma postura de envolvimento do pesquisador de alta exigência ao estudo, pois o que é considerado hoje numa coleta de dados pode não o ser mais no momento da análise; no decorrer da descrição pode haver entrelaçamentos percebidos de formas diferentes ao processo inicial e a tomada de decisões não é cercada de fortalezas científicas cristalizadas ou seguras em suas totalidades. Outros aspectos, como a subjetividade, evocam uma análise pautada no relativismo, e tal situação para a ciência tradicional, finita e até então "certa" desestabiliza "a academia" e áreas de conhecimentos até então tidas como propagadoras da verdade.

Nesse sentido, o trabalho como pesquisadora nasce da prática de profissional na educação, das vivências em diferentes espaços escolares, das tensões dessa profissionalidade, culminam na opção feita pela abordagem epistemológica da pesquisa qualitativa, por considerar a educação uma ação, como afirmou Morgado (2012, p. 15), essencialmente humana, com valores e veemências que levam o investigador à busca do conhecimento científico, sendo assim "não pode subjugar-se a um modelo condutista e quantitativo, que pressupõe uma aceitação de pressupostos estáveis e mecanicistas próprios do paradigma positivista" mesmo que esteja diante da opção feita embrenhada de desafios inerentes ao processo investigatório.

Porém sabemos que esse sentimento é também escopo da pesquisa qualitativa, o envolvimento total do pesquisador e a não certeza de respostas, as vozes que são dadas aos sujeitos de forma ajustável, as mudanças de sentidos, e "as cegueiras do conhecimento: o erro e a ilusão" (Morin, 2005, p. 13).

As prioridades então expostas no status quo das pesquisas e caminham em direções obscuras, de mudanças sociais, oriundas das estruturas nas quais a sociedade vem se organizando, Gamboa (2007, p. 24) indica que o questionamento nos dias de hoje na pesquisa em educação, vai desde o tipo do método utilizado às formas de se abordar os problemas, o questionamento da investigação empírica, indicando "uma reflexão sobre o contexto de investigação de onde se obtém seu sentido".

Investigar dados oriundos da educação perpassa pela interdisciplinaridade da pesquisa, as influências de novos paradigmas que se fazem presentes no mais amplo espectro da educação, que envolvem os cenários, os contextos e os significados, com as especificidades de escolas, docentes, gestões escolares, sistemas de ensino, currículos, alunos, famílias, avaliações, ensinos, aprendizagens, educação especial, diversidade, questões de gênero, de sexualidade, enfim, entre tantos outras postulações da atualidade. Assim, o objeto da pesquisa educacional não pode ser unicista, finito nele mesmo, as perspectivas multicultural, da relatividade e da complexidade de análise embrenham-se a ele, ou seja, ao objeto em seu contexto e principalmente no foco de qualquer pesquisa dessa área: o Ser Humano e/em seu desenvolvimento.

Abordar a concepção do Ser na atualidade é talvez um dos maiores desafios de qualquer pesquisador. Ao se pesquisar Educação, investigamos o desenvolvimento do indivíduo nesse campo de formação e de vida. Aspectos que são natos, percebidos, sentidos, vivenciados ou formados determinam o que cada Ser considera como valor, como moral e ética, e este é o cenário por onde o pesquisador na área de educação caminhará, com uma "lupa" a pesquisar — quase sempre — "agulhas no palheiro".

Nesse caminhar, os paradigmas educacionais inculcados nos espaços formais de construção do conhecimento (espaços escolares) nem sempre foram elaborados assim, o entendimento de se construir saberes é relativamente recente, aspectos de transmissão e assimilação por hora ainda se fazem presentes, e também estão presentes nas pesquisas em educação.

Os estudos principalmente na sociedade atual, os saberes e a ciência desenvolver-se-iam com maior amplitude se no centro do processo as práticas sociais fossem o ponto de partida da análise. Tais práticas marcam indelevelmente os objetos de opção de estudo de cada pesquisador, com olhares múltiplos sob e sobre estes e, talvez, como educadores e pesquisadores, introduzir-se-iam e desenvolver-se-iam "na educação o estudo das características cerebrais, mentais, culturais dos conhecimentos humanos, de seus processos e modalidades, das disposições tanto psíquicas quanto culturais que o conduzem ao erro ou a [sic] ilusão" (Morin, 2005, p. 14).

Fazer ciência é atribuir sentido, é ter pertinência humana, é reconhecer os problemas humanos com perspectivas transformacionais de reformar o pensamento, as atitudes, as organizações, entre outros aspectos que Morin (2005, p. 36) brilhantemente elucida, e destaca sobre os problemas universais e o conhecimento pertinente na qual:

> [...] confronta-se a *educação do futuro*, pois existe inadequação cada vez mais ampla, profunda e grave entre, de um lado, os saberes desunidos, divididos, compartimentados e, de outro, as realidades ou problemas cada vez mais multidisciplinares, transversais, multidimensionais, transnacionais, globais e planetários. Nessa inadequação tornam-se invisíveis: o contexto, o global, o multidimensional, o complexo.

Questionamos se o cerne da pesquisa se aloca (ou deveria) justamente no centrar-se à "inadequação invisível" sobre o qual o autor se refere. Na pesquisa qualitativa encontram-se possibilidades de investigar tal "invisibilidade", de perscrutar contextos globais, multidimensionais e complexos.

Cabem também as reflexões trazidas por Amado (2013, p. 68) que faz pensar a investigação em Educação em não esperar uma resposta simplista ou imediata, como ele afirma: "cem por cento eficaz... pelo menos em educação [...] as respostas serão sempre marcadas pelas incertezas inerentes à complexidade da condição humana" e ainda destaca que mesmo as respostas alcançadas podem (e quase sempre) se entrelaçam aos mais diferentes projetos e interesses que nem sempre são de origem "científica", ou seja, nascem da empiria do movimento das culturas, das sociedades, da formulações das relações, dos desejos e dos interesses de simplesmente sermos todos Seres Humanos!

Foi com base nos estudos de Flick (2009), que destacamos os passos para o desenvolvimento da pesquisa qualitativa como aspectos que merecem considerações, principalmente ao se transformarem no cronograma de pretensão da investigação para o "desenho da pesquisa qualitativa", esclarecendo que:

> Um bom desenho tem um foco *claro* e está construído em torno de uma pergunta de pesquisa *clara*. Tanto o desenho quanto a pergunta permitem que a pesquisa *reduza* o estudo ao tema essencial para responder à pergunta. Um bom desenho torna a pesquisa *administrável em termos de recursos e tempo* e é claro nas *decisões* sobre *amostragem* e nas *razões para se usar determinados métodos*. Também está bem relacionado ao pano de fundo teórico e baseado na perspectiva de pesquisa do estudo. Por fim, reflete as metas de generalização e os públicos do estudo e, mais concretamente, permite fazer as comparações que se pretendem no estudo. Visto assim, um bom desenho de pesquisa é resultado de reflexão, planejamento e decisões claras sobre os passos de sua construção [...]. Entretanto, um bom desenho deve, ao mesmo tempo ser *sensível*, *flexível* e *ajustável* às condições em campo e, nesse sentido, estar aberto a novas visões resultantes dos primeiros passos ou durante o processo de pesquisa (Flick, 2009, p. 72).

O autor traz aspectos como: clareza, administração de tempo e recursos, tomada de decisões frente aos métodos possíveis, o referencial teórico, as generalizações frente aos objetivos elaborados e os elementos envolventes de sensibilidade, flexibilidade e ajustabilidade, visam uma pesquisa de qualidade. Partindo para o "desenho da pesquisa qualitativa" proposto por Flick (2009, p. 69), optou-se por desenhar esta pesquisa na Figura 1:

Figura 1 – Desenho da pesquisa

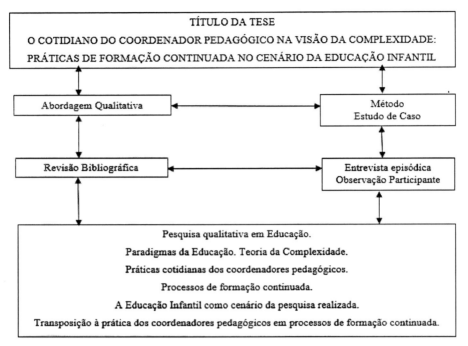

Fonte: elaborado pela autora (2014), baseada na proposta de desenho da pesquisa qualitativa em Flick (2009)

Esta investigação tem como cerne a prática dos coordenadores pedagógicos, conforme já explicitado anteriormente. Tal prática constitui em recorte à formação continuada desses profissionais atuantes em espaços escolares (CMEIs – Centro Municipal de Educação Infantil), na Educação Infantil é tensionada em seus aspectos teóricos, de pesquisa, de sentido, de vida, de docência, de discência, de transposição, de formação e que se funde na identidade do coordenador pedagógico na atualidade.

Retomamos assim, o princípio citado por Morin (2005), na busca de trazer o visível ao que subjaz "invisível", sobre "o contexto" diz respeito às informações insuficientes tendo em vista a prática do coordenador pedagógico, que atua como formador, no recorte do cenário delineado: a Educação Infantil.

Sobre o que o autor indica do "invisível global", dimensionamos a formação continuada, nas suas relações "entre o todo e as partes" (Morin, 2005, p. 37). A investigação para o conhecimento transdisciplinar, da totalidade dos conhecimentos mediante as partes originais dos saberes significantes e significativos à formação do Ser- Humano para com as práticas socioculturais; da investigação sobre as rupturas paradigmáticas das práticas do coordenador pedagógico, que se configuram nas/em escolhas, controvérsias, sentidos e formação humana e profissional.

Ainda evocando o dizer do autor, o "invisível multidimensional", neste campo do saber Complexo — no que tange à investigação —, buscamos a prática desse profissional da educação com significado à vida, ou seja, a formação humana integral, em todas as suas dimensões, que são ao mesmo tempo subjetivas e cognitivas, individuais e sociais, racionais e solidárias. Nessa dimensão investigativa o questionamento da prática educativa realizada no espaço formal de educação (escolar) se transpõe à vida, ao cotidiano, às reações e realizações sociais, às influências nos diferentes campos que estruturam a sociedade. Significam, portanto, uma profissionalidade à vida que transpassa a formação "recebida" academicamente pelo coordenador pedagógico. Como? Onde? Por quê? Quais exigências atuais a essa profissão?

O "invisível complexo" de Morin (2005), propõe a pesquisa da prática criativa do coordenador pedagógico, criatividade esta como competência necessária a esse profissional da educação. Criatividade da inovação, da criação, o chamamento humano às oportunidades frente às adversidades, a ação pedagógica do processo, das tensões entre a conformação à elaboração do pensamento Complexo, entre o coordenador pedagógico receptor ao coordenador pedagógico-pesquisador; das possibilidades de "tecer" saberes na inseparabilidade do "fazer junto" e ainda, dos elementos "inseparáveis" que são constitutivos do "todo".

É, porém, necessário estabelecer aqui o cenário pulsante da pesquisa realizada: atualidade que é mutante, móvel, distinta, multifacetada, recheada de significado e significâncias, pessoal e sociocultural, ampla e restrita, referenciada por saberes historicamente construídos, porém com realidades de mobilidades alternativas, num espaço formal organizado para atender uma sociedade que está há pelo menos dois séculos à frente dos espaços "tidos por escolares", com profissionais formados e desejosos de produzirem saberes, mas angustiados em significá-los, saberes estes, muitas vezes, construídos pelas mídias e tantos outros recursos que trouxeram o boom tecnológico.

Algumas das características da pesquisa qualitativa, evocadas por Esteban (2010) são a atenção que o pesquisador precisa dar a esse contexto trazendo a possibilidade de respostas ao seus questionamentos, nas experiências que são abordadas de forma global, a função do pesquisador é fundamental para a interação que se requer com a realidade, assim "nos estudos qualitativos, o próprio pesquisador se constitui no *instrumento* principal que, por meio da interação com a realidade, coleta dados sobre ela" (Esteban, 2010, p. 129).

Cabe ainda destacar que o caráter interpretativo é outra característica da pesquisa qualitativa, a referida autora diz que a interpretação tem dois sentidos: justificar e permitir que os sujeitos da pesquisa "falem por si mesmos" (Esteban, 2010, p. 129), na aproximação do pesquisador retratando as experiências, os significados e a "visão de mundo" que cada um possui.

Diante desse pressuposto de referência, tomam-se as três premissas que Blumer[4] (1969, p. 2 *apud* Flick, 2009, p. 69) como fundamento da pesquisa qualitativa:

> A primeira premissa é a de que os seres humanos agem em relação às coisas com base nos significados que as coisas têm para eles [...] A segunda premissa é a de que o significado destas coisas origina-se na, ou resulta da, interação social que uma pessoa tem com as demais. A terceira premissa é a de que esses significados são controlados em um processo interpretativo e modificados através desse processo, que é utilizado pela pessoa para lidar com as coisas as quais se depara.

Mediante tais premissas e ao encontro do objeto desta pesquisa, justifica-se a utilização da abordagem qualitativa, pois as problemáticas em relação à prática do coordenador pedagógico, ao seu cotidiano e à formação continuada são de ordem das relações humanas, do significado da prática e da importância do processo que se media no ensino-aprendizagem quando se investiga o campo pedagógico.

Trabalhar a investigação mediante essa abordagem permite uma experiência, como pesquisadora, na qual acolhe-se a sensibilidade que a educação requer, pois permite-se um olhar para além dos dados. Para tanto, referencia-se como ser humano em seu contexto, como sua história se traduz em sonhos, desejos e necessidades, refletindo a realidade na qual se produz os saberes, e entende-se que tal realidade é mutante, transitória e flexível e é nesse sentido que se cria a provocação necessária ao se analisar os dados. Esteban (2010, p. 130) auxilia-nos a refletir que:

---

[4] Ver: BLUMER, Herbert. **Symbolic interactionism**: perspective and method. Berkeley, CA: University of California, 1969.

> O momento atual reivindica uma *pesquisa qualitativa* cuja característica fundamental está na *reflexibilidade*. Esse conceito significa que deve ser dada especial atenção à forma que diferentes elementos linguísticos, sociais, culturais, políticos e teóricos influem de maneira conjunta no processo de desenvolvimento do conhecimento (interpretação), na linguagem e na narrativa (formas de apresentação) e impregnam a produção de textos (autoridade, legitimidade). De outro lado [...], a reflexibilidade significa dirigir o olhar para a pessoa que pesquisa, o reconhecimento das premissas teóricas e também pessoais que modulam sua atuação, assim como sua relação com os participantes e a comunidade em que realiza o estudo.

Pelos indicativos de intepretação, nas formas de apresentação, autoridade e legitimidade evocados pela autora citada, um único instrumento de pesquisa tornaria a análise das premissas colocadas inviáveis em sua análise, bem como limitadas em seu caráter da busca pela compreensão dos mesmos, os quais na opção pelo estudo de caso se requer "o compromisso com a interpretação, uma organização de estratégias em torno dos problemas, o uso de pequenos episódios, os riscos da violação da privacidade, a necessidade de validação, a generalização [...]" (Stake, 2012, p. 13).

1.6 A Opção Metodológica do Estudo de Caso

Tendo em vista a escolha da abordagem qualitativa, optou-se pelo método o **estudo de caso** como estratégia investigativa, "através da qual se procura analisar, descrever e compreender determinados casos particulares (de indivíduos, grupos ou situações), podendo posteriormente encetar comparações com outros casos e formular determinadas generalizações" (Morgado, 2012, p. 56-57).

Faz-se necessário considerar nessa opção uma situação posta em um tempo e espaço circunscrito, com aspectos de relevância de uma atividade e que considere tempo, espaço e singularidades do contexto. Para tanto, compreender as dinâmicas ocorridas em tal contexto influi nos comportamentos da vida real, de situações reais nas quais as variáveis não podem ser manipuladas, são interpretáveis e estabelecem relações entre os sujeitos e a complexidade do cotidiano que os cercam.

Algumas características do método estudo de caso enunciadas por Trindade (2014, informação verbal[5]):

---

[5] 'Informação verbal. TRINDADE, Rui. Aula proferida em 4 de novembro de 2014, na Faculdade de Psicologia e Ciências da Educação da Universidade do Porto, no programa doutoral (PDCE) em temática *Estudo de Caso*.

- O processo de pesquisa ocorre/decorre em contextos da vida real, com pessoas reais e a viver circunstâncias reais.
- Valorização das particularidades e especificidades do objeto de estudo.
- Abordagem de respeitar a complexidade do objeto de estudo.
- Investimento na interpretação dos dados de forma a favorecer a compreensão do objeto de estudo.
- Assume a interpretação como uma operação-chave.
- É interpretativo.
- É empático: leva a reconhecer o direito à palavra das pessoas envolvidas.

Em composição desta pesquisa, o estudo de caso se postula na problemática enunciada, nos objetivos delineados e nas considerações referentes ao cenário: Educação Infantil, coordenadores pedagógicos (autodenominados pelas entrevistadas de pedagogos-formadores), o pensar/teoria da Complexidade; a formação continuada como ação principal do coordenador pedagógico; o cotidiano desse profissional da educação atuante na Rede Municipal de Educação de Curitiba.

Também não se propõe generalizar as questões/interpretações/evidências construídas e apontadas por este estudo de caso, pois Morgado (2012, p. 57) alerta que essa modalidade gera um conhecimento "mais concreto e mais contextualizado, isto é, um conhecimento que resulta do estudo de uma situação/fenómeno [sic] específico em que se privilegia a profundidade de análise em detrimento da sua abrangência".

Assim, investigar a prática do coordenador pedagógico emerge e está imersa num contexto que não é determinante em suas formas e padrões, exige uma busca incessante de características descritoras, de compreensão, de detalhamento, nas quais as possíveis e aparentes confirmações acontecem e concomitantemente realimentam o cenário no qual nasceram.

Ao encontro desse pensamento, cabe citar Morin (2003) em seu trabalho sobre a *identidade humana* no qual encontra-se guarida teórica para a opção metodológica feita, permite que uma possibilidade (mesmo que pequena) de ruptura com uma concepção tida como coerente e "certa" da atuação do coordenador pedagógico em formação continuada seja tensionda. Tal certeza advinda, muitas vezes, dos documentos de políticas públicas sobre esse aspecto, busca registrar em falácias (quase sempre) que se distanciam do real, imobilizam-se para a mudança e tende-se a mostrar o vigor da ação pedagógica caracterizadora de documentos norteadores. Para tanto, sobre a centralidade que não se pode perder de vista aqui e agora, o indivíduo em contexto bio-antropo-social, nós — Seres Humanos — somos quem movimenta/modifica/faz a educação. Para refletir sobre o que é "o Humano", as palavras de Morin (2001, p. 281) são sempre necessárias:

> Mostra como está inacabado e incompleto. Não só mostra os limites da sua razão, mas também do seu espírito. Mostra-o sempre infantil e adolescente, incluindo na idade adulta, e infantil perante a morte. Mostra-o arcaico sob a crosta de modernidade, nevrótico sob a carapaça da normalidade. Mostra que a inteligência é difícil e que a ilusão é um risco permanente. Mostra a relação complementar e antagônica indivíduo/sociedade. Indica a dialéctica [sic] daquilo que oprime e daquilo que liberta. Adverte que o desenvolvimento técnico, industrial e econômico é acompanhado por um novo subdesenvolvimento psicológico, intelectual e moral. Mostra o ser humano entregue aos jogos duplos da história, da consciência e da inconsciência, da verdade e do erro. E mostra-o joquete e jogador, sem que se saiba se é mais joquete que jogador.

Mostra-se assim a premência e oportunidade desta pesquisa, a riqueza do Ser Humano, a relevância do caso em investigação, processo no qual a educação é o viés social de maior proeminência e alternativa para uma prática humanizadora da sociedade atual imbricada no caos.

As fases que envolvem este estudo de caso sequenciam-se na própria elaboração e desenvolvimento do projeto de pesquisa, ou seja, foi no decorrer de tal elaboração que foram se constituindo e trazendo os indicativos de relevância ao estudo. A compreensão inicial sobre o pensar/teoria da Complexidade foi determinante na centralidade do processo, pois o caso escolhido para nutrir o objeto da investigação envolvia diretamente a relação entre pessoas em espaços profissionais, nos quais as tensões inerentes são fatores de intersecção entre os elementos particulares e gerais do contexto. Para tanto, por prever a análise dos comportamentos, perspectivas, desejos e necessidades dos envolvidos na pesquisa, alocou-se em Amado e Freire (2013, p. 134) as relações dentro do paradigma que os autores pressupõem o estudo de caso, ao indicarem que o "investigador se situe no quadro do paradigma da complexidade, o único que nos permite reconhecer que tudo é solidário a tudo". Os autores também advertem que a particularidade do estudo de caso é incessante em "unir diferentes planos, o epistemológico (compreensão), o paragmático (ação) e o ético".

No bojo desse constante estudo, as leituras exploratórias iniciais dos autores como Behrens (1996, 2005), Maturana e Varela (2001), Moraes (2008, 2012), Morin (1986, 2001, 2005), Akiko Santos (2009), Suanno e Rosa Suanno (2012), Vasconcellos (2011), Zabala (2002), Yus (2002) entre outros, formaram a corrente epistemológica teórica na qual se fundamenta este estudo.

No ínterim do processo elegeu-se a abordagem referencial do método para a investigação, o objeto de estudo, o problema, os objetivos, o campo da investigação, o recorte dos participantes da pesquisa, a escolha dos instrumentos da coleta dos dados e a sua elaboração, os contatos e definições para a efetiva coleta dos dados, a escolha do tratamento e análise dos dados, a ampliação/enriquecimento dos conhecimentos teóricos e metodológicos.

A consciência relativa à ética durante toda a pesquisa foi sempre algo presente, foi entregue a cada participante da pesquisa um termo de compromisso de anonimato de identidade e de uso exclusivo das entrevistas, observações para fins acadêmicos, procurando garantir o respeito pelo pensamento de cada uma das participantes e pelo seu percurso profissional.

1.7 Campo de Análise e sua Justificação

O campo para realização da investigação adveio da inserção durante anos na rede pública e do reconhecimento que a escola pública é o espaço de maior expressão das práticas pedagógicas e de acesso da maioria da população aos bens culturais sistematizados.

Foram as práticas que realizamos nesse campo que motivaram os momentos que antecederam a elaboração do projeto de pesquisa do doutoramento, as quais evidenciaram as possibilidades de investigação e principalmente de inferência para uma transformação da prática dos coordenadores pedagógicos.

Após a elaboração do projeto de pesquisa e formulado o guia das entrevistas, realizamos três encontros com coordenadores pedagógicos, para realizar um estudo piloto. Consideramos esses momentos muito importantes para validar o processo a ser realizado efetivamente para o levantamento dos dados.

Utilizamos essas entrevistas para perceber as falhas e possibilidades que teriam e poderiam ser mais bem equacionadas quando das entrevistas em campo; também foi útil para gerar segurança pessoal em conduzir as entrevistas, além de servirem para verificar o uso dos equipamentos de gravação e o uso dos aplicativos de áudio desses equipamentos.

O recorte feito considerou o tempo disponível para esta tese, o profissional: coordenadores pedagógicos; o reconhecimento que a educação da infância é fundamento da formação humana e cidadã, as características disponíveis dos profissionais da rede municipal de Curitiba que "recebem" a incumbência de realizarem, entre outras funções, a formação continuada. Na legislação brasileira, em sua organização em níveis da educação escolar[6], foi preciso optar pelo recorte investigativo: Educação Infantil.

Elegeu-se como campo de pesquisa a Rede Municipal de Educação de Curitiba, que se divide em nove NREs (Núcleos Regionais de Educação). A escolha remete ao Núcleo Regional de Educação que é a "unidade organizacional da Secretaria Municipal da Educação responsável pela operacionalização e controle das atividades descentralizadas do nível central. Secretaria. Na Secretaria Municipal da Educação, os nove núcleos reportam-se diretamente à Superintendência Executiva"[7]. Nesses Núcleos atuam profissionais de carreira da própria rede; para esta pesquisa, os profissionais que foram os atores participantes são os que compõem o quadro próprio do magistério, formados inicialmente no curso de Pedagogia, que atuam em espaços escolares da Educação Infantil, na função de coordenadores pedagógicos e que no período desta investigação compunham as equipes dos referidos NREs.

Também é importante registrar que a Rede Municipal de Educação, em seu órgão gestor Secretaria Municipal de Educação, organiza-se em Equipamentos/Unidades[8], que são os espaços escolares. Atualmente esses espaços atendem os níveis de Ensino conforme a legislação nacional: Educação Infantil, Ensino Fundamental I e II, Educação de Jovens e Adultos.

A Educação Infantil é prioritariamente atendida nos espaços escolares nomeados Centros Municipais de Educação Infantil (CMEIs), que são definidos conforme o portal da Prefeitura Municipal de Curitiba, para:

> Desenvolvem ações de educação e cuidado, contribuindo para o desenvolvimento integral das crianças de 3 meses a 5 anos de idade. Prestam atendimento de 2ª a 6ª feira, das 8h à 18h oferecendo alimentação adequada às crianças, segurança e higiene. São desenvolvidas atividades como: jogos, brincadeiras, artes, recreação e literatura, entre outras[9].

---

[6] Lei de Diretrizes e Bases da Educação Nacional – LDBEN 9394/96 Art. 21º. A educação escolar compõe-se de: I - educação básica, formada pela educação infantil, ensino fundamental e ensino médio; II - educação superior.

[7] Informação disponível no site da SME – Secretaria Municipal da Educação: http://www.cidadedoconhecimento.org.br/cidadedoconhecimento/cidadedoconhecimento/index.php?subcan=41. Acesso em: 17 dez. 2014.

[8] Informação disponível no site da SME – Secretaria Municipal da Educação: http://www.curitiba.pr.gov.br/conteudo/equipamentos-pdf/3. Acesso em: 17 dez. 2014.

[9] Informação disponível no site da PMC – Prefeitura Municipal de Curitiba: http://www.curitiba.pr.gov.br/servicos/cidadao/centros-municipais-de-educacao-infantil/346. Acesso em: 17 dez. 2014.

Sabe-se também que pela extensão da Rede de Ensino, principalmente nas questões de demanda de atendimento às crianças, a Educação Infantil em Curitiba também é ofertada nas escolas, como informa o site da Prefeitura que a Educação Infantil "é a primeira etapa da Educação Básica que tem como finalidade o desenvolvimento integral da criança de 0 a 5 anos. Ofertada nos Centros Municipais de Educação Infantil (CMEIs), nas Escolas Municipais e nos Centros de Educação Infantil Conveniados com a PMC"[10]. Todos esses espaços de escolarização (CMEIs/escolas) possuem suas estruturas organizativas conforme seus Regimentos Escolares em consonância com a organização da Mantenedora.

Merece também ser esclarecido aqui, sobre esse a especificidade do recorte, o expresso na Figura 2, em que buscamos esclarecer aos leitores como é essa estrutura organizativa institucional da Rede Municipal de Educação de Curitiba.

Figura 2 – Organização da Estrutura do Campo da Pesquisa

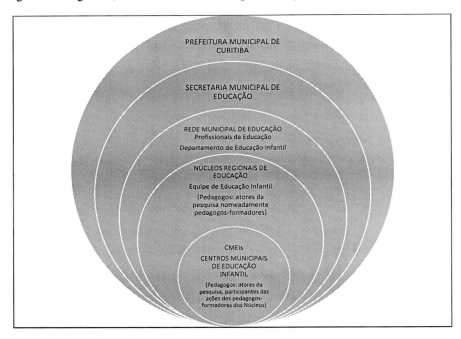

Fonte: a autora (2014)

---

[10] Informação disponível no site da PMC – Prefeitura Municipal de Curitiba: http://www.curitiba.pr.gov.br/servicos/cidadao/educacao-infantil/373. Acesso em: 17 dez. 2014.

Todos os profissionais da educação ingressantes na Rede de Educação de Curitiba realizam concursos públicos, conforme legislação. Inicialmente todos ingressam como docentes (professores), os quais podem atuar, conforme necessidade das vagas, tanto na Educação Infantil como nos anos iniciais do Ensino Fundamental I.

Esses professores, quando se abre demanda de concurso e desejam, realizam uma seleção interna para mudarem de função na carreira pública, passando a exercer suas práticas como coordenadores pedagógicos, podendo atuar também tanto na Educação Infantil como no Ensino Fundamental I.

Nossos atores são estes profissionais que, de alguma forma, possuem algum destaque em suas atuações profissionais e recebem convites dos chefes dos Núcleos Regionais da Educação ou de alguém da Secretaria Municipal de Educação, deixando as suas funções no espaço escolar, passando a integrar uma equipe pedagógica atuante nesses Núcleos Regionais, os quais possuem como principal tarefa de seus trabalhos a formação continuada de colegas-pares que estão nos espaços escolares (CMEIs e escolas que possuam turmas de Educação Infantil).

Cabe lembrar que os Núcleos Regionais de Educação possuem várias equipes de trabalhos, organizadas pelos níveis de ensino que a Rede Municipal de Educação de Curitiba oferta, como Ensino Fundamental I e II, Educação de Jovens e Adultos (EJA), espaços comunitários, entre outros.

O coordenador pedagógico na rede municipal de educação de Curitiba é o profissional que se caracteriza por ter a formação no curso de Pedagogia, que tenha passado pela docência em sala de aula, que avança na carreira profissional assumindo a função nomeadamente: em termos da Lei[11] do Município denomina-se Suporte Técnico Pedagógico; porém, comumente entre os profissionais[12] eles se autodenominam pela expressão (função): pedagogos e são também "chamados" dessa maneira nos espaços que atuam. As participantes da pesquisa, se reconheceram como sendo: pedagogo-formador[13]. Nessa função as suas tarefas são atribuídas pelas demandas dos espaços escolares em que atua. Nas escolas, pela estrutura organizativa, há outros profissionais como vice-diretor, coordenador administrativo, secretário(s), entre outros que compõem juntamente a gestão da escola.

---

[11] Lei 10.190, de 28 de junho de 2001, que Institui o Plano do Magistério Público Municipal.

[12] É possível saber sobre essa informação tanto no convívio com os profissionais, e em nossa entrevista, quando as participantes utilizaram para se referirem às colegas que atuam no espaço escolar, quanto nas notícias veiculadas no site da Secretaria Municipal de Educação: http://www.cidadedoconhecimento.org.br.

[13] Cap. 3, p. 126.

Nos CMEIs, pela característica, principalmente histórica[14] de pertencimento à Secretaria Municipal de Educação, os profissionais pedagogo e diretor são os que compõem a gestão desse espaço, ou seja, na maioria quase que total dos CMEIs em Curitiba não há outros profissionais de apoio ao trabalho da gestão. Esses são os atores nos quais vinculamos nesta pesquisa, pois as tensões entre o trabalho efetivo pedagógico e aspectos que geralmente não comporiam este trabalho, acabam por dispersar a atuação desse profissional.

Com a definição do recorte do cenário, tratou-se de proceder o encaminhamento junto à Secretaria Municipal de Educação no protocolo da legislação, a fim de receber a devida autorização de pesquisa. Também se procedeu o contato com os Núcleos Regionais de Educação (NREs) do município de Curitiba. Quando desse contato, identificou-se o profissional responsável na equipe da Educação Infantil, assim foi explicado o motivo do contato, e na sequência enviado o projeto de pesquisa e o ofício expedido pela Secretaria Municipal de Educação para que a entrevista fosse agendada.

Também foi no decorrer das entrevistas que uma participante, no final da mesma, realizou um convite para a observação participante em um momento de formação continuada, situação de investigação que serviu para que pudéssemos vivenciar como acontecia a prática de formação continuada.

1.8 Período de Investigação

O período que compreendeu a exploração bibliográfica decorreu desde 2012, quando do ingresso no doutorado, desenvolvendo-se até a finalização da pesquisa que deu origem a este livro. As entrevistas episódicas nos Núcleos Regionais da Educação (NREs) com os participantes ocorreram do segundo semestre de 2013 ao primeiro semestre de 2014. A observação participante foi realizada no mês de maio de 2014. O período da vivência do Programa de Doutorado Sanduíche no Exterior (PDSE) em Portugal ocorreu de setembro de 2014 a fevereiro de 2015. As desgravações das entrevistas ocorreram no período de julho de 2014 a outubro do mesmo ano, e a análise no período de novembro de 2014 a outubro de 2015.

---

[14] Os Centros Municipais de Educação Infantil (CMEIs) passaram a integrar a Secretaria Municipal de Educação no ano de 2003. Até então, o atendimento às crianças de 0 a 6 anos estava sob a responsabilidade da Secretaria de Assistência Social (Curitiba. DIRETRIZES CURRICULARES PARA A EDUCAÇÃO MUNICIPAL DE CURITIBA. 2006, v. 2 – Educação Infantil. Disponível em: http://www.cidadedoconhecimento.org.br/cidadedoconhecimento/downloads/arquivos/3009/download3009.pdf. Acesso em: 19 dez. 2014).

1.9 Os Instrumentos de Recolha dos Dados

As opções pelos instrumentos para a coleta dos dados da pesquisa têm a ver com a opção da pesquisa qualitativa e, em concreto, pela opção pelo estudo de caso, tanto quanto considerou-se nesta investigação a "natureza" de seu objeto, ou seja, ao se constituir uma compreensão sobre aspectos das ações do coordenador pedagógico em âmbitos da formação continuada e na relação com seu dia a dia, o instrumento em escolha seria fundamental para que essa compreensão fosse objetivada.

Os princípios para a coleta de dados visam fazer frente ao problema da pesquisa, Yin (2001) assenta sobre essa questão, estabelecendo que são os instrumentos e a escolha destes que validam a confiabilidade de um estudo de caso. Para tanto o autor elenca três princípios que convergem nas opções que fiz quando me propus a realizar a investigação: "Princípio 1: utilizar várias fontes de evidências; Princípio 2: criar um banco de dados para o estudo de caso; Princípio 3: Manter o encadeamento de evidências" (Yin, 2001, p. 119, 123 e 127).

Ao eleger a entrevista episódica (semiestruturada), a observação participante, a pesquisa bibliográfica, para a recolha das informações sobre o objeto a ser investigado, não se pretendeu esgotar o campo da pesquisa, porém garantir o cuidado e as percepções das evidências que a exploração do campo exige, utilizando-se desses instrumentos como possibilidade de composição da tese a ser delineada nessa proposta de trabalho científico.

Cabe destacar que no estudo de caso é fundamentalmente importante a escolha de mais de um instrumento, não com o intuito de estabelecer comparativos entre o emprego de um em relação ao outro, o que seria naturalizar ou simplificar os dados, descaracterizando o campo da pesquisa, mas no intuito de formar um escopo de relevância para a análise posterior das evidências caracterizadoras oriundas da utilização dos instrumentos.

Considerando os aspectos da pesquisa qualitativa de ponderar substancialmente o processo da investigação de forma mais ampla possível, o estudo de caso como método, à luz dessa abordagem de investigação, requer que o pesquisador tenha "versatilidade metodológica que não é necessariamente exigida em outras estratégias e deve obedecer a certos procedimentos formais para garantir o *controle de qualidade* durante o processo de coleta" (Yin, 2001, p. 129).

1.10 Pesquisa Bibliográfica

Na pesquisa científica as explorações dos documentos de referência compõem o escopo teórico para elucidar a análise da recolha dos dados, trazer as discussões proeminentes entre outros pesquisadores que já se debruçaram sobre a temática que está sendo desenvolvida, além de cientificizar o processo investigativo e validar os argumentos da tese em questão. Encontramos em Morgado (2012, p. 87) os aspectos relevantes ao uso da pesquisa bibliográfica em específico, para o autor, ser fundamental no método estudo de caso e na pesquisa em educação, ao afirmar que:

> Em relação à [pesquisa bibliográfica] análise documental, importa ainda referir dois aspetos importantes. Em primeiro lugar, é necessário ter em conta a pertinência e eficácia das fontes utilizadas, sobretudo se não tiver certezas sobre os dados que pode extrair da análise dos documentos. Em segundo lugar, e decorrente do aspecto anterior, a necessidade de uma permanente atitude crítica por parte do investigador. [e ainda] para além, de contribuir para verificar a autenticidade e credibilidade dos documentos, permite contextualizar a informação recolhida e avaliar a sua adequação ao objeto de estudo.

Cabe salientar que a pesquisa bibliográfica, tanto de natureza teórica como na análise dos documentos de legislação e organização do campo no qual se desenvolveu a pesquisa, ocorreu em diferentes momentos e com diferentes intensidades.

Outro aspecto importante sobre a pesquisa bibliográfica está nos estudos de Flick (2009, p. 64), o qual nomeia esse processo de "revisão de literatura". Para o autor, o primeiro passo existente é que o investigador busque saber se há algum estudo de relevância sobre o tema de sua pesquisa, nesse sentido o levantamento do Estado da Arte sobre a práticas de formação do coordenador pedagógico atendeu a esse pressuposto, assim tal revisão disponível pode auxiliar o pesquisador quanto: "quais são as tradições e as disputas metodológicas existentes aqui? Existem resultados e descobertas contraditórias que poderiam ser adotadas como ponto de partida"?

Ainda sobre esse instrumento, o autor chama a atenção para que de forma alguma se pense na pesquisa qualitativa como a "descoberta do novo" (p. 61), no engano de se desconsiderar a relevância dos estudos científicos já elaborados, e esclarece que (p. 62):

> Diferente de um estudo quantitativo, o pesquisador não usa a literatura existente sobre seu tema com o objetivo de formular hipóteses a partir dessas leituras, para, então, basicamente testá-las. Na pesquisa qualitativa, o pesquisador utiliza os *insights* e as informações provenientes da literatura enquanto conhecimento sobre o contexto, utilizando-se dele para verificar afirmações e observações a respeito de seu tema de pesquisa naqueles contextos. Ou o pesquisador utiliza-o para compreender as diferenças em seu estudo antes e depois do processo inicial de descoberta.

A leitura, seleção e análise de relevância à tese das fontes teóricas ocorreram desde o ingresso no doutoramento em 2012. Foi no transcorrer das disciplinas cursadas que se buscou diferentes caminhos de reflexão teórica para comporem a bibliografia de suporte ao trabalho investigativo. Para além das propostas das diferentes disciplinas científicas, houve um caminhar próprio em selecionar outros autores a partir das temáticas congruentes com a pesquisa, além dos momentos enriquecedores no grupo de pesquisa Paradigmas Educacionais e Formação de Professores (PEFOP) (PUC-PR) e na permanência do PDSE em Portugal (FPCEUP – Faculdade de Psicologia e Ciências da Educação da Universidade do Porto). A seleção desses referenciais buscou a possibilidade de "conversar" com os dados da pesquisa realizada em campo e que serão explicitados nos capítulos.

Outra fonte de pesquisa documental foram as de referência legal de enquadramento da organização da Rede Municipal de Educação de Curitiba, pois a pesquisa buscou compreender alguns dados que os participantes compartilharam, principalmente sobre o dia a dia do trabalho e como se organizava. Foram documentos da legislação específica da educação na cidade de Curitiba, mas também da legislação nacional, já que a rede de ensino se vincula ao sistema nacional de educação tendo os documentos de parâmetro sobre a Educação Infantil, por exemplo, como organizadores gerais das especificidades da rede municipal. Também foi preciso a pesquisa documental nas propostas curriculares do município de Curitiba para que se entendesse como se postulam os aspectos da formação continuada evidenciadas, principalmente, na observação participativa feita no decorrer da pesquisa.

Esta obra originou-se do sentido atribuído no decorrer da pesquisa, mediante a criticidade, o envolvimento, as elucubrações e a necessidade da reflexão sobre o papel do coordenador pedagógico como formador, mediante a análise científica realizada e agora, publicizada.

1.11 Entrevista Episódica

A entrevista episódica (semiestruturada) constituiu-se em uma das técnicas de recolha dos dados desta pesquisa. Tem seu fundamento em Flick (2009), que explica que essa técnica se traduz em pedir ao entrevistado que ofereça as informações necessárias para a coleta dos dados por meio de narrativas de situações que envolvem a temática em pesquisa, considerando a experiência do entrevistado como elemento relevante à informação, constrói-se assim um cenário, uma história narrada, com lembranças, detalhes e situações ricas que foram consideradas quando da análise dos dados.

Outra questão importante para essa opção instrumental liga-se à abordagem qualitativa, pois como já explicitado anteriormente, é preciso que alguns elementos de ordem e de sentido venham à tona para clarificar o objeto de investigação, no qual, por exemplo, a entrevista em formato diretivo não traria tais elementos de enriquecimento ao processo investigativo.

Considerando as indicações de Flick (2009, 2012) sobre o roteiro para a realização da entrevista episódica, destacam-se os seguintes aspectos:

- Elemento central dessa forma de entrevista é o fato de solicitar-se repetidamente ao entrevistado a apresentação de narrativas de situações; séries de situações; incentivos narrativos; abordagens de elementos semânticos do cotidiano; questionamento das relações abstratas; investigação aprofundada; peculiaridades da história do entrevistado com a temática da entrevista; evocação da memória episódica.

- Necessidades na elaboração de roteiro: a) Convite; b) Organização para a entrevista (horário, tempo previsto, espaço, gravação); c) Organização de perguntas abertas que permitam respostas amplas; d) Mencionar situações concretas pressupondo que o entrevistado possa narrar suas experiências; e) Permitir que o entrevistado selecione os episódios mais relevantes de sua história para a narrativa; f) Ponto de referência deve ser a relevância subjetiva da situação para o entrevistado; g) Explicação pelo entrevistador sobre o princípio dessa forma de entrevista ao participante.

- Não há exigência de narrativa global e única.

- O entrevistador deve estar familiarizado e internalizado no princípio da entrevista.

- A entrevista episódica é mais sensível e suscetível aos pontos de vista dos entrevistados.

- Organização em nove fases: 1) Preparação para a entrevista; 2) Introduzindo a lógica da entrevista; 3) Concepção do entrevistado sobre o tema e sua biografia com relação a ele; 4) O sentido que o assunto tem para a vida cotidiana do entrevistado; 5) Enfocando as partes centrais da entrevista; 6) Tópicos gerais mais relevantes; 7) Avaliação e conversa informal; 8) Documentação; e 9) Análise de entrevista episódica: desgravações.

Dentro das fases indicadas pelo autor e inspirado no quadro organizativo de Junges (2013), o roteiro da entrevista episódica realizada neste trabalho foi orientado na organização do Quadro 1, da seguinte forma:

Quadro 1 – Roteiro da entrevista episódica

FASES (Flick, 2012)	OBJETIVOS ESPECÍFICOS DA PESQUISA	ORGANIZAÇÃO DO ROTEIRO	OBSERVAÇÕES PESQUISADOR
1. Preparação para a entrevista		- Contato inicial com a SME Curitiba e pedido de autorização de entrevista. - Contato e organização de datas/tempo para a entrevista com os pedagogos dos NREs de Curitiba. - Elaboração do roteiro. - Estudo teórico sobre a entrevista episódica. - Elaboração das questões da entrevista. - Organização dos materiais de gravação (aplicativo próprio para uso do tablet iPad). - Realização de entrevista piloto com três pedagogas (escolha aleatória) que atuam na Ed. Infantil e não pertencentes ao cenário da pesquisa; treinamento do entrevistador e testagem dos questionamentos. - Adequação necessária às questões após entrevistas piloto. - Realização da entrevista no campo de pesquisa.	

FASES (Flick, 2012)	OBJETIVOS ESPECÍFICOS DA PESQUISA	ORGANIZAÇÃO DO ROTEIRO	OBSERVAÇÕES PESQUISADOR
2. Introduzindo a lógica da entrevista		- Familiarizar o entrevistado sobre a temática da entrevista e como estará organizada. - Assinatura de documentos de livre consentimento da entrevista.	- Papel do pedagogo na Ed. Infantil. - Formação inicial e continuada. - Pedagogo-formador. - Teoria da Complexidade. - Uso do iPad como gravador de voz. - No decorrer da entrevista será solicitado que você conte sobre as temáticas principais da pesquisa, será uma "conversa" sobre sua prática de pedagogo. - Certificar-se que o entrevistado compreendeu o processo.
3. Concepção do entrevistado sobre o tema e sua biografia com relação a ele	* Caracterizar e analisar criticamente as políticas da Educação Infantil e a concepção de infância em relação à formação continuada. * Identificar os paradigmas da educação presentes na concepção das práticas pedagógicas dos pedagogos-formadores. * Problematizar pontos norteadores para a formação continuada mediante os pressupostos da teoria da Complexidade, relacionando-os às possibilidades de uma transposição didática inovadora.	- O que significa ser pedagogo para você? - Fale sobre sua motivação inicial em fazer o curso de Pedagogia. O que você recorda sobre sua formação inicial. - Comente um pouco de sua trajetória como profissional da educação até a sua atuação hoje de pedagogo na Ed. Infantil. - Há situações em que você se sente melhor ou desconfortável. Poderia compartilhar um pouco sobre quando particularmente você se sente realizado em sua profissão de pedagogo? - Defina o que é a Educação Infantil para você.	- Relevâncias subjetivas, primeiras experiências, definição subjetiva do tema (Flick, 2012).

FASES (Flick, 2012)	OBJETIVOS ESPECÍFICOS DA PESQUISA	ORGANIZAÇÃO DO ROTEIRO	OBSERVAÇÕES PESQUISADOR
4. O sentido que o assunto tem para a vida cotidiana do entrevistado	* Caracterizar e analisar criticamente as políticas da Educação Infantil e a concepção de infância em relação à formação continuada. * Discutir os princípios do paradigma da Complexidade à formação continuada de pedagogos. * Compreender os processos de formação continuada operacionalizados pelos pedagogos-formadores em suas práticas profissionais.	- Comente uma experiência positiva e uma negativa em relação ao seu curso de Pedagogia. - Relate sobre o seu dia a dia como pedagogo na Ed. Infantil: aspectos positivos e negativos. - O que você modificaria na formação inicial do pedagogo em relação à sua prática após concluinte do curso? - Pela sua experiência, como você analisa as políticas públicas da Ed. Infantil?	- Papel do tema na vida do entrevistado (Flick, 2012).

FASES (Flick, 2012)	OBJETIVOS ESPECÍFICOS DA PESQUISA	ORGANIZAÇÃO DO ROTEIRO	OBSERVAÇÕES PESQUISADOR
5. Enfocando as partes centrais da entrevista	* Compreender os processos de formação continuada operacionalizados pelos pedagogos-formadores em suas práticas profissionais. * Discutir os princípios do paradigma da Complexidade à formação continuada de pedagogos. * Caracterizar e analisar criticamente as políticas da Educação Infantil e a concepção de infância em relação à formação continuada. * Identificar os paradigmas da educação presentes na concepção das práticas pedagógicas dos pedagogos-formadores. * Problematizar pontos norteadores para a formação continuada mediante os pressupostos da teoria da Complexidade, relacionando-os às possibilidades de uma transposição didática inovadora.	- O que você entende por formação continuada? - Para você qual o seu papel como pedagogo na formação de outros pedagogos que estão nos CMEIs? - Na sua opinião, quais os principais desafios ao pedagogo na atualidade? - Se você olhar para o passado, presente e futuro, como você analisa as mudanças paradigmáticas na Educação? - Que pressupostos educacionais você percebe que seriam fundamentais e necessários às mudanças na prática da Ed. Infantil?	- Concentração nos aspectos-chave da questão central do estudo da pesquisa (Flick, 2012).

FASES (Flick, 2012)	OBJETIVOS ESPECÍFICOS DA PESQUISA	ORGANIZAÇÃO DO ROTEIRO	OBSERVAÇÕES PESQUISADOR
6. Tópicos gerais mais relevantes	* Discutir os princípios do paradigma da Complexidade à formação continuada de pedagogos. * Problematizar pontos norteadores para a formação continuada mediante os pressupostos da teoria da Complexidade, relacionando-os às possibilidades de uma transposição didática inovadora. * Compreender os processos de formação continuada operacionalizados pelos pedagogos-formadores em suas práticas profissionais.	- O que você conhece/sabe sobre a teoria da Complexidade? - Comente sobre o impacto das TICs na relação com a Educação. - Na sua opinião, quem deveria ser responsável pelas mudanças necessárias na Ed. Infantil? - O que é fundamental para você na sua atuação de pedagogo para a promoção da qualidade na Ed. Infantil? - Que ações você julga serem relevantes para a melhoria nas condições do seu trabalho? Se você puder descrever para mim um exemplo relevante quanto a isso, seria importante. - Como você percebe a relação entre cuidar-educar na Ed. Infantil?	- Fase da ampliação do olhar; outros aspectos que permitem ampliar a análise da temática (Flick, 2012).

FASES (Flick, 2012)	OBJETIVOS ESPECÍFICOS DA PESQUISA	ORGANIZAÇÃO DO ROTEIRO	OBSERVAÇÕES PESQUISADOR
7. Avaliação e conversa informal		- Você gostaria de completar algo em relação ao que você disse? - Houve algo que te aborreceu no decorrer da entrevista? - Gostaria de comentar algo a mais?	- Conversa informal (Flick, 2012).
		- ***Entrevista Piloto***: análise sobre o roteiro, críticas e sugestões que evidenciem possível melhora no instrumento.	
8. Documentação		- Questionário informativo perfil do entrevistado. - Anotações relevantes entrevistador (percepções, protocolo de informação do contexto).	- Ações imediatas após a entrevista (Flick, 2012).
9. Análise de entrevista episódica	* Compreender e analisar reflexivamente o processo de concepção, gestão, desenvolvimento e avaliação da intervenção realizada pelos pedagogos-formadores atuantes na Educação Infantil, a partir do contributo teórico da teoria da Complexidade.	- Desgravação. - Análise das narrativas.	- Proposta on-line de curso de formação continuada para os pedagogos participantes. - Escrita da tese/pesquisa de campo.

Fonte: a autora (2014)

Cabe realçar alguns aspectos importantes considerados na elaboração do guia condutor das entrevistas, nos quais autores como Stake (2012), Morgado (2012a), Lessard-Hébert, Goyette e Boutin (1990), Yin (2001), Amado (2013) também destacam nas suas escritas a importância da entrevista episódica, chamada por alguns de semiestruturada ou não diretiva.

Para Amado (2013), a entrevista é o meio mais preciso e rico para se chegar ao entendimento dos seres humanos, bem como permite ao investigador se aproximar das informações de/no campo investigativo. Além desses aspectos, o autor chama a atenção para a importância do plano investigativo, porém é importante salientar que serão evidenciados no decorrer da entrevista aspectos que são preponderantes em valores para a pesquisa qualitativa, como "as emoções, necessidades, inconscientes, influências interpessoais" (Amado, 2013, p. 207), elementos que não poderão passar despercebidos quando da desgravação e análise desses dados.

Para Yin (2001), a entrevista nomeada pelo autor de "forma espontânea", traz à pesquisa aspectos considerados esquecidos em outros instrumentos de coletas de dados, a entrevista não direcionada considera que os entrevistados possam pressupor suas "próprias interpretações mediante acontecimentos" (Yin, 2001, p. 112), que trazem ao processo da pesquisa qualitativa elementos enriquecedores e de abertura, a qual essa abordagem requisita.

Autores como Lessard-Hébert, Goyette e Boutin (1990), ao abordarem a importância da entrevista não diretiva, argumentam que a técnica permite ao pesquisador a exploração do campo de forma inovadora, pois ao se conduzir a entrevista tendo por base sugestionamentos de considerações mediados pelo pesquisador, permite às pessoas participantes evidenciarem o seu olhar mediante os aspectos históricos e de vida individuais, encontrados, percebidos e sentidos no momento da entrevista, os quais são diferentes se forem feitos por outros envolvidos, ou seja, o que querem afirmar é que a entrevista não diretiva traz um aspecto de caráter pessoal e intransferível, datado e contextualizado.

Nas considerações de Stake (2012, p. 82), a recolha dos dados pela entrevista permite a investigação das realidades múltiplas. E enriqueceu o meu olhar de pesquisadora as considerações feitas pelo autor em relação à "arte de se registrar a entrevista" bem como o rigor metodológico em atenção, que é ponto ético passível para a confiabilidade da pesquisa, porque mesmo sendo considerada de caráter aberto, não pode prescindir de possuir um "protocolo delimitado por um plano" (Stake, 2012, p. 82).

Foi também nesse autor que encontramos a inspiração para a realização das "entrevistas pilotos". Stake (2012, p. 82) argumenta que pelo menos sejam feitos "ensaios mentais" como procedimentos para afinar a escuta do entrevistador. Para tanto, percebemos ao conduzir três entrevistas pilotos que havia equívocos na organização do guia inicial, a organização do tempo e também do espaço para as entrevistas, bem como a necessidade de assegurar aos entrevistados por meio de conversa inicial o caráter exploratório da entrevista e não o habitualmente caráter de respostas certas/erradas. Dessa forma, reorganizamos o processo e redirecionamos a organização para que em campo, minimamente, se garantisse a qualidade exequível da ação investigativa.

As entrevistas ocorreram no período do segundo semestre de 2013 ao primeiro semestre de 2014, realizou-se previamente as ligações aos responsáveis pela equipe dos NREs (Núcleos Regionais de Educação), para convidar à participação na pesquisa, encaminhando por e-mail o projeto de pesquisa e a carta de autorização da SME (Secretaria Municipal de Educação). Após dois dias desse primeiro contato, foi realizado novamente outro contato por telefone a fim de verificar a disponibilidade da pessoa em relação às agendas. Geralmente, nesse momento, as participantes gostavam de certificar que não disponibilizavam de mais de uma hora, bem como se desculpavam pela demanda do trabalho no Núcleo Regional de Educação (NRE), o que as impediam de ficarem mais tempo disponíveis. Também procuraram se assegurar que não teriam seus nomes identificados nem a sua imagem filmada.

Como pesquisadora, consciente da importância em criar uma empatia inicial, fortalecendo as participações na pesquisa, deixava totalmente aberta a questão de não se sentirem constrangidas e obrigadas a participarem, assegurando os esclarecimentos das questões que inicialmente eram preocupações para decidirem se participariam ou não da entrevista. Foram marcados os horários e datas conforme o Quadro 2:

Quadro 2 – Organização dos dias e horários das entrevistas da pesquisa[15]

NRE	DATA	HORÁRIO
A	19/08/2014	10h
B	29/05/2014	16h
C	19/05/2014	9h
D	Optaram por não participar, agradecendo o convite. Justificaram que não queriam se envolver com um processo de pesquisa sobre a função que exercem.	
E	08/05/2014	13h30
F	10/04/2014	15h
G	16/04/2014	9h
H	06/05/2014	13h30
I	Optaram por não participar, agradecendo o convite. Justificaram que tinham que decidir a participação em equipe, e após várias tentativas deixaram de responder aos contatos feitos.	

Fonte: a autora (2014)

    O processo ocorrido quando da efetivação do momento da entrevista adotado pela doutoranda, foi a realização de um protocolo pessoal organizativo. Após a ligação e confirmação da agenda da participante, enviava um e-mail agradecendo a disponibilidade e deixando registrado o dia, horário e local em que ocorreria a entrevista. Dois dias antes da mesma, enviamos um outro e-mail relembrando a pessoa sobre o encontro, e foi por meio dessas atitudes que se percebeu o inicial "quebra-gelo" para se aproximar da participante, pois algumas pedagogas-formadoras envolvidas agradeceram pela lembrança do encontro. Essa atitude também foi importante, pois em duas situações evitou-se o desgaste em se locomover até a pessoa, sendo que o endereço inicial combinado havia sido alterado, gerando a indicação de um novo local. Destaca-se aqui esse importante procedimento, pois poupa-se aos pesquisadores o tempo e custos financeiros na locomoção.

    Ao encontrar com a participante da pesquisa, a primeira coisa a fazer após cumprimentá-la era novamente agradecer pela disponibilidade de seu tempo. Parece repetitiva essa questão, porém considera-se muito

---

[15] O município de Curitiba, desde 2011, conta com 10 Núcleos Regionais de Educação (NRE). O Núcleo da Regional do Tatuquara não foi incluído nesta pesquisa por estar em processo de implementação e organização das equipes da Educação, conforme informação da Secretaria Municipal de Educação, que autorizou a pesquisa em nove Núcleos de Educação do município.

importante que, como pesquisadores, tenhamos uma postura de gratidão e solidariedade em relação ao participante, principalmente mediante os aspectos que mais se evidenciaram nas aproximações iniciais. Não se pode chegar ao campo de pesquisa invadindo esse espaço, sem estar revestido da humildade-pedagógica-acadêmica, por correr o sério risco de fechar as portas para posteriores colegas, e principalmente, por afastar ainda mais a academia dos espaços que nutrem as pesquisas em educação, o que desfaz o sentido de ser investigador.

Como pesquisadora, é fundamental que se una a ética, não se considera o pesquisador chegar a um espaço e não intervir nele, principalmente por ancorar a pesquisa num paradigma aberto e inovador. Intervém sim! No tempo, no cotidiano, no agir e no ser, e o sentido de uma pesquisa em Educação é a relação humana que se estabelece entre as pessoas, ou tornar os participantes copesquisadores, ou não há sentido em realizar a pesquisa, pois é deles que se está falando, é a eles a quem a voz pertence, é deles que emanam nossas análises, é sobre suas práticas que se elaboram novos saberes.

Assim sendo, é inaceitável qualquer ação de superioridade e alto saber acadêmico que possa pairar na relação pesquisador-participante, sob pena de não trazer sentido e significado sobre o objeto de pesquisa em questão.

Geralmente a participante convidava para sentar-se próxima a sua mesa de trabalho e oferecia um café. Procuramos tornar esse momento descontraído e conversar sobre amenidades do cotidiano. Na sequência conversava sobre a entrevista e entregava à participante o termo de compromisso livre esclarecido, uma ficha para o levantamento de dados para comporem as características gerais dos atores (idade, formação inicial, tempo de atuação na educação, entre outras questões de mesma ordem) e uma cópia da autorização da Secretaria Municipal de Educação (SME) para fazer a pesquisa na rede (que mesmo enviado por e-mail anteriormente é algo que para as participantes pareceu ser importante ter em mãos, pois trazia segurança em "falar"). Na sequência explicava sobre a entrevista e reafirmava os pontos relevantes, os quais havia percebido pelas conversas iniciais de procedimentos a serem feitos. Nesse sentido, as participantes sentiam-se mais seguras, principalmente, por verem que não teriam suas imagens gravadas, o que foi um apontamento relevante em praticamente todas. Também percebemos que todas estavam inicialmente inseguras sobre as respostas corretas ou erradas, as quais esclarecíamos que não eram o propósito da entrevista.

Ficamos muito felizes em perceber que em dois lugares (NREs) outras colegas da equipe, ao perceberem que a colega designada para a entrevista ia participar, apressaram-se em terminar suas atividades para poderem estar presentes, inclusive deixando claro que faziam questão e pedindo para que se esperasse "um minutinho" até que estivessem liberadas. Outra questão relevante foi perceber que a maioria das participantes havia feito a leitura do projeto enviado e em um dos espaços da entrevista o projeto foi pauta da reunião do NRE, todos os colegas (de outras funções) estavam cientes que haveria a pesquisa com a equipe da Educação Infantil sobre o trabalho do cotidiano desse profissional.

No término da entrevista, era realizado o agradecimento, novamente se enfatizava a disponibilidade dos profissionais e no mesmo dia enviava-se um e-mail agradecendo e comprometendo-se em retornar quando da finalização do trabalho que estava desenvolvendo e do qual haviam participado.

Participaram das entrevistas sete profissionais da Rede Municipal de Educação de Curitiba, que ocupam a função de Suporte Técnico Pedagógico (pedagogas) em sete Núcleos Regionais de Educação (NRE). Em dois NREs houve a participação em algumas questões da entrevista, de mais de uma profissional, espontaneamente, pois estavam "por perto" e quiseram participar, mediante a pergunta que foi feita.

Na ficha de identificação das profissionais[16], buscamos saber algumas informações como: idade, formação inicial; pós-graduação e atuação profissional como docente e como coordenadora pedagógica. A configuração das respostas está organizada no Quadro 3:

Quadro 3 – Identificação das Participantes da Pesquisa

	Idade	Formação Inicial	Pós-Graduação lato sensu	Atuação Profissional	
				Docência	*Coord. Pedagógica*
PF1	Acima de 47	Pedagogia	Edc. Especial	6 anos	7 anos
PF2	36-40	Pedagogia	Alfabetização e Letramento	7 anos	7 anos
PF3	36-40	Pedagogia	Psicopedagogia	5 anos	10 anos

---

[16] Pedagoga-formadora (com as iniciais PF, seguidas dos numerais distribuídos aleatoriamente) quando se referir à participação das entrevistadas na pesquisa de campo. Essa designação surgiu durante as entrevistas, já que as próprias participantes se autodenominam dessa forma.

	Idade	For-mação Inicial	Pós-Graduação lato sensu	Atuação Profissional	
				Docência	Coord. Pedagógica
PF4	36-40	Pedagogia	Pedagogia nas Organizações	5 anos	8 anos
PF5	26-30	Pedagogia	Neuropsicologia	7 anos	3 anos
PF6	Não informou	Pedagogia	Psicopedagogia	4 anos	5 anos
PF7	31-35	Pedagogia	Fez especialização, mas não informou o curso.	4 anos	5 anos

Fonte: a autora (2014)

Identificamos que uma profissional possui acima de 47 anos; três possuem de 36 a 40 anos; uma profissional possui de 26 a 30 anos; uma preferiu não sinalizar a idade; e uma possui de 31 a 35 anos.

Todas as profissionais possuem formação em Pedagogia e são pertencentes ao quadro efetivo da Rede Municipal de Educação de Curitiba. Também todas as profissionais possuem pós-graduação lato sensu em áreas referentes à educação. Nenhuma profissional sinalizou possuir mestrado ou doutorado.

Todas possuem experiência em sala de aula na Educação Infantil e a variação na função atual vai desde três anos a 10 anos de experiência, sendo que essa atuação aconteceu inicialmente nos Centros Municipais de Educação Infantil (CMEIs) e atualmente estão deslocadas para exercerem suas carreiras nos Núcleos Regionais de Educação (NREs) de Curitiba.

1.12 Observação Participativa

A observação participativa tem grande valor na pesquisa qualitativa, pois favorece a compreensão do meio social de forma diferenciada e com olhar ao interior de um campo investigativo, permitindo a progressiva inserção no cenário por parte do pesquisador.

Os momentos de observação participante da pesquisa ocorreram no decorrer das entrevistas nos Núcleos Regionais de Educação (NREs) de Curitiba, foi no convívio com as participantes da pesquisa que se recebeu o convite para vivenciar momentos de formação em espaços da Educação Infantil.

Em Curitiba, vivenciou-se um encontro de formação continuada realizado por um dos NREs que participaram da entrevista episódica, assim, ao vivenciar esse momento, pode-se ter maior contato com o grupo em formação, interagindo na proposta e percebendo os dados de forma partícipe.

Na observação participante, não foi apenas momento de coletar dados, mas recebemos convite para expor opiniões, participar das leituras, interagir com os integrantes, os quais foram momentos de grande valia da pesquisa. Os elementos que fundamentam a observação participante, como indica Morgado (2012a), estiveram presentes, tais como: caracterizar o contexto, tomar consciência das expectativas dos atores, anotar as informações relevantes com prevalência das reflexões pessoais e vivências das situações, solicitar a permissão da presença aos membros, informar dos aspectos da investigação, informar que a presença não tem intensão avaliativa, ganhar a confiança dos participantes.

1.13 A Análise de Conteúdo como Técnica de Tratamento da Informação

A importância da escolha da abordagem que subsidiará uma pesquisa prende-se aos aspectos e ao tratamento dos dados da investigação.

Nesse sentido, os elementos da opção metodológica (abordagem, método, instrumentos) trazem à luz dos objetivos da pesquisa, a opção a ser feita para dar vida aos dados, compondo — neste estudo em questão — a tese.

Assim, a escolha feita foi a análise do conteúdo, a qual traz em si caracteres de relevância aos dados e possibilita que se trate as informações coletadas de forma qualitativa em consonância com a abordagem de referência, tendo em base os estudos dos autores Amado (2013); Morgado (2012a); Yin (2001); Stake (2012); Guerra (2012); e Esteban (2010).

Outro aspecto premente é a interligação que esta pesquisa propõe no que se refere a pensar a teoria da Complexidade, realizando a crítica necessária, as aproximações relevantes e o esforço na articulação entre os elementos da justificativa e relevância, mas com a tensão de se "satisfazer" a Academia. Como investigadora, considerei principalmente, os leitores desta obra, com a preocupação de apresentar um fio condutor da clareza científica necessária para a pesquisa e contribuir com a reflexão do cotidiano dos pedagogos.

Para tanto, Morin (1986), ao discutir o conhecimento, expõe a "tragédia", a qual precisa ser compreendida de forma que não se excluam os pertencentes históricos e as suas contrariedades no/nesse processo, nela está a sensação motriz da pesquisa: o inacabamento. Para ele, as tragédias vividas são a perspicácia necessária que precisamos ter sobre o conhecimento.

Ora, os dados da pesquisa pressupõem gerar conhecimentos, novos ou ressignificados, ou podem trazer ainda a possibilidade de não serem-gerados, os não saberes/informações que estão em discussão e sob olhares das teorias que os emolduram. Se porventura, como pesquisadora, não se ater ao inacabamento, corre-se o risco de ser tomada pela certeza, que poderá gerar uma falácia e assim distanciar do exercício pela decisão do não saber, beirando a arrogância intelectual.

Assim, evocados os alertas de Morin (1986, p. 31), destaca-se:

> - A tragédia bibliográfica agravada em cada domínio, mesmo extremamente limitado e delimitado, pelo crescimento exponencial dos conhecimentos e referências;
> - A tragédia da reflexão suscitada por este século em que tudo faz obstáculo à reflexão sobre o saber;
> - A tragédia da complexidade. A tragédia da complexidade situa-se a dois níveis: o do objeto de conhecimento e o da obra de conhecimento. Ao nível do objeto, somos constantemente postos diante da alternativa entre, por um lado, a clausura do objeto do conhecimento, que mutila as suas solidariedades com os outros objetos assim como com o seu próprio meio (e que, com isso, exclui os problemas globais e fundamentais), e, por outro lado, a dissolução dos contornos e fronteiras que afoga todo o objeto e nos condena à superficialidade. Ao nível da obra, o pensamento complexo reconhece ao mesmo tempo a impossibilidade e a necessidade de uma totalização, de uma unificação, de uma síntese. Deve pois, tragicamente visar a totalização, a unificação, a síntese, lutando ao mesmo tempo contra a pretensão a essa totalidade, a essa unificação, a essa síntese, na consciência plena e irremediável do inacabamento de todo o conhecimento, de todo o pensamento e de toda a obra.
> Essa tripla da tragédia não é só a do estudante, do doutoramento, do investigador, do universitário; é a tragédia de todos: é a tragédia do saber moderno.

Mediante o exposto, as pertinências em analisar os dados da pesquisa precisam ser refletidas além dos indicadores das referências (categorias), as quais se reconhece serem necessárias para a organização didática-metodológica do trabalho, mas o olhar do investigador para enunciar essas referências (categorias) deve ser focado para elementos de relevância à prática social e à geração de inferência ao campo da pesquisa.

Em geral, o enclausuramento dos dados pode comprometer os objetivos da pesquisa, pois a gestão do tempo e o apressamento em cumprir os prazos estabelecidos (e que são relevantes), muitas vezes, distanciam o pesquisador do espaço no qual colhe os dados.

Porventura, ao se terminar uma tese, há necessidade de fazer a devolutiva dos dados analisados para os participantes. O esforço intelectual-emocional-financeiro (entre outros aspectos) precisa ser compartilhado com efetiva solidariedade ao próximo, aos pares envolvidos nessa formação — coordenadores pedagógicos — e assim apresentar quais maneiras/formas/perspicácias podem dimensionar o contexto, em especial, no momento em que se estabelece a análise dos aspectos que motivaram e acenderam a relevância de pesquisar essa temática no doutorado.

No fazer educação, em se construir uma Ciência pedagógica para além do que temos visto — e ouvido —, não é possível aceitar a naturalização dos fatos, mas considerar que as questões desafiadoras são as que movem à permanente luta. Tomando sentido quando se configura numa caminhada de pesquisa que possa evocar além dos dados, mas que de coração, permitem a reflexão por uma educação de qualidade, de esperança, de transformação, do bem, do próximo, da prática social que permeia a mudança não do discurso, mas do fato — em análise.

Assim, uma abordagem qualitativa para as pesquisas em educação, a técnica da análise de conteúdo é uma das metodologias de tratamento dos dados de grande relevância na investigação, pois considera o "sentido mais interpretativo, inferencial" (Amado; Costa; Crusoé, 2013, p. 302) nas pesquisas de contexto social, como a Educação. Os autores citados ainda relembram os leitores sobre a história da técnica análise de conteúdo, considerando Berelson[17] como sendo um de seus criadores, traz a definição: "consiste numa técnica de pesquisa [...] que procura 'arrumar' num conjunto de categorias de significação o 'conteúdo manifesto' dos mais diversos tipos de comunicações - protocolo de entrevistas e histórias de vida, documentos de natureza variada, imagens, filmes, propaganda e publicidade" (Amado; Costa; Crusoé, 2013, p. 302). Para tanto, os argumentos apresentados por Amado (2013, p. 304-305), em definição, constroem a seguinte afirmativa:

---

[17] Ver: BERELSON, Bernard. **Content analysis in communication research**. Glence: Free Press, 1952.

> Podemos, pois, dizer que o aspeto mais importante da análise de conteúdo é o facto de ela permitir, além de uma rigorosa e objetiva representação dos conteúdos ou elementos das mensagens (discurso, entrevista, texto, artigo, etc.) através da sua codificação e classificação por categorias e subcategorias, o avanço (fecundo, sistemático, verificável e até certo ponto replicável) no sentido da captação do seu sentido pleno (à custa de inferências interpretativas derivadas ou inspiradas nos quadros de referência teóricos do investigador), por zonas menos evidentes constituídas pelo referido 'contexto' ou 'condições' de produção. Julgamos que é este aspeto que permite aplicar criativamente a análise do conteúdo a um leque variado de documentos (comunicações), muito especialmente sobre aqueles que traduzem visões subjetivas do mundo, de modo a que o investigador possa 'assumir' o papel do ator e ver o mundo do lugar dele, como propõe a investigação de cariz interacionista [...].

Cabe ressaltar que o estudo de caso que considera o contexto e a busca compreensiva das manifestações multifacetadas do cenário atual, como é a Educação, para além do objeto a ser investigado, busca na técnica de análise de conteúdo o que afirmou Morgado (2012a, p. 102) ser "um dos procedimentos mais utilizados na investigação empírica no campo das ciências humanas e sociais e, consequentemente no campo da educação". Para Guerra (2012, p. 9), a análise do conteúdo se interliga aos pressupostos da pesquisa qualitativa quando — como pesquisadores — somos levados a reconhecermos que não estamos diante de um "indivíduo isolado e solitário pelo individualismo metodológico", mas perante "actores [sic] que agem tendo em conta a percepção dos outros e balizados por constrangimentos sociais que definem intencionalidades complexas e interactivas [sic]".

Assim, ao considerar o objeto de estudo da pesquisa — as ações do coordenador pedagógico e o processo da formação continuada; considerar também, o contexto no qual se manifesta este objeto: educação/escola/Educação Infantil e ainda as possibilidades de análise da investigação na qual se estabelecem as referências (categorias), neste estudo, buscou-se para sua construção a compreensão mediante o objetivo geral da pesquisa.

Também os elementos norteadores decorreram dos objetivos específicos que trataram de referenciar aspectos de identificação paradigmática das concepções de formação, as discussões em torno do paradigma da Complexidade, a compreensão de processos de formação do coordenador pedagógico, a caracterização e análise crítica das políticas da Educação

Infantil em relação à formação continuada e possivelmente indicar pontos norteadores para a formação continuada e a prática do coordenador pedagógico em seu cotidiano, mediante os pressupostos do pensar/teoria da Complexidade, relacionando-os às possibilidades de uma ação inovadora.

A análise interpretativa dos dados, para a pesquisa qualitativa, inspira-se também nos princípios de Stake (2012, p. 87-88), que elucida ao investigador sobre a pessoalidade do olhar enquanto interpretar e compreender um caso:

> Cada pessoa tem uma grande experiência ao encontrar objetos e fenómenos [sic] estranhos. Durante algum tempo, alguns deles simplesmente não encaixam em nada do que conhecemos, mas num determinado momento, subitamente, parte desse fenómeno [sic] torna-se mais familiar. É como encontrar inesperadamente alguém que não víamos há anos. A princípio não reconhecemos essa pessoa, mas depois, surpreendentemente, o rosto encaixa num padrão que conseguimos reconhecer, e perguntamo-nos por que razão não o reconhecemos de imediato.

Esse é o movimento que implica a pesquisa, por um olhar que está enevoado, outrora se mostra, às vezes se esconde, por momentos se revela, esse é o sentimento que traz o prazer em investigar, e prospectar uma ligeira, não permanente certeza do contexto desse trabalho, o que faz o ciclo da pesquisa qualitativa em educação, o que dá sentido e, principalmente, o que demonstra o princípio ético de profundo respeito às pessoalidades dos atores envolvidos.

E tal contexto se interliga ao sentido de *noosfera*, quando Morin (2001) afirma sobre esse princípio da Complexidade: a *noosfera* é diversa de "uma sociedade à outra", porém envolve todas as sociedades. A pesquisa qualitativa considera o contexto, o estudo de caso como método nessa abordagem permite investigar as diversidades desses contextos, porém alusivo ao autor: "extremamente [é esta] diversa sociedade para outra, ela envolve todas as sociedades" (Morin, 2001, p. 41). Quando o autor continua a explicar: "a noosfera é um duplicação transformadora e transfigurada do real, que se imprime sobre o real, parecendo confundir-se a ele", converge com as considerações de Stake (2012, p. 87-88) ao considerar em que o movimento da análise e interpretação dos dados da pesquisa acontecem: não seriam os dados tidos como reais, que no processo se revelam irreais, à luz dos critérios de análise tornam-se evidentes, porém na perspectiva de transitoriedade, voltam-se ao irreal?

A incerteza, a preocupação da não verdade, porém com o revestimento do critério científico da pesquisa que se requer no rigor acadêmico, ao mesmo tempo que se aproxima da verdade (aparente) dos dados, distancia-se dela pela incerteza que movimenta o *Ser Humano*, pois educação é essencialmente ação humana, produzida por humanos, feita pelos movimentos socioculturais humanos (não somente estes, entre outros tantos movimentos), com inferências diversas, porém dependente, das decisões também tanto quanto humanas!

Quando Morin (2001, p. 41) propõe o pressuposto *nooesférico*, afirma que "as entidades da noosfera reproduzem-se nos espíritos mediante a educação, propagam-se mediante o proselitismo", essencialmente, mediante as proposições nos contextos da educação emanadas dos princípios políticos, institucionais, textuais, de pesquisa, de elaborações dos saberes, têm-se posto como atos prosélitos das culturas educativas, os ideais tornam-se, como ele diz, "deuses e, nas nossas sociedades, as ideias podem dispor de um poder formidável" (Morin, 2001, p. 41). Para se furtar do ato prosélito, o despojar-se do "fácil olhar" etnocêntrico mediante a multiculturalidade trazida pelos contextos de pesquisa se faz necessário.

A visão etnocêntrica dos poderes incorre no "erro e na ilusão" (Morin, 2005), de um "poder" catequizador mediante uma sociedade marcadamente insegura, inconstante, multifacetada e porquanto, nós, educadores-pesquisadores, corroborarmos com os ideais inculcados pelo apoderamento dos saberes, daí — portanto — não se efetiva a liberdade outrora necessária e promulgada aos ideários sociais da transformação cidadã, de ação prática e efetiva de ser *Ser Humano*.

A crítica existente a essa abordagem, muitas vezes, tem a sua origem justamente na variabilidade do cenário e no envolvimento do pesquisador. A compreensão teórica quando da análise dos dados coletados perpassa pelas produções acadêmicas já elaboradas, porém a possibilidade de acesso, leituras, interpretações e envolvimento do pesquisador é cativante, desafiadora e empolgante, ele não se coloca à margem, ou ao lado, ou é expectador, ele é partícipe do processo, interage e formula teorias de forma significativa para a vida, para a formação, entendimento que se traduz em sua prática, sua forma de ver o mundo, a sociedade, o ser humano. É por isso que "a maioria dos autores concordam ao identificar o processo de pesquisa qualitativa como *emergente, flexível* e *não linear*, enfatizando seu caráter *contextual* e de *adaptação* à realidade e os eventos da própria pesquisa" (Esteban, 2010, p. 67).

Partindo dos indicativos de Amado, Costa e Crusoé (2013) para a elaboração do protocolo para a análise do conteúdo mediante os dados coletados, considerou-se as fases: "definição do problema e dos objetivos do trabalho; explicação de um quadro de referência teórico; constituição de um corpus documental; leitura atenta e ativa; categorização" (Amado; Costa; Crusoé, 2013, p. 309). Não mera reprodução dessas fases, neste trabalho acadêmico considerou-se para a escrita as interlocuções possíveis concomitantes à análise os aspectos teóricos de fundamentação nos autores, por entender que o campo de pesquisa e os dados provenientes dele não poderiam estar dissociados do referencial teórico que fundamenta o próprio título da obra: "à luz do pensar/teoria da Complexidade".

Também pelos estudos realizados nas referências bibliográficas, indicam a necessidade do movimento cíclico e os princípios de recorrência, reversibilidade, inseparabilidade, multiplicidade entre outros atributos que envolvem debruçar o olhar "complexo" sobre os dados da pesquisa. Assim, não poderia constituir uma escrita com a sistemática comum de capítulos nos quais um "fala do teórico" e outro "fala da pesquisa". Se na pretensão (abusada e ousada) em tratar as ações do cotidiano do coordenador pedagógico, a formação continuada como centro do trabalho desse profissional e as decorrências dessas a uma prática inovadora, à luz de referencial (conscientemente escolhido, com todos os percalços que o envolve): teoria da Complexidade, algo do *"corpus complexus"* há de se fazer acontecer.

Evidentemente, buscou-se no decorrer da escrita manter as discussões dentro de um padrão de organização ao pensamento do leitor, para que o compreensível se mostre, o compreensível na intersecção intencional das potencialidades oriundas do contexto em estudo de caso, contexto este marcado pela incerteza, que neste trabalho é o caracterizador sociocultural, na multiplicidade do fenômeno, pelo caráter antagônico do pensamento humano, pelas mudanças oscilantes da educação, pela produção de um saber arraigado na necessidade professa de mudança, de desejo de ruptura, porém dicotômica diante das práticas sociais emergentes no tempo presente. Fundamento esse argumentado por Morin (1986, p. 63-64):

> A simplificação:
> a) Seleciona o que apresenta interesse para o cognoscente e elimina tudo o que é alheio às suas finalidades;
> b) Computa o estável, o determinado, o certo, e evita o incerto e o ambíguo;
> c) Produz um conhecimento que pode facilmente ser tratado para e pela acção [sic];

> A complexificação:
> a) Procura ter em conta o máximo de dados e de informações concretas;
> b) Procura reconhecer e computar o variado, o variável, o ambíguo, o aleatório, o incerto;
> A missão vital do conhecimento comporta assim a dupla, contraditória e complementar exigência: simplificar e complexificar, e as estratégias cognitivas devem combinar, alternar, escolher a via da simplificação e a via da complexificação.

A análise dos dados considerada inicialmente estável e determinada, com um conhecimento dado como finito e conclusivo, para a interligação à complexificação, na qual procura a variação, a duplicidade, a contradição, o ambíguo e o aleatório como colocado pelo autor citado, leva ao encontro da construção proposta por Amado, Costa e Crusoé (2013), na qual alerta que a análise dos dados produzidos em estudo de caso, no âmbito da pesquisa qualitativa, deve ser: exaustiva, representativa e adequada. Para tanto, ser *exaustivo* pressupõe a *variação* constante do contexto; *representativo* pressupõe a *ambiguidade* aleatória mediante a exigência de se produzir o (re)significar do conhecimento sobre o contexto; e a *adequação* vislumbra a análise triangular-caleidoscópica entre a *simplificação* e a *complexificação*, as quais nos propõe Morin (1986).

O que os autores querem evidenciar é que, ao mesmo tempo que se busca olhar o todo, implica ver as particularidades, porém é nas particularidades que o todo vai se constituir, e será nessa proposta que essa tese precisa caminhar, algo desafiador e apaixonante.

Trata-se de um desafio à triangulação dos dados da pesquisa coletados; ao mesmo tempo caleidoscópicos, pelo esforço do olhar não linear, **porém sem desconfigurar a realidade dos sentidos produzidos pelos atores** do contexto. Sobre esse procedimento Flick (2009) diz que a triangulação dos dados aponta para a qualidade e confiabilidade na pesquisa qualitativa, o qual o autor também chama de "entrelaçamento" extraído dos dados coletados, para a sua validação.

Importante significado, o conceito de validade da pesquisa qualitativa tem suas críticas pelo *modus operandi* como assumir (ou não) quando da descrição e elaboração dos textos de finalização. A construção social do conhecimento, a natureza do objeto de investigação, os cenários e atores participantes, levam a partidarismos acadêmicos-científicos de opção epistemológica, como alerta Esteban (2010).

Mais uma vez a ética da pesquisa precisa ser evocada, em Flick (2009, p. 353) a avaliação da qualidade é um dos desafios para a pesquisa qualitativa, e indica três aspectos para tal desafio:

> Em primeiro lugar, por parte dos pesquisadores que querem verificar e assegurar seus procedimentos e resultados. Em segundo lugar, por parte dos consumidores da pesquisa qualitativa – os leitores de publicações ou as agências financiadoras que buscam avaliar o que lhes foi apresentado. E, por fim, na avaliação da pesquisa durante a apreciação de propostas de pesquisa e em revisões por pares de manuscritos submetidos à apreciação de publicações periódicas.

Diante do exposto, a triangulação vem vincular qualidade, ética e estratégias de coleta dos dados utilizadas, no sentido de "ampliar as atividades do pesquisador no processo para além do que se faz 'normalmente', por exemplo, usando mais de um método" (Flick, 2009, p. 58).

Nesse sentido, triangular é partir de dois ou mais pontos diferentes; triangular dados não é combinar métodos, não é usá-los de forma meramente exploratória, esclarece o autor, podendo ocorrer em níveis e procedimentos diferentes no decorrer da elaboração do texto de comunicação da pesquisa. A triangulação estabelece-se como um plano de ação, das teorias, de investigadores, de métodos, de perspectivas, de estratégias, de produzir conhecimentos mediante resultados, onde "um ponto de partida é que não há uma única pesquisa qualitativa, mas que se podem identificar diferentes perspectivas teóricas e metodológicas de pesquisa, com diferentes abordagens metodológicas e concepções de fenômenos em estudo" (Flick, 2009, p. 71). Nesse sentido, também esclarece:

> A triangulação implica que os pesquisadores assumam diferentes perspectivas sobre uma questão em estudo ou, de forma mais geral, ao responder a perguntas de pesquisa. Essas perspectivas podem ser substanciadas pelo emprego de vários métodos e/ou em várias abordagens teóricas. Ambas estão e devem estar ligadas. Além disso, refere-se à combinação de diferentes tipos de dados no contexto das perspectivas teóricas que são aplicados aos dados. Essas perspectivas devem ser tratadas e aplicadas, ao máximo possível, em pé de igualdade e de forma igualmente consequente. Ao mesmo tempo, a triangulação (de diferentes métodos e tipos de dados) deve possibilitar um excedente principal de conhecimento. Por exemplo, a triangulação deve produzir conhecimento em

diferentes níveis, o que significa que eles vão além daquele possibilitado por uma abordagem e, assim, contribuem para promover a qualidade na pesquisa (Flick, 2009, p. 62).

Perceber a riqueza proporcionada na pesquisa, na abordagem qualitativa na produção do conhecimento, sob o olhar múltiplo frente ao cenário investigativo proposto, vai ao encontro da base teórica para constituir fonte da realização de triangulação dos dados, pois o objeto: o cotidiano do coordenador pedagógico; imerso em um cenário complexo, amplo e multifacetado — a Educação; com participantes que emergem de práticas sociais diferenciadas, sob perspectivas distintas de formação e atuação — os coordenadores pedagógicos; tendo como mediação para compor cientificamente a análise (escopo teórico) — o pensar/teoria da Complexidade; lança em perspectiva uma possível produção de conhecimento relevante, significativo e transformador, a Figura 3 busca representar essa composição.

Figura 3 – A pesquisa desenvolvida

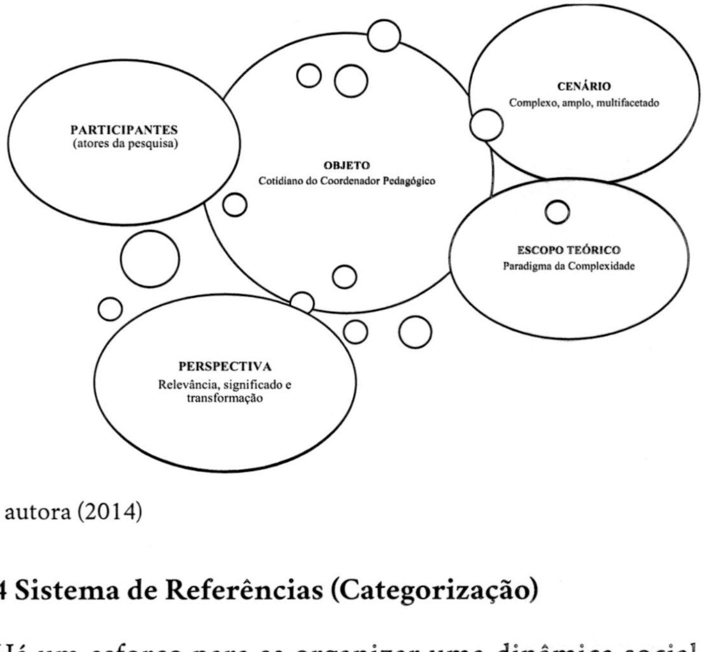

Fonte: a autora (2014)

1.14 Sistema de Referências (Categorização)

Há um esforço para se organizar uma dinâmica social na qual a Educação se constitui como ciência e é institucionalizada em espaços escolares, requerendo do pesquisador competências de análise de alto grau complexo e diferenciado.

Perceber as mensagens e subjetividades das narrativas vinculadas aos instrumentos de coletas dos dados gera inúmeras divergências ao processo, traduzir em categorias é exaustivo e permanentemente desafiador ao olhar investigativo, principalmente pela compreensão gerada do escopo teórico deste trabalho, como já enunciado nos escritos expressos até então.

A leitura incessante das desgravações das entrevistas, das evidências dos questionários e dos registros da observação participante, buscou-se referências (categorias) em consonância com o guia elaborado para direcionar os trabalhos em campo. Porém, no decorrer das coletas, foi sendo modificado, na permissão da abordagem qualitativa, na construção dos aspectos relevantes ao objeto investigativo e aos objetivos delineados.

Para tanto, as consequências desse incansável trabalho investigativo serão também percebidas na aplicação das referências. Na interpretação gerada pela categorização, na transitoriedade do saber e do compromisso ético em relação às narrativas, em queixas, perspectivas, desafios, desabafos, conquistas, motivações, elogios, deslumbramentos e vivências geradas pelos atores participantes dessa investigação. Ao "dar-se voz" a eles, o determinismo não pode ser precedido do respeito, a finitude não pode preceder-se à amplitude, o pressuposto causal-temporal do contexto mediará a qualidade, o rigor científico, a energia desprendida para a escrita. Para tanto, cabem as palavras de Guerra (2012, p. 22):

> É comum os defensores das metodologias compreensivas a defesa da passagem de um raciocínio hipotético-dedutivo, que alguns denominam de <cartesiano>, para um raciocínio indutivo. A diferença nem sempre é claramente percebida, embora seja simples: a lógica da investigação não é gerada *a priori* pelos quadros de análise do investigador, que espera conseguir encontrar essa lógica através da análise do material empírico que vai recolhendo. A intenção dos investigadores não é comprovar hipóteses definidas *a priori* e estanques, mas antes identificar as lógicas e racionalidades dos actores [sic] confrontando-as com o seu modelo de referência. A consequência imediata é que o trabalho de construção do objeto, da análise e das hipóteses é contínuo desde o início até ao final da pesquisa.

São os objetivos específicos da pesquisa que auxiliaram na composição do quadro de referência da análise, mediante a leitura inicial dos dados, das narrativas e a exploração do referencial teórico permitido pela análise documental. Assim, nesta pesquisa a categorização das variáveis do contexto está formulada, tendo como base a referência de Amado, Costa e Crusoé (2013): *determinação da unidade de contexto* – que pressupõe qual/quais serão os conteúdos a serem considerados mediante a leitura das narrativas dos dados contextuais; *determinação das unidades de registros ou de significação* – determinam para essa referência os objetivos da pesquisa mediante a procura de representações, da expressão de valores, de comportamentos, de tipos de comunicação; *determinação da unidade de enumeração ou contagem* – é a definição dos critérios que determinam o que contar e como contar a frequência das palavras geradoras afins, sem a pretensão de uma análise estatística, porém com a regularidade frente aos objetivos propostos.

Os autores também fundamentam as questões de importância das atitudes sobre o recorte, codificação e reagrupamento para descrição das categorias definidas. Chamam a atenção para os princípios elementares de leituras prévias, esboços, familiaridades, leituras conjuntas das desgravações, das incidências de respostas, constituem-se no exercício constante na busca pelo "recorte e diferenciação vertical, documento a documento; o reagrupamento e comparação horizontal dos recortes feitos [...], aproximação e confrontação dos recortes de sentido semelhante provenientes de todos os documentos que constituem [o caso em questão]" (Amado; Costa; Crusoé, 2013, p. 319).

Vale ressaltar que por mais que na atualidade haja softwares para tratar da análise do conteúdo, optou-se nesta pesquisa por realizar a busca dos princípios enunciados artesanalmente, narrativa a narrativa, leitura a leitura, destaque a destaque, similaridades a similaridades, recorrência a recorrência.

Após as desgravações das entrevistas episódicas e os registros das observações participantes feitas, a eleição das temáticas amplas tendo em vista o objetivo geral da pesquisa e os específicos, compôs o primeiro quadro referencial (Quadro 4) para a eleição das referências (categorias) da investigação.

Quadro 4 – Aproximações iniciais para elaboração das referências de análise

Objetivo Geral	Objetivos Específicos	Temáticas Amplas
Analisar reflexivamente o processo de concepção, gestão, desenvolvimento e avaliação das práticas de formação continuada mediadas pelos coordenadores pedagógicos atuantes na Educação Infantil, com vistas às possibilidades de ações inovadoras, a partir do contributo teórico do pensar/teoria da Complexidade.	* Identificar os aspectos legais que caracterizam o perfil constitutivo do profissional: coordenador pedagógico. * Elucidar os aspectos de referência à Educação Infantil, os quais compõem o contexto no recorte do cenário da pesquisa. * Relatar os diferentes nomes atribuídos à função do coordenador pedagógico em diferentes pesquisas.	* Paradigmas da Educação e a Prática Pedagógica. * Paradigma da Complexidade. * Processos de formação continuada. * Políticas e concepções da Educação Infantil/infância.

Objetivo Geral	Objetivos Específicos	Temáticas Amplas
	* Identificar as concepções dos coordenadores pedagógicos sobre o que é formação continuada. * Identificar os processos de formação continuada operacionalizados pelos coordenadores pedagógicos em suas práticas profissionais. * Relacionar as ações de referências aos coordenadores pedagógicos em suas práticas cotidianas de formação continuada. * Compreender os dados oriundos da pesquisa tendo como escopo teórico reflexivo os princípios do pensar/teoria da Complexidade. * Relacionar a transdisciplinaridade à prática da formação continuada sob o viés teórico do pensar/teoria da Complexidade. * Refletir criticamente sobre as práticas dos coordenadores pedagógicos em ações de formação continuada. * Caracterizar e analisar criticamente as práticas de formação continuada, na mediação realizada pelo coordenador pedagógico visando às especificidades da Educação Infantil. * Problematizar pontos norteadores para a formação continuada e a prática do coordenador pedagógico em seu cotidiano, mediante os pressupostos do pensar/teoria da Complexidade, relacionando-os às possibilidades de uma ação inovadora.	* Relações pedagogo-formador e pedagogos atuantes na Educação Infantil. * Perfil do pedagogo-formador.

Fonte: a autora (2014)

A partir do destaque das temáticas amplas que se originaram nos objetivos específicos, houve a definição por cores para estabelecer a primeira regularidade de aspectos na leitura das narrativas dos dados, indo ao encontro do que alerta Guerra (2012, p. 62), que aponta a *"dimensão descritiva* que visa nos dar conta do que nos foi narrado em uma *dimensão interpretativa* que decorre das interrogações do analista face a um objeto de estudo, como recurso a um sistema de conceitos teóricos-analíticos cuja articulação permite formular as regras de inferências".

Ficou estabelecido para a organização de nova leitura dos dados, as cores distribuídas no Quadro 5:

Quadro 5 – Organização a partir das temáticas amplas

Temáticas Amplas	Organização para Aproximações das Referências (categorias)
* Paradigmas da Educação e a Prática Pedagógica. * Paradigma da Complexidade. * Processos de formação continuada. * Políticas e concepções da Educação Infantil/infância. * Relações coordenador pedagógico e pedagogos-formadores atuantes na Educação Infantil. * Perfil do coordenador pedagógico.	Identificação/Perfil e políticas públicas da Educação Infantil e concepções de infância. Especificidades da Rede Municipal de Educação de Curitiba. Contribuições do Doutorado Sanduíche.
	Paradigmas da Educação e as práticas pedagógicas na Educação Infantil. Teoria da Complexidade.
	Processos de intervenção e ação do coordenador pedagógico. Relações do pedagogo-formador. Perfil do pedagogo formador.

Fonte: a autora (2014)

Parte-se da leitura identificando esses aspectos, grifando e cobrindo, as impressões conforme as narrativas foram sendo compostas pelos atores. Após essa leitura, foi refeita a mesma por uma segunda e terceira vez, a qual destacou-se ao lado das afirmativas palavras-chave referentes às ideias inicialmente destacadas, as quais passaram a compor um novo quadro de aproximação às categorias de análise.

Numa quarta leitura, essas palavras deram espaço ao quadro aglutinador de relevâncias-regularidades, compostas por verbos, substantivos, adjetivos, ideias-chaves que propuseram as afirmações narradoras anteriormente selecionadas, sendo também correlatas às cores já enunciadas. Nessa busca, as similaridades geraram seis colunas de regularidades, a saber: políticas públicas e especificidades rede escolar de Curitiba; Educação Infantil (concepção de criança); paradigmas (educação inicial e continuada); identidade do coordenador pedagógico; cotidiano/ação/intervenção do coordenador pedagógico; relação perfil. Estas estão organizadas no Quadro 6:

Quadro 6 – Organização das Referências (categorias)

Organização para Aproximações das Referências (categorias)	Aproximações às Referências			
- Identificação/Perfil e políticas públicas da Educação Infantil e concepções de infância. - Especificidades da Rede Municipal de Educação de Curitiba. - Contribuições do Doutorado Sanduíche.	Políticas públicas.	Especificidades da Rede Municipal de Educação de Curitiba.	Educação Infantil.	Concepções de Infância.
- Paradigmas da Educação e as práticas pedagógicas na Educação Infantil. - Teoria da Complexidade.	Paradigmas educacionais.			
- Processos de intervenção e ação do coordenador pedagógico. - Relações do cotidiano. - Perfil do coordenador pedagógico.	Identidade.	Ação/Intervenção.		Relações/Perfil.

Fonte: a autora (2014)

Nessa etapa, destaca-se a necessidade de indicar as especificidades dos contextos dos dados para salvaguardar uma análise investigativa sem direcionar qualquer elemento comparativo, o que geralmente é tendencioso. Trata-se de situações ligadas às organizações da rede de ensino pertinente em seu contexto e realidade, com seus elementos caracterizadores relevantes.

Nesta pesquisa o esforço foi trazer para discussão tais características como elementos de colaboração e de pertinência ao estudo para elaboração da tese em questão, por isso, ao identificar esses aspectos, selecionamos tanto na cor (amarela), por entender que fazem parte dessa categoria, porém destacamos colocando um /ponto/ na cor (vermelha) para orientar o olhar interpretativo.

Para organização pessoal, estabelecemos uma terceira cor (rosa) quando algumas questões foram relevantes em outro momento de leitura, aspectos inusitados e não previstos na organização anterior, informações preciosas para a escrita do trabalho investigativo, particularidades dos atores e expectativas não dimensionadas. Esse "elemento surpresa" é pensado tanto por Guerra (2012) como por Morgado (2012a) nomeadamente em seus estudos sobre análise do conteúdo e estudo de caso, os quais evocam a especificidade como a possibilidade de conexões prevalentes à cientificidade do trabalho, bem como na condição de se fazer "ouvir" os atores na exatidão e fidelidade das narrativas.

Retomando a leitura das produções enunciadas no Quadro 6, compomos o desenho de análise do conteúdo produzido até então, para assegurar que as informações estivessem em consonância com o objeto da pesquisa, com o objetivo geral e com os específicos. Nesse desenho, situamos numericamente as convergências identificadas.

Após esse desenho, percebemos que seria relevante fazer alguns registros iniciais que serviram de base para a escrita da introdução do trabalho, essas primeiras percepções definiram as necessidades de revisitar as leituras das narrativas e compreender os porquês mediante o olhar caracterizador. Foram os diferentes momentos de leituras, o ir e vir das cores, a busca das inter-relações com os autores que, ao fim, convergiram para a organização dos capítulos do trabalho, e a análise dos conteúdos das narrativas.

Foi nesse processo que foi possível sistematizar a escrita deste trabalho, originando finalmente o Quadro 7, das referências (categorias) em que as narrativas dos atores são transpostas e compõem a discussão dos próximos capítulos da obra:

Quadro 7 – Referências para compor os capítulos da pesquisa

	Referências (categorias)	**Vozes dos Atores**
Capítulo 2 - A Profissão Coordenador Pedagógico sob o Viés da Legislação e o Cenário Da Pesquisa	- Legislação - Educação Infantil: definição; relação entre cuidar e educar; estrutura física dos espaços escolares	
Capítulo 3 - A Formação Continuada Em Questão: o que "Falam" os Coordenadores Pedagógicos	Definição da Formação Continuada: - conhecimento - aperfeiçoamento, aprimoramento e atualização - inacabamento - reflexão-ação - complementação - qualidade	* serão analisadas no decorrer dos capítulos

	Referências (categorias)	Vozes dos Atores
Capítulo 4 - As Ações Cotidianas em Práticas de Formação Continuada Realizadas pelos Coordenadores Pedagógicos	Ações em Práticas de Formação Continuada: - estudo-pesquisa - vínculo - identidade - supervisão	* serão analisadas no decorrer dos capítulos
Todas as **referências** serão vinculadas à Teoria da Complexidade, sendo este a linha teórica e condutora do trabalho.		

Fonte: a autora (2014)

Cabe destacar doravante o intercruzamento das narrativas, o que é característico do olhar na abordagem qualitativa e no método estudo de caso, nessa situação percebe-se o que a exaustividade, exclusividade, pertinência, objetividade serão, como nos alerta Amado, Costa e Crusoé (2013), bem como Morgado (2012a), a preocupação central do pesquisador qualitativo. Nesse sentido, quanto mais se especificar em se fazer ouvir as vozes dos atores envolvidos, se garantirá a efetividade científica na análise e na interpretação e compreensão dos dados.

CAPÍTULO 2

A PROFISSÃO COORDENADOR PEDAGÓGICO SOB O VIÉS DA LEGISLAÇÃO EDUCACIONAL E O CENÁRIO DA PESQUISA

> *Ao determinismo organizador dos paradigmas e modelos explicativos associa-se o determinismo organizado dos sistemas de convicção e de crença, quando reinam em uma sociedade, impõem a todos a força imperativa do sagrado, a força normalizadora do dogma, a força proibitiva do tabu.*
> *As doutrinas e ideologias dominantes dispõem também da força imperativa/coercitiva que leva a evidência aos convictos e o temor inibitório aos outros.*
> (Edgar Morin, 2005.O MÉTODO IV)

Este capítulo visa identificar os aspectos legais que caracterizam o perfil constitutivo do profissional: coordenador pedagógico, nos princípios das Leis Federais e do município de Curitiba. Também elucida os aspectos de referência à Educação Infantil, os quais geraram o contexto em que as participantes da pesquisa atuam como profissionais da Educação.

Na busca pela compreensão deste estudo de caso, as questões que compuseram as respostas de referência à análise dos dados coletados, perpassaram pela recorrente questão da função exercida cotidianamente pelo profissional: coordenador pedagógico, em base: quais são suas atribuições, os aspectos legais, quem são os outros profissionais da educação envolvidos no trabalho escolar e como seria melhor organizá-lo.

Tais questões não são aspectos somente da nossa investigação, outras pesquisas também atribuíram sentido às mesmas demandas, como Medina (1997, p. 11), ao afirmar que uma das questões motivadoras foram as colocações do seu grupo de pesquisa definindo que "[...] o supervisor é o profissional que sustenta a proposta pedagógica da escola através da ação de orientar, acompanhar, controlar e avaliar o trabalho dos professores".

Ainda sobre a atuação do supervisor escolar como integrante do corpo de educadores, foi definido por Rangel (2001, 57) que a "especificidade do seu trabalho [é] caracterizado pela coordenação – organização em comum – das atividades didáticas e curriculares e a promoção e o estímulo de oportunidades coletivas de estudo".

O supervisor como "intelectual orgânico no grupo" é atribuído por Vasconcellos (2013, p. 88), nesse sentido, a prática desse profissional comporta as "dimensões reflexiva, organizativa, conectiva, interventiva e avaliativa".

Sobre o dia a dia do coordenador pedagógico, Almeida (2008, p. 38) destaca as necessidades desse profissional possuir "habilidades interpessoais", pois tais habilidades são fundamentais para uma "relação de ajuda" que mantém com "professores, pais e alunos, ajuda para a autonomia, para a autorrealização".

O enredamento e essencialidade do trabalho do coordenador pedagógico na realidade escolar e a busca constante na compreensão de tal realidade são o que indica Garrido (2008, p. 9), definindo que "o trabalho do professor-coordenador é fundamentalmente um trabalho de formação continuada em serviço".

A trama na relação que estabelece o coordenador pedagógico em seu cotidiano é a referência trazida por Guimarães e Villela (2008, p. 38). Para as autoras, esse profissional da educação tem três níveis de atuação: "1) o de resolução dos problemas instaurados; 2) o de prevenção de situações problemáticas previsíveis; 3) o de promoção de situações saudáveis do ponto de vista educativo e socioafetivo".

Na recente e ampla pesquisa realizada por Placco, Almeida e Souza (2011, p. 119), três aspectos são mencionados sobre o exercício da função do coordenador pedagógico. Para as autoras:

> Aquelas internas à escola, derivadas das relações com o diretor, os professores, os pais e os alunos, e as externas à escola, que decorrem das relações com o sistema de ensino e a sociedade, sobretudo quando o responsabilizam pelo rendimento ruim do aluno nos processos de avaliação externa. Uma terceira tensão tem origem nas próprias visões, necessidades e expectativas do coordenador pedagógico em relação à sua função e às necessidades da escola e da educação.

Na leitura da pesquisa das autoras, em referência ao Estado da Arte, feita no período de 1981 a 2010, na Biblioteca Digital de Teses e Dissertações do Ministério de Ciências e Tecnologiahá 200 trabalhos com o descritor "coordenação pedagógica" no contexto escolar, com a percepção de queda nas produções a partir de 2010 (Placco; Almeida; Souza, 2011, p. 19).

Com o mesmo descritor de "coordenação pedagógica", realizamos nova pesquisa em 2015, no mesmo banco de dados e na disponibilidade apresentada (2010 até hoje), de pesquisas *stricto sensu* (mestrado acadêmico e doutorado) em Educação. Foram encontrados oito trabalhos que em seus *títulos* delineavam o descritor "coordenação pedagógica": seis de mestrado acadêmico e dois de doutorado, encontramos as seguintes definições dos investigadores sobre a ação/dia a dia/cotidiano/função/papel[18] do coordenador pedagógico. Realizamos a leitura dos resumos, introdução e principalmente das considerações finais dessas pesquisas, encontramos algumas convergências para construir este capítulo da obra[19].

Na tese de doutorado de Laurindo (2012): "Fora de Lugar: ação e reflexão na coordenação pedagógica em uma escola de sistema apostilado", a autora em reconhecimento do trabalho do coordenador pedagógico que é atribuído pelos atores da escola, argumenta, atribuindo ao sucesso da sua ação a abertura e estímulo ao convívio entre os professores, em sua definição indica:

> Há a autoridade, não obtida em função de relações hierárquicas, mas autoridade procedente da autoria, isto é, de a coordenadora também ter passado pelas experiências que propõe aos professores, ser autora das experiências. Um coordenador que nunca deu aulas, aos olhos de alguns professores, não sabe o que é uma sala de aula na prática e por isso todas as suas recomendações serão interpretadas como mera teoria. (Laurindo, 2012, p. 181).

Na tese de doutorado elaborada por Leite (2012), intitulada "A Atuação da Coordenação Pedagógica em Conjunto com os Professores no Processo de Recontextualização da Política Oficial no 1º Ano do Ensino Fundamental no Município do Rio de Janeiro", é dimensionada a ação da coordenação pedagógica na perspectiva de recontextualizar os aspectos políticos no contexto da escola, considera que esse profissional deva realizar: "inclusive, a criação de alternativas secundárias na proposta oficial, a fim de promover as integrações" (p. 98), referindo-se ao contextos e às políticas públicas educacionais.

Na dissertação de mestrado acadêmico de Milanez (2011): "Relação entre Coordenação Pedagógica e Professores: um estudo sobre o poder disciplinar na Educação Básica", o papel do coordenador pedagógico é revestido

---

[18] Essas atribuições dependem da opção da escrita de cada autor, mediante seus referenciais, porém designam de forma geral o que pretendemos desenvolver neste capítulo.

[19] Outros aspectos referentes às leituras desse levantamento serão retomados no Capítulo 3 desta obra.

de ações de poder e ao mesmo tempo de empatia com os professores, nessa fusão se tensiona o espaço escolar sendo este regulador das ações de todos os envolvidos. Sua pesquisa é analisada à luz do pensamento de Foucault (1926-1984). Para a autora, a ação do coordenador pedagógico se dá em um:

> Emaranhado [escolar], estão professores e coordenação pedagógica que se envolvem em atividades rotineiras, estabelecidas por uma escola moderna, inserida num mundo capitalista, utilizando-se dos corpos, almas e do tempo de todos, para trabalharem de forma acelerada, tornando-se elementos dóceis e úteis, sujeitados a esta sociedade ditada por normas e padrões determinados. (Milanez, 2011, p. 110).

Na dissertação de mestrado acadêmico de Mingareli (2011): "Políticas de Formação Continuada da Rede Municipal de Educação de Rondonópolis - MT (2004 a 2008) e suas Contribuições para a Formação Continuada na Escola: dos cursos propostos à visão da coordenação pedagógica", a função do coordenador pedagógico está relacionada às práticas de formação continuada com os professores que ocorrem nos espaços escolares. Afirma que:

> Pensar e fazer educação não se restringe ao plano do individual. Intrínseca ao ato de educar está a relação que se estabelece entre pares. Esta relação coletiva e compartilhada torna-se emancipadora quando aqueles aos quais se atribui a função de ensinar conquistam espaço para aprimorar sua ação pedagógica no contexto mais amplo das políticas educacionais. (Mingareli, 2011, p. 120).

Na dissertação de mestrado acadêmico de Morgado (2012b): "Coordenação Pedagógica, Cotidiano Escolar e Complexidade", foi evidenciado que a ação do coordenador pedagógico não é isolada e nem pode ser considerada como uma prática corretora das distorções escolares. Para ela, "a coordenação pedagógica deve buscar compreender e interferir na realidade tal qual ela se apresenta. Urge aprender a pensar a dinâmica da escola, com novas estratégias de abordagem do real" (p. 88).

Na dissertação de mestrado acadêmico de Soares (2011): "Coordenação Pedagógica: ações, legislação, gestão e a necessidade de uma educação estética", foi reivindicado pelo autor a educação estética ao coordenador pedagógico, buscando discutir suas práticas sobre as urgências do cotidiano atual da escola. Argumenta que:

> A caracterização das ações da Coordenação Pedagógica está diretamente ligada ao conceito claro e evidente de que coordenar o pedagógico trata de envolver-se e acompanhar

> desde o planejamento das intervenções docentes intencionais individuais ou coletivas dos docentes até o acompanhar e avaliar de todo o processo ensino-aprendizagem, na intenção de se possibilitar a aprendizagem de todos os alunos por meio de estratégias mais artísticas, estéticas e humanizadas. (Soares, 2011, p. 121).

A dissertação de mestrado acadêmico de Lira (2012): "A Coordenação Pedagógica e o Processo de Inclusão do Aluno com Necessidades Educacionais e Especiais: um estudo de caso", centrou-se no desafio do papel do coordenador pedagógico em espaços escolares de inclusão, configurando o objeto do estudo da pesquisadora; para tanto elabora o argumento da prática desse profissional, propondo que:

> Em grande medida, o desafio do redimensionamento do papel da coordenação pedagógica, face às demandas contemporâneas da escolarização está intimamente relacionado com o paradigma da educação inclusiva. A efetivação de um projeto consistente e amplo de inclusão escolar, referente a todos os alunos, pressupõe a consolidação desse novo perfil de atuação, centrado na mediação do trabalho colaborativo e na articulação de processos de formação continuada, tendo como base a prática pedagógica desenvolvida no contexto escolar. (Lira, 2012, p. 100).

Os autores enunciados compartilham de uma prática em comum: o espaço da ação do coordenador pedagógico, nomeadamente escola. As atribuições do foco do trabalho desse profissional são convergentes aos princípios que emanam do desejo pela qualidade na/da educação. Os aspectos apresentados referem-se ao dia a dia do profissional mencionado na relação/tensão que se estabeleceu nas pesquisas referentes aos objetos de análise. O sentido que atribuem ao seu trabalho cotidiano, nas diferentes dimensões mencionadas: reconhecimento dos pares à autoridade; (re)contextualizar, integrar os aspectos das políticas públicas à escola; as relações de poderes; a formação continuada; ação coletiva e não corretora; educação estética; inclusão escolar, trazem em discussão o contexto da prática, a formação inicial e continuada, o delineamento da função desse trabalhador da educação, a amplitude dessa atuação, entre outros aspectos de pertinência à pesquisa educacional brasileira.

Nesse levantamento realizado percebemos que as pesquisas em diferentes estados brasileiros, possuem convergências em relação às participações das profissionais que compuseram a pesquisa desta obra.

De antemão fica evidente que o cotidiano do coordenador pedagógico é vinculado às diferentes tensões e demandas do cotidiano do espaço escolar, o qual se embrenha em diferentes ocorrências de uma sociedade em permanente crise. As questões indicadas convergem para as percepções do cotidiano desse profissional que se estabelece a iniciar pela divergência do nome da função, como já temos chamado a atenção desde o início deste trabalho.

Adiante à questão, as tensões do espaço escolar que, por um lado são (ainda) burocratizadas e por outro, (necessitam ser) inovadoras, trazem uma lógica que transcende a técnica (que não se pode ignorar) e mediatiza a ação pelas exigências de um profissional multitarefas. Ao compreendermos/pensarmos sobre o dia a dia desse profissional, as exigências perpassam desde amplitude da sua formação inicial no curso de Pedagogia às questões que o coloca quase como o "super-herói" da educação de tantas atribuições e sentidos que lhe são exigidos.

Mediante o desafio exposto, a compreensão exigida vai além das determinações oriundas dos aspectos legais, ou do estabelecido historicamente nos espaços escolares como sendo a função do coordenador pedagógico, decorrem processos de formação inicial e continuada visando à demanda da sociedade do tempo presente, para uma educação que seja transdisciplinar e que sugira ações plausíveis frente aos recorrentes discursos distanciadores da prática educativa.

Esse contexto real e inferente é acional nas estruturas preconcebidas e organizadas sob outro conceito paradigmático. Na atualidade, não é possível conceber a separalidade, a finitude, o pronto, o predefinido como sendo o núcleo da ação, ou seja, dos profissionais envolvidos com a educação, no contexto escolar da sua prática, é requerido que se tenha em questão o núcleo gerador da situação, porém e também considere todas as entradas e saídas possíveis para organização do seu trabalho.

Esse contexto é transformado de forma rápida e oscilante, "a globalização mudou a maneira como trabalhamos, comunicamo-nos e, definitivamente como vivemos, o que implica, sem dúvida, uma força de mudança [...] de possibilidades e ameaças" (Pérez-Goméz, 2015, p. 16).

Mediante a questão, é preciso que o trabalho do coordenador pedagógico seja recolocado sob uma perspectiva que reelabore seus saberes e fazeres, que ressignifique o sentido do ser e estar na escola, de possibilidades que se abram para uma educação da Complexidade em ações transdisciplinares, a qual se pauta/se orienta numa prática que é tensional, mediante suas inúmeras funções (que serão discutidas na sequência deste capítulo) para a transposição efetiva e legitimação da sua prática na escola. Quer seja como articulador da prática pedagógica que transforma o espaço em cenários de formação continuada, ou necessite postular a identidade dos profissionais da educação, e também se arrisque mediante as exigências da atualidade, e ainda se saiba como agir na gestão dos conhecimentos mutantes do tempo presente.

O desafio dessa ação do coordenador pedagógico é na perspectiva evocada por Morin (2012) em "religar os saberes". Talvez pensemos que para religar saberes é preciso ligar e religar as ações daqueles que promovem tais saberes, ou seja, o coordenador pedagógico como profissional da educação é desafiado entre o escolar e o não escolar, entre conteúdos, entre projetos, entre ocorrências disciplinares, entre preenchimentos burocráticos, entre tecnologias, ações ocorrentes e recorrentes, mas na "religação" é estabelecer novo elo de perspectiva para a sua atuação, sob a pena que tais desafios se tornem inatingíveis e jamais transpostos mediante o enfrentamento dado, atualmente, como falido.

Esse aspecto transparece em nossa pesquisa na afirmação da participante PF1, que retoma sua vivência como profissional da educação, menciona a legislação, questiona o desconstruir e o fazer como intransponíveis.

> "É eu lembro quando eu comecei, no Magistério, a nível médio, lá no Rio de Janeiro. Primeiro eu via a minha mãe, na formação, magistério, ela fazendo magistério, a gente já era adolescente. Eu via minha mãe envolvida com os trabalhos dela, minha tia também, eu acompanhava minha tia dando aulas, eu ia lá de pequena, e aí assistia a aula da tia, aquilo me encantava, sabe, aí eu vinha minha mãe também preparando... aí eu entrei no magistério! Então vinha muita coisa, meus trabalhos, eram, saber fazer — olha (risos) achava aquilo (risos) — era saber fazer um desenho e pintar aquele desenho maravilhosamente bem! Eu tinha no meu curso do magistério, educação para o lar. O meu curso de magistério, eu tinha uma disciplina que eu tinha que escrever muito bem as letras em papel quadriculado, era algo muito forte aquilo, eu tinha que fazer a letra em caixa alta, script, a letra desenhada; nossa, as pessoas falam: Como você consegue escrever bem certinho? Nossa quanto treino! Magistério! E aí a gente foi vendo as coisas se evoluindo, a gente foi vendo a educação tomando uma nova forma, e veio os parâmetros, vieram os PCNs, vieram, para mim os

Referenciais Curriculares Nacionais para Educação Infantil. Para mim, foi um sucesso, foi um boom, um avanço, eu devorava aquilo. Hoje a gente vê as diretrizes, então a gente vai vendo, o avanço, foi vendo que algumas mudanças, são necessárias, é que são fundamentais para educação de hoje. Eu tive o privilégio de vivenciar algumas coisas que foram lá atrás, que foram importantes e que hoje a gente vê quanta coisa nós conquistamos. Hoje a gente olha para nossa prática, quando nós vamos conversar com o educador ou com pedagogo e que a gente quer desconstruir alguma coisa, porque não é fácil desconstruir também, alguma prática muito tradicional. A gente precisa olhar para esse profissional. Ele não faz porquê? Porquê? Como que ele faz? Como consegue fazer uma coisa dessa"?

É perceptível que a profissional possui uma trajetória de formação que permitiu desenvolver-se tecnicamente e refletir sobre sua prática, é também evidente que a profissional está angustiada frente às demandas e referências legais e à transposição ao dia a dia, ela atribui sentido à desconstrução da prática tradicional, mas o que queremos evidenciar é: não basta desconstruir o fazer, é preciso desenvolver aspectos no perfil profissional que atribua sentido real ao cotidiano escolar, em ação profissional que desenvolva as habilidades para lidar com um novo momento histórico. Giordan (2012) adverte que é preciso estabelecer uma nova representação de mundo, ora, em situações da prática profissional a nossa formação é essa, a qual a participante da pesquisa relata, de treino e técnica, não possuímos repertório formativo para esse novo mundo.

Na ação do coordenador pedagógico, isso é percebido pela exigência desse momento social mediante seu cotidiano, na sua lida com as pessoas, em grupos, no espaço escolar, é encarando o que o autor denomina de "inesperado, paradoxal, contraditório e complexo" (Giordan, 2012, p. 227), mediante os quais poderemos desenvolver processos de formação continuada que favoreçam a vitalidade que a Educação necessita. Para tanto, as propostas das ações em nosso cotidiano precisam ser significadas mediante um novo pensamento, esse novo pensamento requer algo além das listas legais que tratam dos fazeres do pedagogo, é um pensar Complexo!

No "fazer" complexo, outras instâncias mentais são evocadas, a compreensão não é regular, a explicação é transitória, há valorização do Ser, a conclusão é provisória e as práticas dão espaço para as multiplicidades das ações, sob diferentes óticas e olhares, sob a visão multicultural de uma nova forma de percepção de mundo, de vida, de tempo e espaço. Para Antônio (2009, p. 21 e 23), fica expresso o alerta mediante nossa realidade:

> Temos vivido uma revolução permanente nos saberes científicos, mas sem a consciência clara das transformações no modo de compreender o real – o cosmos e o ser humano, nem das imensas possibilidades que se abrem, não só em termos teóricos, mas também na prática cotidiana de produzir e circular conhecimentos, inclusive nas maneiras como educamos nas salas de aula. Para alargar os campos do pensamento crítico e criador, é preciso primeiramente reconhecer seus limites, abandonar a ilusão da arrogância racionalista, que pretende reduzir tudo aos seus próprios padrões, ou então ignora o que não pode ser reduzido à lógica, desprezando-o como irracionalidade. Sabemos que essas duas atitudes impedem o diálogo significativo: querer reduzir o outro a nós mesmos, ou desprezá-lo como absolutamente outro, com o qual nada temos em comum.

Assim, a revolução e transformação recolocam os profissionais trabalhadores em novo patamar — da prática técnica outrora satisfatória para a prática modal, que não desconsidera os conhecimentos técnicos, mas os vincula ao significado de vida, de ação no mundo, de interferência sociocultural.

Essa mobilidade em fusão prática convoca a Educação para que se organize sob novo paradigma das concepções de homem, mundo e sociedade; de concepção do presente, passado e futuro, que coloque a escola em modo reiniciar, que dimensione a prática real, mas também seja capaz de reconfigurar-se todos os dias. Nas palavras de Torres e Behrens (2014, p. 15), o argumento em afirmação:

> Muito se tem escrito nos últimos anos sobre a perspectiva da educação para atender às exigências paradigmáticas do século XXI, por sua vez, o ensino e a aprendizagem requerem uma metodologia que permita a superação da reprodução para a produção do conhecimento. Trata-se da transposição de um modelo conservador para uma proposta inovadora que atenda a uma concepção diferenciada que envolva uma mudança radical na visão do ser humano, de sociedade e de mundo.

Para tanto, os envolvidos nessas circunstâncias — todos nós, em espécies diferentes e diferenciadas —, seres coautores de suas vivências e vidas, são reposicionados. Quer desejemos ou resistamos, a realocação de lugar, sentido e instância do ser e agir ocorre. Por um lado: nossa dureza de alma, espírito, coração, vontades, desejos, cognições e enrijecimentos causados pela dimensão histórica da nossa vivência tendem a ser/sofrer sobressaltos e certamente sucumbiremos. Por outro lado, podemos nos aliançar, ligar-nos e religar-nos, desafiar-nos, arriscarmo-nos, lançar-nos, vislumbrar possiblidades e realizar rupturas de transformações. A opção é pessoal, porém a exigência é sociocultural. Em convergência, Morin (2011, p. 120) declara:

> Devemos compreender esses fenômenos e não nos espantarmos com eles. Creio que esta tomada de consciência é ainda mais importante pelo fato de que até uma época bem recente, estivemos tomados pela ideia de que a história ia acabar, que nossa ciência tinha conquistado o essencial de seus princípios e de seus resultados, que nossa razão estava enfim no ponto, que a sociedade industrial se punha nos trilhos, que os subdesenvolvidos iam se desenvolver, que os desenvolvidos não eram subdesenvolvidos; teve-se a ilusão eufórica de quase-fim dos tempos. Hoje, não se trata de mergulhar no apocalipse e no milenarismo; trata-se de ver que talvez estejamos no fim de um certo tempo e, nós o esperamos, no começo de novos tempos.

Esse é o pensamento que se conduz para a educação e as ações dos coordenadores pedagógicos na escola, sua prática histórica, em geral, com a manutenção de um posicionamento conservador. Nesse "desafio" exposto, percebemos como reposicionado uma ação extrínseca causada pelo fosso entre o "Sistema" que muitas vezes o impele a agir de forma contrária à mudança. Na realidade (contexto escolar), vê-se a necessidade, porém a ação e prática se fadigam pela frustração. Evidentemente, como afirmou Moraes (2012, p. 38), é um conjunto de ações sociais, políticas e econômicas, que postula esse novo pensamento à educação, na "concretização dessas ideias e para a construção de uma nova fase civilizatória da humanidade".

2.1 ASPECTOS LEGAIS QUE CARACTERIZAM AS AÇÕES DO COORDENADOR PEDAGÓGICO

O significado da ação do coordenador pedagógico e da sua prática diária em espaços escolares, advém dos imperativos legais que se constituíram historicamente. Sprovieri Ribeiro ([199-]) indica que a ação desse profissional da educação no Brasil assumiu primazia na relação destes com outros profissionais que também atuam nesses espaços formais da Educação. A autora reivindica a necessidade da transformação nessa questão: "o conhecimento a respeito da função supervisora, [requer], que se reflita sobre a ação do coordenador, do supervisor e do orientador educacional"

(Sprovieri Ribeiro, [199-], p. 3). As reformulações legais não são suficientes para definir as mudanças na/da ação do coordenador pedagógico, que historicamente ainda atua sob a demanda de diferentes funções-ações.

Nessa prática profissional, vários autores retomam o caráter histórico, como Rolla (2006), que traz em sua pesquisa algumas considerações sobre a origem do primeiro registro de um coordenador pedagógico na escola brasileira em 1931. A designação da função, na pesquisa da autora, registra que esses profissionais verificavam as normas definidas pelos órgãos superiores educacionais; afirmou também que o sentido etimológico da palavra para designar a ação do coordenador pedagógico era: supervisão. Tece a reflexão crítica que o coloca como um profissional acima dos outros atores escolares.

A autora ainda relembra que nas décadas de 50 e 60, por meio do acordo do Brasil e Estados Unidos[20], o coordenador pedagógico tem especificado sua função em controlar e inspecionar e multiplicar na escola a visão disciplinar do programa, atingindo um número maior de docentes e alunos. Relembra que na Lei de Diretrizes e Bases 4024/61 é mencionada a setorização da escola para coordenar atividades pedagógicas como forma de se executar as políticas públicas com sucesso. Refere-se à Lei 5692/71, que responsabiliza o coordenador pedagógico como supervisor da prática pedagógica, assegurando em sua função-ação o sucesso (ou não) das atividades docentes.

Menciona também que as organizações das redes educacionais de alguns Estados brasileiros enfatizaram as ações dos coordenadores pedagógicos em suas Leis Orgânicas Estaduais como sendo de: "controlar, executar e fazer cumprir, portanto, servindo ao sistema, fazendo com que sua ação fosse limitada ao que lhe era determinado, cabendo-lhe executar o que era estabelecido e garantir que os docentes reproduzissem, em suas aulas, o modelo instituído" (Rolla, 2006, p. 21).

Tais considerações reforçam o sentido etimológico da palavra supervisão denotando a ação do coordenador pedagógico como controlador e verificador do que ocorre no espaço escolar; a hierarquização produzida numa concepção conservadora educacional o distancia da sua real prática pedagógica. Na atualidade é permeada por outros pressupostos socioculturais que inferem cotidianamente nos espaços escolares e consequentemente reconfigura o papel/a função-ação de todos que atuam nesse contexto.

---

[20] Esse acordo foi denominado PABAEE (Programa de Assistência Brasileiro-Americana ao Ensino Elementar) (1956), objetivando treinar os educadores brasileiros no modelo tecnicista americano, foi implementado em todo o Brasil (Borba, 2003).

Ainda compondo a alusão histórica que permaneceu e permanece no discurso dos profissionais coordenadores pedagógicos, o documento emitido pelo Ministério da Educação e Cultura (MEC) em 1977, visou conceituar a supervisão pedagógica, a orientação educacional, a prática do currículo em busca da melhoria da qualidade de ensino. Nesse documento é possível ler (Brasil, 1977, p. 17-18) sobre o contexto que levou à definição do que seja supervisão pedagógica:

> É bastante recente a experiência brasileira de supervisão escolar, desenvolvida como atividade profissional com características próprias e desempenhada por especialistas treinados para tal. Não obstante, como há inexistência de um consenso sobre a teoria e a prática da supervisão em nosso país, há uma tendência sempre mais acentuada no sentido de dotá-lo de características predominantemente pedagógicas. Diferencia-se, assim, por um lado, das atividades exclusivamente administrativas dos sistemas estaduais e dos estabelecimentos de ensino. Por outro lado, valorizando a atuação entre profissionais na linha de cooperação e de estímulo à criatividade, bem como de apoio a inovações pedagógicas, a supervisão vai se distanciando sempre mais da concepção estritamente fiscalizadora que marcou seu início em nosso país. Outro aspecto que vale a pena ressaltar, refere-se à incorporação do espírito e da metodologia da pesquisa que vem regendo a ação supervisora. A importância da utilização e interpretação de dados estatísticos referentes à situação educacional, ou o levantamento de dados, ainda que precários, sobre os problemas enfrentados pelas escolas e sobre as necessidades de aperfeiçoamento e atualização dos profissionais envolvidos na educação, vem tendo ênfase crescente na supervisão, imprimindo um cunho mais científico à atuação do supervisor. Supervisão Pedagógica é um processo técnico-pedagógico que visa a promoção e manutenção da unidade da atuação docente com vistas à realização dos objetivos educacionais do estabelecimento de ensino, por meio de um serviço planejado que possibilite a eficiência e a eficácia da ação educativa. Sua finalidade básica é a promoção da melhoria do sistema ensino-aprendizagem.

Percebemos na leitura desse documento o apelo do órgão emissor das políticas públicas, o destaque de algumas questões que ainda permanecem na legitimação do papel/função/ação do coordenador pedagógico: a falta de consenso sobre a questão do que seja ser pedagogo/supervisor, educacional/orientador, pedagógico/professor, coordenador/supervisor, pedagógico/pedagogo-formador.

A questão do perfil da ação do coordenador pedagógico mediante aspectos extrínsecos às questões recorrentes nos espaços escolares, entre o sucesso e fracasso do trabalho pedagógico, outrora delineou a ação de aperfeiçoamento e atualização. Nesse sentido, buscou-se trazer legitimidade para a existência da carreira do coordenador pedagógico como profissional da Educação. Porém não foi suficiente, as tensões ainda deliberam questões em seu cotidiano, tais como: equacionar as demandas do tempo presente e a mediação das ocorrências do dia a dia dos espaços escolares, por exemplo, desencadeia o reposicionamento do papel/função/ação desses (e dos demais) profissionais da Educação que atuam nos espaços escolares. Na afirmação de Domingues (2013, p. 187), a explicação desse contexto:

> [...] a cultura escolar, fenômeno complexo e multidimensional, assume como característica a sobreposição de diversas culturas e com arranjos decorrentes das relações específicas que se manifestam e se estabelecem no interior da escola, inclusive de poder, que, de maneira tenaz, reafirma certos modos de conduta e pensamento. Entendida dessa forma, a cultura escolar apresenta uma relação com as tradições (rituais, rotinas e receitas) construídas no tempo histórico e com a inovação, fruto de mudanças múltiplas, na própria escola, no entorno, no mundo, de ordem objetiva ou subjetiva [...].

Como profissional do ensino, o coordenador pedagógico tem seu reconhecimento na Constituição Federal de 1988, no artigo 206, que estabelece princípios para que o ensino seja ministrado, porém não há referência nessa legislação especificamente ao trabalho desse profissional vinculado à estrutura organizativa da escola. No parágrafo único desse artigo, trata-se sobre as categorias de trabalhadores considerados profissionais da educação básica, os quais são regulamentadas pelas legislações pertinentes. A principal, que se refere à Educação, é a Lei de Diretrizes e Bases da Educação Nacional (LDBEN 9394/96), que em seu artigo 64, afirma:

> A formação de profissionais de educação para administração, planejamento, inspeção, supervisão e orientação educacional para a educação básica, será feita em cursos de graduação em pedagogia ou em nível de pós-graduação, a critério da instituição de ensino, garantida, nesta formação, a base nacional comum.

A graduação em Pedagogia foi regulamentada pela Resolução do Conselho Nacional de Educação de 15/05/2006, número que instituiu as Diretrizes Curriculares Nacionais para o Curso de Graduação em Pedagogia, licenciatura. Nessa Resolução não há menção específica à questão sobre o trabalho do coordenador pedagógico, menciona-se "serviços de apoio", porém sem a indicação ao que se refere especificamente tais serviços, a saber em seu 2º artigo:

> Art. 2º As Diretrizes Curriculares para o curso de Pedagogia aplicam-se à formação inicial para o exercício da docência na Educação Infantil e nos anos iniciais do Ensino Fundamental, nos cursos de Ensino Médio, na modalidade Normal, e em cursos de Educação Profissional na área de serviços e apoio escolar, bem como em outras áreas nas quais sejam previstos conhecimentos pedagógicos.

No artigo 10 da referida Resolução, são extintas as habilitações do referido curso, que foram praticadas desde a Lei da Reforma Universitária número 5540, de 1968, a qual estabelecia que a graduação em Pedagogia poderia ofertar habilitações em supervisão, orientação, administração e inspeção educacional. Assim, ficou a redação do artigo: "Art. 10. As habilitações em cursos de Pedagogia atualmente existentes entrarão em regime de extinção, a partir do período letivo seguinte à publicação desta Resolução".

Ainda cumpre destacar o artigo 14 que possui a seguinte redação, na referida Resolução:

> Art. 14. A Licenciatura em Pedagogia, nos termos dos Pareceres CNE/CP n os 5/2005 e 3/2006 e desta Resolução, assegura a formação de profissionais da educação prevista no art. 64, em conformidade com o inciso VIII do art. 3º da Lei nº 9.394/96.
> § 1º Esta formação profissional também poderá ser realizada em cursos de pós-graduação, especialmente estruturados para este fim e abertos a todos os licenciados.
> § 2º Os cursos de pós-graduação indicados no § 1º deste artigo poderão ser complementarmente disciplinados pelos respectivos sistemas de ensino, nos termos do parágrafo único do art. 67 da Lei nº 9.394/96.

Na redação do artigo 14, foi mencionado pelo legislador o artigo 67 da **Lei de Diretrizes e Bases da Educação Nacional (LDBEN n.º 9394/96), ele possui a seguinte afirmação:**

> Art. 67. Os sistemas de ensino promoverão a valorização dos profissionais da educação, assegurando-lhes, inclusive nos termos dos estatutos e dos planos de carreira do magistério público:

> I - ingresso exclusivamente por concurso público de provas e títulos;
> II - aperfeiçoamento profissional continuado, inclusive com licenciamento periódico remunerado para esse fim;
> III - piso salarial profissional;
> IV - progressão funcional baseada na titulação ou habilitação, e na avaliação do desempenho;
> V - período reservado a estudos, planejamento e avaliação, incluído na carga de trabalho;
> VI - condições adequadas de trabalho.
> § 1º A experiência docente é pré-requisito para o exercício profissional de quaisquer outras funções de magistério, nos termos das normas de cada sistema de ensino.

Porém, esse artigo foi modificado pela Lei n.º 11.301, de 2006, que alterou o artigo 67 da LDBEN n.º 9394/96 incluindo, os efeitos do disposto no § 5º do artigo 40[21] e no § 8º do artigo 201[22] da Constituição Federal, a definição de funções do magistério.

> Art. 1º O art. 67 da Lei n. 9394/96, de 20 de dezembro de 1996, passa a vigorar acrescido do seguinte § 2º, renumerando-se o atual parágrafo único para § 1º.
> Art. 67. ...
> § 2º Para os efeitos do disposto no § 5º do art. 40 e no § 8o do art. 201 da Constituição Federal, são consideradas funções de magistério as exercidas por professores e especialistas em educação no desempenho de atividades educativas, quando exercidas em estabelecimento de educação básica em seus diversos níveis e modalidades, incluídas, além do exercício da docência, as de direção de unidade escolar e as de coordenação e assessoramento pedagógico.

---

[21] Constituição da República Federativa do Brasil de 1988. Art. 40. Aos servidores titulares de cargos efetivos da União, dos Estados, do Distrito Federal e dos Municípios, incluídas suas autarquias e fundações, é assegurado regime de previdência de caráter contributivo e solidário, mediante contribuição do respectivo ente público, dos servidores ativos e inativos e dos pensionistas, observados critérios que preservem o equilíbrio financeiro e atuarial e o disposto neste artigo.

[22] Constituição da República Federativa do Brasil de 1988. Art. 201. A previdência social será organizada sob a forma de regime geral, de caráter contributivo e de filiação obrigatória, observados critérios que preservem o equilíbrio financeiro e atuarial, e atenderá, nos termos da lei, a:
I - cobertura dos eventos de doença, invalidez, morte e idade avançada;
II - proteção à maternidade, especialmente à gestante;
III - proteção ao trabalhador em situação de desemprego involuntário;
IV - salário-família e auxílio-reclusão para os dependentes dos segurados de baixa renda;
V - pensão por morte do segurado, homem ou mulher, ao cônjuge ou companheiro e dependentes, observado o disposto no § 2º.

Reconhecemos a importância de legitimidade e acessos sociais que a Legislação estabelece aos profissionais; também é fundamental sabermos que não há atos isolados ou dissociados dos momentos históricos nos quais o Brasil viveu quando das formulações legais. Nessa leitura percebemos o desassossego nos termos empregados pelo legislador para definir o que seja o profissional coordenador pedagógico. Perpassando na menção, pela formação inicial, abrindo margem às interpretações muitas vezes não esperadas, delegando a posteriores legisladores que orientem os planos da carreira, enfim, os percalços desse profissional da educação já se iniciam nos tratados legais.

No recorte do cenário da pesquisa: profissionais coordenadores pedagógicos atuantes na rede municipal de Curitiba, nos propomos inicialmente entender como é organizado pela mantenedora o trabalho desses profissionais, quais são as atribuições da função designada na legislação ordinária do município. A Lei 6761, de 8 de 08 de novembro de 1985, dispõe sobre o Estatuto do Magistério Público Municipal, definindo em seu artigo 2º a identificação dos profissionais do Magistério no município:

> Art. 2º - Para os efeitos desta lei, entende-se por:
> I - Integrantes do Quadro Próprio do Magistério, todo o pessoal que, nas unidades escolares e recreativas, e demais órgãos de administração, ministra, assessora, planeja, programa, acompanha, supervisiona, avalia, inspeciona, coordena, orienta e dirige o ensino na Rede Municipal (Art. 5º).
> II - Cargo Público, o conjunto de atribuições e responsabilidades conferidas ao integrante do Quadro Próprio do Magistério, sendo caracterizado pelo exercício de atividades no ensino de 1º Grau, na educação pré-escolar e recreativa.
> III - Classe, a posição, no Quadro Próprio do Magistério, caracterizada pela exigência de grau de habilitação profissional específico, e níveis de elevação de vencimento próprios.
> IV - Atividades inerentes à educação ou nela incluída, a direção, a administração, o ensino, a pesquisa, a orientação e a supervisão, a inspeção, a recreação e a psicologia escolar.

No Título V desse Estatuto, atribui-se especificamente: "Da Orientação Educacional e Supervisão Escolar", o vínculo de tais funções ao profissional do Magistério municipal:

> Art. 93 - O Orientador Educacional é o integrante do Quadro Próprio do Magistério, que tem a função de prestar assistência ao educando individualmente ou em grupo, coordenando e integrando os elementos que exercem influência em sua formação, preparando-os para o exercício de opções básicas.

> Art. 94 - O Supervisor Escolar é o integrante do Quadro Próprio do Magistério que tem a função de coordenar o planejamento, a execução e a avaliação do processo pedagógico na escola, para que seja cumprida a finalidade da mesma. Parágrafo Único - O Orientador Educacional e o Supervisor Escolar exercerão seus respectivos cargos obedecendo aos critérios de lotação fixados pelo órgão de Educação.

Na Lei 10.190, de 28 de junho de 2001, que Institui o Plano do Magistério Público Municipal, diferenciam-se as atividades de docência as do suporte técnico pedagógico[23], vinculando-o com a administração escolar e gestão do processo pedagógico esse profissional; também unificando as ações até então estabelecidas como orientador educacional e supervisor escolar. No item II e V, do artigo 3º, podemos ler:

> II - Profissional do Magistério, servidor investido no cargo que exerce atividades de docência e de suporte técnico pedagógico direto à docência, incluídas a administração escolar e a gestão do processo pedagógico;
> V - Suporte Técnico-Pedagógico, o conjunto de atividades exercidas por profissional habilitado nos termos da lei, destinadas à coordenação, supervisão, orientação, organização e gestão do processo pedagógico;

Merece especial destaque a questão da denominação do profissional: a legislação nomeia como "suporte técnico-pedagógico" o profissional comumente chamado nos espaços de atuação como "pedagogo", e como a pesquisa deste trabalho indicou, por eles autodenominados de "pedagogo-formador". Dizemos comumente devido à forma rápida que os profissionais utilizam no cotidiano, pois é "mais fácil" usar "pedagogo[24]" do que "suporte técnico pedagógico", ou seja, para um mesmo profissional existem dois nomes que designam sua função na rede de ensino a qual pertencem: um na redação da lei e outro utilizado no dia a dia.

É no Decreto Municipal 762, de 3 de julho de 2001, que estão definidas as especificações, atribuições, tarefas típicas, requisitos e as demais características da carreira do magistério público do município de Curitiba, a saber, nos artigos 1º e 2º sendo determinado:

---

[23] Nessa legislação aparece o termo suporte técnico pedagógico para diferenciar da docência a função que esse profissional da educação ocupa na rede municipal.

[24] É possível saber sobre essa informação tanto no convívio com os profissionais como em nossa entrevista, quando as participantes utilizaram para se referirem às colegas que atuam nos espaços escolares (escolas/CMEIs) quanto nas notícias veiculadas no site da Secretaria Municipal de Educação: http://www.cidadedoconhecimento.org.br. Acesso em: jul./ago. 2015.

Art. 1º - Ficam aprovadas as especificações, tarefas típicas, requisitos e demais características pertinentes ao cargo de Profissional ao Magistério, da carreira do Magistério, do Quadro de Pessoal da Administração Direta, na forma do anexo, que passa a fazer parte integrante deste decreto.
Art. 2º - Este decreto entrará em vigor na data de sua publicação, revogado o Decreto 181/95 na parte referente aos cargos de Professor de 5a a 8a série do 1º Grau, Professor de Pré a 4a série do 1º Grau "A", "B", "C", "D", Orientador Educacional, Supervisor Escolar, Supervisor Escolar "C" e Decretos nos 267, 324/96.

Cabe destacar que essa legislação define: área de atuação, atribuições e tarefas típicas de cada profissional (docentes, suporte técnico-pedagógico e assistência pedagógica) nos níveis educacionais de seu atendimento: Educação Infantil, Ensino Fundamental I e II, e na modalidade da Educação Especial.

Para efeito de vínculo na carreira pública (salário, crescimento horizontal e vertical, aposentadoria), na rede municipal de educação de Curitiba, nas definições da Lei, os níveis de tal vínculo são diferenciados pela escolarização do profissional e atribuídos ao seu Nível na carreira, conforme demonstrado no Quadro 8, nesta pesquisa ao que se refere à atuação do suporte técnico-pedagógico:

Quadro 8 – Atuação do Suporte Técnico-Pedagógico

Profissional do Magistério	Nível	Escolaridade
Área de Atuação: Suporte Técnico-Pedagógico	Nível I	Formação em nível superior em curso de graduação de licenciatura plena em Pedagogia.
	Nível II	Formação em nível de pós-graduação *lato sensu*, em cursos na área de educação, com duração mínima de 360 horas.
	Nível III	Formação em nível de pós-graduação *stricto sensu*, em programas de mestrado ou doutorado na área de Educação.

Fonte: a autora (2015)

O Decreto 762/2001 diferencia em seu texto "sumário das atribuições e tarefas típicas" para delinear as ações dos profissionais. Independentemente do Nível funcional (exposto no Quadro 8), o "sumário das atribuições" é o mesmo atribuído por essa legislação, a saber:

> Articular as ações pedagógicas na escola, na relação escola x [sic] família e escola x [sic] comunidade. Orientar e assessorar as equipes das unidades, aprimorando o processo ensino-aprendizagem, com vistas à permanente melhoria da qualidade de ensino. Assessorar as equipes da escola, nos processos de gestão implementando as políticas educacionais e as contidas no projeto. (Sumário das Atribuições, PMC/Decreto 762/2001).

As funções atribuídas como sendo "sumárias" para o profissional de suporte técnico-pedagógico são imperiosas no sentido da Lei, evidenciado um importante aspecto na constituição do espaço educativo vinculado esse profissional como articulador do processo de ensino-aprendizagem. Também atrela à gestão escolar sua atuação, postulando outras atribuições que são específicas dessa dimensão na escola; cumpre em seu exercício profissional a implementação das políticas educacionais e refere-se, sem deixar evidente, qual é o "projeto" dessa ação, seria o projeto político-pedagógico?

Na especificidade do Decreto em questão, é nas "tarefas típicas" do suporte técnico-pedagógico que ficam evidenciadas as ações específicas do seu cotidiano, a saber:

> • Coordenar o planejamento das atividades escolares, em conjunto com a equipe pedagógico-administrativa, bem como proceder à avaliação contínua do mesmo, a fim de adequá-lo às necessidades do contexto escolar.
> • Coordenar o processo de identificação das características da clientela nos âmbitos socioeconômico, familiar e outros, diagnosticando a realidade e propondo formas de atuação que viabilizem o processo pedagógico.
> • Participar de reuniões pedagógico-administrativas, Conselho de Escola, Instituições Auxiliares e outros, contribuindo para a efetivação do projeto pedagógico da unidade.
> • Coordenar as reuniões do Conselho de Classe, tomando as providências para a efetivação das ações acordadas redimensionando a prática pedagógica.
> • Detectar e acompanhar, junto ao corpo docente, casos de alunos que apresentem problemas específicos, tomando decisões que proporcionem encaminhamento e/ou atendimento adequado pela escola, família e outras instituições.
> • Manter os pais permanentemente atualizados sobre a vida escolar do aluno, objetivando também esclarecer a natureza das dificuldades, bem como sugerindo estratégias para superação das áreas defasadas, efetivando a integração família e escola.

• Propor, acompanhar e avaliar, a aplicação de projetos pedagógicos, junto ao corpo docente objetivando a melhoria do processo educativo.

• Coordenar e assessorar o processo de seleção de livros didáticos, respeitando critérios previamente estabelecidos e de acordo com o projeto pedagógico da unidade.

• Participar de eventos, cursos, assessoramentos e grupos de estudos, nas áreas de conhecimento e em sua especialidade, compartilhando-os.

• Articular em conjunto com o Conselho de Escola ações que efetivem o relacionamento escola x comunidade aprimorando e dinamizando o processo educativo.

• Assessorar, orientar e acompanhar o corpo docente em suas atividades de planejamento, docência e avaliação, otimizando a hora-atividade.

• Definir, acompanhar e rever continuamente, em conjunto com os profissionais da escola, o processo de avaliação de aprendizagem, buscando sanar as dificuldades existentes.

• Participar da elaboração, avaliação, efetivação e realimentação do Projeto Pedagógico.

• Coordenar e participar da elaboração, avaliação e realimentação do Regimento Escola.

• Participar da elaboração, avaliação e realimentação do Estatuto da Associação de Pais, Professores e Funcionários, do Estatuto do Conselho de Escola e do Estatuto de outras Instituições Auxiliares, criadas no âmbito da unidade.

• Propor alternativas e fornecer subsídios que possibilitem a atualização e o aperfeiçoamento constante do corpo docente e do processo educativo.

• Orientar o Profissional do Magistério na seleção, elaboração e utilização de recursos didáticos e tecnológicos.

• Definir em conjunto com a equipe pedagógico-administrativa, ouvindo o Conselho de Escola, critérios para a distribuição das funções em conformidade com diretrizes estabelecidas pela Secretaria Municipal da Educação.

• Promover o processo de adaptação, classificação e reclassificação de alunos, conforme a legislação vigente.

• Elaborar, em conjunto com os docentes, o plano de apoio pedagógico para o atendimento de alunos, conforme as necessidades detectadas em conselhos de
classe e orientação da equipe multidisciplinar.

• Promover ações junto à comunidade no sentido da sensibilização e conscientização quanto aos direitos e deveres da pessoa com necessidades especiais.

- Acompanhar o processo e o registro da avaliação do aluno, em documentação apropriada, conforme as rotinas pré-estabelecidas e o disposto no Regimento Escolar da Unidade.
- Encaminhar e acompanhar junto ao Conselho Tutelar situações-problema detectadas com alunos na área de competência do órgão.
- Desempenhar outras atividades correlatas.

Quando o profissional atuar como suporte técnico-pedagógico na Educação Especial, atribui-se no Decreto 762/01 "outras tarefas", entendendo que são ações concomitantes às já relatadas anteriormente:

- Realizar com a equipe multidisciplinar, avaliação diagnóstica de alunos com indicadores de necessidades educacionais especiais, utilizando-se dos instrumentos técnicos, formais e informais, de sua área de atuação, emitindo parecer diagnóstico.
- Encaminhar os alunos com necessidades educacionais especiais a diferentes modalidades e programas de atendimento educacional, de acordo com as necessidades apresentadas.
- Realizar orientação pedagógica à Equipe Pedagógico-Administrativa e Equipe Docente das unidades escolares e outras instituições, quanto ao desenvolvimento cognitivo do educando avaliado, considerando-o em sua totalidade.
- Realizar, em conjunto com os demais profissionais, orientação familiar quanto ao desenvolvimento global do educando.
- Elaborar e dinamizar programas de atendimento especializado, utilizando-se de técnicas, métodos e recursos específicos.
- Realizar avaliação do processo de atendimento, respeitando e assegurando o grau de heterogeneidade do grupo com o qual trabalha, visando nortear as decisões pedagógicas.
- Desenvolver um sistema de apoio especializado aos alunos com necessidades educacionais especiais, por meio de atividades de assessoramento pedagógico que favoreçam as adaptações curriculares.
- Promover situações de aprendizagem mediada, orientando e acompanhando alunos que apresentem obstáculos em seu processo de escolarização, procedendo ao encaminhamento daqueles cujas soluções estejam fora de sua competência.
- Atender e acompanhar o aluno com necessidades educacionais especiais, com base em suas especificidades, em conjunto com a equipe de profissionais da unidade.
- Manter contato com os pais, objetivando esclarecer a natureza das dificuldades, bem como sugerindo estratégias para superação das áreas defasadas, efetivando a integração família x escola.

- Estudar os processos de avaliação diagnóstica, garantindo a qualidade do atendimento e apoiando o processo ensino x aprendizagem, em conjunto com a equipe de profissionais da unidade.
- Facilitar o desenvolvimento do educando, visando sua inclusão e permanência no ensino regular, respeitando sua diversidade.
- Realizar trabalho integrado na equipe de profissionais da sua unidade.
- Acompanhar o desenvolvimento do educando em instituições educacionais bem como nas modalidades e programas de atendimento em educação especial.
- Assessorar as unidades escolares e demais instituições, na perspectiva da melhoria da aprendizagem do aluno no âmbito da educação especial.
- Participar de discussões técnicas com profissionais das diversas instituições no âmbito da educação especial.
- Desenvolver atividades de prevenção, educação e atendimento de educandos com necessidades educacionais especiais.

Mediante a leitura das funções que se espera que o profissional de suporte técnico-pedagógico deva desempenhar em seu cotidiano, podemos perceber a enorme responsabilidade, sobrecarga e complexidade de suas atribuições. Se pensarmos sobre os verbos utilizados para tal designação, podemos ver que há um forte vínculo com o "fazer", o que acarreta certo ativismo pedagógico e distanciamento daqueles aspectos que poderiam desencadear maior reflexão e criticidade que visem efetivamente à articulação entre as práticas pedagógicas. Buscando maior evidência desses fazeres, elaboramos o Quadro 9, destacando as ações atribuídas pelas "tarefas típicas" citadas e a incidência quantitativa-numérica às mesmas, referindo-se aos profissionais envolvidos em nossa pesquisa:

Quadro 9 – Incidência às Ações do Suporte Técnico-Pedagógico

AÇÕES ATRIBUÍDAS	INCIDÊNCIA
Acompanhar	7
Participar	
Coordenar	5
Realizar	
Promover	3

AÇÕES ATRIBUÍDAS	INCIDÊNCIA
Assessorar	2
Avaliar	
Desenvolver	
Definir	
Elaborar	
Encaminhar	
Manter	
Orientar	
Articular	1
Atender	
Detectar	
Desempenhar	
Dinamizar	
Estudar	
Facilitar	
Propor	
Rever	

Fonte: a autora (2015)

Cabe destacar ainda que em algumas dessas ações constam relacionadas em sequência, trazendo uma característica de maior peso no aspecto de desempenho, como propor, acompanhar e avaliar; detectar e acompanhar; encaminhar e acompanhar; elaborar e dinamizar; coordenar e participar; definir, acompanhar e rever; assessorar, orientar e acompanhar; coordenar e assessorar; atender e acompanhar; elaborar e dinamizar.

Evidentemente cabe ao profissional da educação que atua como técnico-pedagógico as decorrências dessas atribuições, que envolvem a definição nomeadamente de suas funções numa gama de atributos, os quais qualquer ser humano não daria conta.

Se retomarmos os comandos evidenciados, refletimos que o pedagogo precisa estar junto e caminhar na mesma direção para **acompanhar**. Precisa necessariamente saber fazer, informar, partilhar, organizar e tornar possível para **coordenar**. Precisa tornar as proposições concretas, dar existência e contribuir de forma positiva para **realizar**. Precisa dar destaque às ações e funções sociais escolares para **promover**.

Precisa dar orientações, verificar e auxiliar para constituir-se em **assessor**. Tem que gerar, produzir e dar crescimento para conseguir **desenvolver**. Para **mediar** é preciso intervir, conciliar e gerir situações e o cotidiano na/ da escola. Ainda é preciso tornar claro, explicitar para ter **definição**. Para **dinamizar** será preciso ser ativo, vivaz e também ajudar, auxiliar, unir, juntar e evidenciar se quiser **encaminhar**.

Esse universo amplo, difuso, imperioso sobre as "tarefas típicas" desse profissional da educação, traz elementos caracterizadores tornando na transposição — entre o esperado à efetividade da ação do coordenador pedagógico — algo frágil, além de desenvolver uma identidade indefinida, ocasionando alguns rótulos como "o faz tudo", "mil utilidades" entre outras depreciações.

Na leitura a seguir é possível dimensionar o dia a dia dessa função, nas palavras de uma das participantes da pesquisa, PF4:

> *"Para nós eu acho que é o excesso de trabalho mesmo, o cronograma é muito puxado, por exemplo, faltou educador, lá vamos nós cobri-los, entramos em sala, para cobrir o educador. Se acontece algum problema com o educador, você vai lá fazer uma reunião, conversar com o educador, então isso atrapalha, porque às vezes você sai do teu foco, que é o foco de formação, que é teu foco de supervisão, para atender outras demandas, que não deveriam fazer parte do nosso trabalho então eu acho que esse acúmulo de coisas para fazer, que sai do foco, é isso que atrapalha. Não é... olha, amanhã, provavelmente a gente vai entrar, pois é quase toda a semana, às vezes a gente vai uma vez por mês. Às vezes tem que substituir diretora... eu já fiquei 20 dias substituindo diretora, ai nós temos toda a formação, nós temos toda a cobrança do departamento, da nossa supervisora que cobra que tem ter qualidade, e tem que ter mesmo, concordo, aí você acaba fazendo as formações, nas primeiras, agora não, agora a gente estava com falta de pessoal, nós estávamos apenas só em três nós temos 25 CMEIs[25], nós temos oito escolas[26], sendo quatro CMEIs manhã e tarde, nós temos que fazer duas supervisões, nós temos oito escolas, então são quatro escolas manhã*

---

[25] CMEI – Centro Municipal de Educação Infantil: espaço escolar público que atende a criança dos 0 aos 4 anos.
[26] Escolas – diferenciação que se faz em termos de nome para designar o atendimento às crianças no município dos 5 anos até o Ensino Fundamental I e II. Na menção da participante, refere-se à questão de ser da sua responsabilidade todos esses espaços em nível da Educação Infantil (CMEIs e Escolas).

e tarde. Nós fazemos cinco formações: formações com G1 que é diretora; G2 formação com os pedagogos, formação manhã e tarde, formação com escola, manhã e tarde, então são seis formações, manhã e tarde, por isso é bastante puxado. E as formações tomam muito tempo você tem que estudar primeiro, você tem que ver o referencial teórico que vai precisar, depois você vai elaborar essa formação, depois você tem que retomar essa formação para ver se estão articuladas as ideias e tudo mais. Então é complicado, porque a maioria das coisas você acaba fazendo em casa, então você começa 7h30 da manhã, e 6h você tá indo para casa e continua o trabalho, pois se você quiser um trabalho de qualidade, trabalha muito, inclusive por e-mail com as meninas, muito, muito, muito, com as pedagogas, e uma vez por mês, só não dá conta. Elas me mandam o e-mail e eu retomo com elas, por exemplo, a gente acompanha as reuniões pedagógicas no sábado, ou antes, ou durante ou depois, elas mandam o que elas pensaram, a gente faz a devolutiva, aí elas reelaboram, a gente acompanha vai lá no sábado e assiste e faz uma outra devolutiva. Então é bastante trabalho mesmo e é muita coisa que a gente leva para casa. Tudo a noite e todo final de semana. Eu trabalho muito! Ontem eu estava olhando, quantas vezes eu fui no CMEI para acompanhar aquela prática para apresentar no seminário: foram cinco vezes! Só para aquela prática. Foram nove e-mails, eu discutindo com ela e trabalhando (ênfase nos números pela voz). Então essas coisas não contam, mas eu acho que são poucas pessoas pela demanda de trabalho. Para mim seria o principal desafio. Porque a gente tem uma boa formadora que é a XXXX[27], amo o Avisa Lá[28], aprendo muito, mas é esse tempo mesmo até, tempo de família que você deixa de ter, se você tem responsabilidade, se tem que fazer, está ali e você vai correr atrás. O tempo que você tem é o tempo da tua casa. Tem que organizar da outra forma para dar conta".

O cansaço revelado na fala dessa participante é notável, a divisão exaustiva de sua atuação profissional retorna às práticas do fazer, fazer e fazer. A profissional deixa evidente sua necessidade de dedicação, evidencia a tensão entre ser pedagoga-formadora e a atuação na gestão diretiva da escola. Menciona a quantidade numérica dos espaços, nos quais se mostra desejosa de agir de forma efetiva na formação contínua dos profissionais que ali atuam. Registra a tensão da questão dual que assume na relação

---

[27] Omitimos o nome por questões éticas.
[28] O Instituto Avisa Lá é o propositor das formações continuadas que ocorrem na Educação Infantil no município de Curitiba há 10 anos, conforme informação do próprio Instituto. Disponível em: http://avisala.org.br/?s=Curitiba. Acesso em: 10 jul. 2015.

pessoal-familiar e o seu dia a dia como profissional, compreende-se que possui no discurso o que lhe foi imperioso pelas "tarefas típicas" do seu trabalho, porém exausta, queixa-se da quantidade em relação à qualidade, queixa-se do excesso do cotidiano, emite seu parecer frente às ações que extrapolam o limite legal-funcional, como *"levar trabalho para casa"*, aliando essa prática à característica de ser *"responsável"*.

A crítica que se faz aqui é no sentido da educação que propõe as ações para seus profissionais com ênfase no fazer, distanciando-se dos objetivos efetivos de uma prática pedagógica que privilegie as ações formativas com expectativa numa escola de compromissos com a socialização de seus participantes — todos eles, seja em qual segmento atuarem nesse espaço. Na consideração de Trindade (2009), a articulação dos saberes e poderes no espaço no âmbito escolar traz uma dinâmica marcadamente sistêmica às realidades em análise, pois "o impacto das crenças, dos saberes ideológicos, dos acontecimentos, das opções e das decisões" não pode ser dissociados das teorias pedagógicas, porém, "influenciam a organização e a gestão do trabalho educativo que ocorre nesse âmbito" (Trindade, 2009, p. 55).

Se tais influências são preponderantes na atualidade, o excesso do fazer traz um aspecto de algo não definido, não assertivo, e ainda se esvazia o papel institucional tanto da escola como do profissional em questão, de tantas atribuições a falência emocional, trabalhista e relacional é notória, que se registrou na participação da PF4, outrora mencionada.

Sobre as atribuições da função do coordenador pedagógico[29], diferentes autores em suas pesquisas já denunciaram, refletiram e evidenciaram quais seriam, como Morgado (2012b, p. 14-15), dimensionando a amplitude do trabalho desse profissional:

> Considerando como um papel de ajuda, a coordenação pedagógica precisa ordenar, harmonizar, articular tarefas e atividades dos diversos membros envolvidos na ação educativa. Essas ações incluem acasos, incertezas, indeterminações, insatisfações e riscos que devem ser assumidos. E ainda, sendo o processo educativo inacabado e aberto a novas possibilidades, o trabalho da coordenação pedagógica também é, necessariamente, aberto às mudanças, num processo contínuo de aprender e ensinar, intervindo nos diferentes momentos de desenvolvimento e em seus respectivos aspectos.

---

[29] As nomeações para o coordenador pedagógico são diferentes. Aparecem nessas citações de acordo com as pesquisas realizadas pelos autores.

Na pesquisa de Soares (2011), um dos recortes feitos se refere à típica denominação para o profissional como "apagador de incêndio" (p. 118), o destaque refere-se à interligação das ações entre a coordenação pedagógica e a gestão da escola, como leremos a seguir:

> [...] talvez seja possível, afirmar que a coordenação pedagógica necessita buscar meios para sair deste "apagar incêndios" para, de fato, atuar como organizador do trabalho pedagógico e, naturalmente, como parceiro do gestor escolar. Essa mudança dar-se-á de forma gradativa e como fruto de argumentações e pleno envolvimento com o fazer pedagógico dos docentes focados na aprendizagem dos alunos. Para tanto, essas ações precisam estar interligadas e integradas em prol da melhoria dos índices de aprendizagem. Ações que precisam estar contextualizadas à realidade escolar dos educandos, pois a formação continuada precisa ser repensada a fim de atender à demanda dos alunos da escola pública contemporânea (Soares, 2011, p. 118).

Sobre a articulação do trabalho do coordenador mediante a realidade escolar, Lira (2012, p. 19) expressa-se:

> [...] o coordenador ocupa o lugar daquele que articula as ações construídas com base na realidade escolar e nas interações estabelecidas pelos diversos agentes educacionais (professores, gestores, alunos e suas famílias), sendo essas ações representadas por uma proposta que venha ao encontro das aprendizagens dos alunos, subsidiando a prática docente e os anseios da comunidade escolar sempre pautada em princípios éticos de valorização e respeito à diversidade.

Na pesquisa de Placco, Almeida e Souza (2011, p. 116), ficou indicado que os "conceitos de articulação, formação e transformação como aspectos indissociáveis de um princípio que direciona nossa compreensão do que seja a coordenação pedagógica", reiterando a postura permanente sobre a necessidade de se revisitar a formação inicial dos coordenadores pedagógicos com Libâneo (2012, p. 24) ao definir que o:

> [...] *coordenador pedagógico* é um profissional imprescindível para assegurar nas escolas a integração e articulação do trabalho pedagógico-didático: a formulação e acompanhamento da execução do projeto pedagógico-curricular, a organização curricular, a orientação metodológica, a assistência pedagógico-didática aos professores na sala de aula numa relação interativa e compartilhada com o professor e os alunos, colaboração nas práticas de reflexão e investigação, diagnóstico e

atendimento de necessidades ligadas ao ensino e aprendizagem dos alunos em conjunto com o professor, atividades de formação continuada, práticas de avaliação da aprendizagem.

A história, regulação e poderes exercidos na ação do supervisor escolar são discutidos no trabalho de Leal e Henning (2010, p. 379-380), no qual as autoras consideraram que:

> A presença da supervisão escolar justifica-se pelas suas ações de acompanhamento, assessoramento, pesquisa e orientação sobre o trabalho de seus próprios colegas. É uma prática autorizada e regular e, por isso mesmo, a disciplinar a ação docente, que, por sua vez, também se justifica pela sociedade disciplinar que vivemos.

Percebemos que as concepções do paradigma conservador nas atribuições do coordenador pedagógico, voltadas para o fazer ativista e com foco em cumprir aspectos imperiosos do sistema educacional, distanciam-no das práticas/vivências socioculturais da atualidade, evidenciando o tecnicismo laboral. Atribuir sentido ao papel do coordenador pedagógico na escola requer o entendimento de uma dimensão de significados efetivos à prática desse profissional, que perpassem pelos aspectos de trabalho em equipe, de competência técnica, de especificidades pedagógicas, porém com maior incidência à formação de outros profissionais da Educação que tem nele a expectativa da formação continuada.

Evidentemente não queremos negar a necessidade das atribuições que dizem respeito ao cumprimento legal de normas e diretrizes, ao desenvolvimento do aluno, à relação com a gestão da escola, ao envolvimento desse profissional em todos os segmentos.

Por outro aspecto, não podemos deixar de evidenciar que à luz do pensar Complexo, ao qual se vincula teoricamente esta pesquisa, há a mesma consciência configurada nas palavras de Pérez Gómes (2015, p. 17):

> A mudança que, na minha opinião, melhor se identifica com a transformação substancial da vida cotidiana se refere à onipresença da informação como entorno simbólico da socialização. Vivemos em um ambiente essencialmente simbólico. Na economia contemporânea, o trabalho não qualificado e as matérias-primas deixaram de ocupar um papel tão estratégico como no passado. A crescente importância do setor de serviços exalta a extrema relevância da informação e do conhecimento de tal forma que se torna um elemento substancial da cultura atual. A distinta posição dos indivíduos no que diz respeito à informação define o seu potencial produtivo, social e cultural,

e até mesmo chega a determinar a exclusão social daqueles que não são capazes de entendê-la e processá-la. A capacidade para usar a tecnologia da informação é cada dia mais decisiva, pois muitos dos serviços, do trabalho e dos intercâmbios estão e estarão cada vez mais acessíveis apenas por meio da rede. Por isso, aparece com maior clareza e urgência a necessidade de formação de novos cidadãos para viver em um novo ambiente digital de possibilidades e riscos desconhecidos. Por outro lado, não podemos deixar de considerar que atualmente as informações são produzidas, distribuídas, consumidas e abandonadas a um ritmo frenético. A velocidade, cada vez acelerada, que define o ciclo de informação determina a imagem de fragilidade e precariedade da vida dos seres humanos.

Nesse cenário sociocultural, a mudança perpassa por todos os segmentos da sociedade, a escola configura-se em possibilidade de elaboração desses novos conhecimentos, porém precisa ser revisitada sob uma perspectiva Complexa e transdisciplinar. Em questão, cumpre lembrar as referências sobre a interação e interconectividade mencionadas por Torres e Siqueira (2012, p. 176-177):

> Com o aparecimento de uma nova sociedade globalizada e tecnificada aumenta a demanda por formação contínua e aflora a necessidade de busca de novos modelos educacionais, capazes de responder às solicitações de formação profissional. A educação neste início de século se desenvolve em uma sociedade na qual o conhecimento é a principal fonte de riqueza, produção e poder. Nesta sociedade do conhecimento, [...], o desenvolvimento tecnológico se entrelaça as inovações pedagógicas, interferindo nos modelos educacionais e processos didáticos, promovendo uma virtualização e até uma hibridização dos espaços educacionais.

No que se requer a legislação educacional referente às finalidades da educação[30], os aspectos de acesso foram compreendidos pelo sistema educacional brasileiro. Ainda não conseguimos atingir os objetivos que legislam sobre a

---

[30] Refere-se à Lei de Diretrizes e Educação Nacional (LDEBEN 9394/96), Título II Dos Princípios e Fins da Educação Nacional: Art. 2º. A educação, dever da família e do Estado, inspirada nos princípios de liberdade e nos ideais de solidariedade humana, tem por finalidade o pleno desenvolvimento do educando, seu preparo para o exercício da cidadania e sua qualificação para o trabalho. Art. 3º. O ensino será ministrado com base nos seguintes princípios: I - igualdade de condições para o acesso e permanência na escola; II - liberdade de aprender, ensinar, pesquisar e divulgar a cultura, o pensamento, a arte e o saber; III - pluralismo de ideias e de concepções pedagógicas; IV - respeito à liberdade e apreço à tolerância; V - coexistência de instituições públicas e privadas de ensino; VI - gratuidade do ensino público em estabelecimentos oficiais; VII - valorização do profissional da educação escolar; VIII - gestão democrática do ensino público, na forma desta Lei e da legislação dos sistemas de ensino; IX - garantia de padrão de qualidade; X - valorização da experiência extraescolar; XI - vinculação entre a educação escolar, o trabalho e as práticas sociais.

equidade e qualidade na Educação e ainda precisamos saber que o conhecimento (objeto de trabalho escolar) subjaz às questões nas quais não conseguimos dimensionar. Reposicionar o papel social da escola em nova referência sociocultural, no efeito de estarmos sob um novo momento histórico, bem como de todos os atores que nesse espaço estão, retifica as ações até outrora dadas como certezas e seguranças. "A complexidade dos processos envolvidos no aprender e conhecer reflete, cada vez mais, esta dimensão profunda e relacional existente entre os processos cognitivos e os processos vitais" (Moraes, 2008, p. 253).

Assumimos como profissionais da educação o discurso referenciado pela autora citada como sabedores da dimensionalidade do nosso papel e função. Nos angustiamos como temos percebido nas declarações das pedagogas-formadoras desta pesquisa, e nos paralisamos frente ao panorama da vida atual. Nossa ação é cotidiana, no espectro no qual a intencionalidade pedagógica precisa ser principal, o que fazemos e requeremos em nossa prática profissional precisa se deslocar das queixas para as ações efetivadas em aportes paradigmáticos que balizem os desafios do tempo presente. Assim sendo, Moraes (2008, p. 251) formula:

> Quando nos perguntamos qual seria a finalidade maior da educação, neste momento crucial de mudanças aceleradas, acarretadas pelas questões relacionadas à globalização, pelos problemas gravíssimos de ordem ecológica que assolam os países, colocando em risco a vida no planeta, inúmeros aspectos emergem em nossa mente. De imediato, ocorre-nos a ideia de que a finalidade maior da educação é promover o crescimento pessoal, individual e coletivo do ser aprendente, favorecer o desenvolvimento humano, colaborando para a evolução de sua consciência e de seu espírito, mediante participação ativa, reflexiva, prazerosa e criativa em atividades educacionais de naturezas diferentes. Talvez neste momento qualquer um poderia responder atinando sobre a importância de desenvolver competências e habilidades que colaborem para a reconstrução do conhecimento, para aprender a pensar criativamente e a desenvolver a capacidade crítica.

Eis o desafio interligado à análise das decorrências da função atribuída pelas "tarefas típicas" do suporte técnico-pedagógico, descritas no Decreto 762/01 mencionado. Elaboramos o Quadro 10 a partir das nomeadas ações, na coluna à esquerda associamos às funções práticas (atribuições) e na coluna à direita buscamos compreender as quatro frentes correlatas do dia a dia desse profissional na escola: junto à gestão (equipe administrativa); aos alunos; aos docentes; à comunidade/às famílias dos alunos.

Quadro 10 – Organização das Ações e Atribuições das "Tarefas Típicas" do Suporte Técnico- Pedagógico

	AÇÃO	ATRIBUIÇÃO
Gestão	Coordenar, proceder, avaliar continuamente	Atividades do contexto escolar.
	Participar	Conselho Escolar; Instituições Auxiliares.
	Coordenar e assessorar	Escolha do livro didático.
	Participar e compartilhar	Eventos, cursos, assessoramentos.
	Articular	Conselho de Escola e Comunidade.
	Participar, avaliar e realimentar	Projeto Político Pedagógico; Estatuto da Associação de Pais, Professores e Funcionários; Estatuto do Conselho de Escola; Estatuto de outras Instituições Auxiliares.
	Definir	Distribuição de funções de pessoal de acordo com as diretrizes municipais.
	Realizar, assegurar	Avaliações respeitando o grau de heterogeneidade do grupo com o qual trabalha.
	Participar	Discussões técnicas no âmbito da educação especial.
	Assessorar	Unidades escolares para melhoria da aprendizagem.
Docentes	Coordenar, tomar providências, efetivar	Conselho de Classe.
	Propor, acompanhar, avaliar	Projetos pedagógicos.
	Realizar	Orientação pedagógica quanto ao atendimento e ao desenvolvimento do aluno com necessidades educacionais especiais.
	Assessorar, orientar, acompanhar	Planejamento, docência, avaliação.

	AÇÃO	ATRIBUIÇÃO
Docentes	Definir, acompanhar, rever	Continuamente a avaliação de aprendizagem;
	Orientar, propor, fornecer	Alternativas e subsídios de atualização e aperfeiçoamento para utilização e elaboração de recursos didáticos e tecnológicos.
	Elaborar	Plano de apoio pedagógico para alunos com dificuldades de aprendizagens.
Alunos	Detectar, acompanhar, decidir	Sobre os alunos com problemas específicos de aprendizagem e sobre alunos com necessidades educacionais especiais.
	Promover, adaptar, classificar, reclassificar	Alunos mediante as exigências legais.
	Acompanhar	Registros das avaliações de aprendizagem dos alunos.
	Encaminhar	Conselho Tutelar.
	Realizar	Avaliação diagnóstica com equipe multidisciplinar de alunos com indicadores de necessidades educativas especiais.
	Estudar, garantir, apoiar	Processos de avaliação diagnóstica, garantindo a qualidade de atendimento e apoiando o processo de aprendizagem.
	Facilitar	O desenvolvimento do aluno visando à inclusão e à permanência dele no ensino regular.
	Desenvolver	Atividades de prevenção, educação e atendimento dos alunos com necessidades educativas especiais.
	Promover	Situações de aprendizagem mediada.
	Acompanhar	Alunos com necessidades educativas especiais.

	AÇÃO	ATRIBUIÇÃO
Famílias e Comunidade	Promover	Ações para sensibilizar a comunidade sobre as pessoas com necessidades educativas especiais.
	Realizar	Orientações às famílias sobre o atendimento dos alunos com necessidades educativas especiais.
	Coordenar, diagnosticar	A realidade e as características da clientela nos âmbitos socioeconômicos.
	Manter, atualizar	As famílias sobre o desenvolvimento da vida escolar dos alunos.
	Sugerir	Estratégias às famílias sobre o acompanhamento dos alunos.
	Efetivar	Integração família-escola.
	Manter	Contato com os pais dos alunos com necessidades educativas especiais.
Demais atividades correlatas		

Fonte: a autora (2015)

A motivação na elaboração desse resumo foi a participação lançada pela participante PF3 frente à leitura que realizamos do Decreto 762/01, ao dizer que seu desafio seria ligado às *"frentes de trabalho"* do pedagogo-formador:

"Significa desafio pois são muitas frentes de trabalho que o pedagogo atua, tanto com o trabalho do professor quanto sempre estar acompanhando as atividades das crianças, esse trabalho dele com as crianças, isso pensando no pedagogo na forma geral, na função que a gente atua aqui tem mais esse trabalho ainda, então só aumenta as funções e os desafios".

Podemos compreender as *"tais frentes"* mencionadas pela participante ao sistematizarmos na tabela, denominamos como sendo seu *"trabalho"* e *"função"*. Sugeriu-se em sua fala que há multiplicidades requerentes ao seu cotidiano e atribui-se a ele o sentido desafiador em exercer a profissão.

Quando a legislação citada designa as "tarefas típicas" do suporte técnico-pedagógico e na possibilidade de alguma dúvida em delinear tais aspectos, lança mão da afirmação "e demais atividades correlatas", perfazendo a regulação (que é própria do ato legislativo), porém cerceada por uma prática encadeada de forma procedimental, o sentimento que desencadeia no exercício diário desses profissionais é percebido na dimensão inatingível dos objetivos propostos.

As funções e atribuições postuladas na legislação do município de Curitiba para organização dos afazeres do profissional que atua como suporte técnico-pedagógico, foram de alguma forma abordadas pelas participantes nas entrevistas e na observação participativa realizada para compor este trabalho.

Podemos esclarecer melhor essa organização, ao lermos o relato da pedagoga-formadora PF1, ao desgravarmos sua entrevista:

> *"É assim: a gente chama de encontros de formação. Nós temos com o departamento de Educação Infantil – pedagogos de Núcleos, nove Núcleos, reunidos com a Secretaria; departamento com uma assessora, recebemos uma assessoria do Instituto Avisa Lá. Aí a gente faz essa formação mensal, com dois encontros de formação mensal – pedagoga de Núcleo, cada dia oito horas. Depois nos encontros de formação, cada Núcleo com a sua equipe, os pedagogos e a gente chama os diretores, quem pode estar, e graças a Deus, os meus vêm junto e aí nesses encontros com pedagogo/diretor, depois eles têm os encontros formativos lá nas Unidades. Um encontro com o pedagogo/diretor e outro com o pedagogo, são dois encontros. Então é assim que vai funcionar".*

Compreendemos que essa organização inicia-se em um departamento da Secretaria de Educação que contrata o Instituto que realizará a formação dos profissionais. Por sua vez, os suportes técnicos-pedagógicos (que serão os pedagogos-formadores) dos Núcleos Regionais de Educação (NRE) participam desses encontros e posteriormente replicam a formação adquirida aos pedagogos que estão nos espaços escolares; em seguida esses pedagogos realizam a mesma ação com os professores da Educação Infantil[31]

---

[31] A Lei 12.083/06 instituiu na rede municipal de Educação de Curitiba, em seu Art. 1º, Inciso I – "carreira de Educador – por cisão e transformação parcial da carreira de Atendimento à Infância e Adolescência, composta pelo cargo único de Educador, com característica multifuncional". Um dos espaços de atuação desse profissional se referia aos Centros Municipais de Educação Infantil (CMEIs). Em 22 de dezembro de 2014, alterou-se esse Artigo, com a promulgação da Lei 14.581/14, a qual afirma no Art. 2º: "a carreira de Educador, instituída por força do disposto no art. 1º, inciso I, da Lei n. 12.083, de 19 de dezembro de 2006, passa a denominar-se 'carreira da Educação Infantil', no grupo ocupacional Médio da Administração Direta, composta pelo cargo de Professor da Educação Infantil, com carga horária semanal de 40 (quarenta) horas, a ser regulada pela Lei n. 1.656 de 21 de agosto de 1958. Mediante a força legal, os profissionais denominados "educadores" passaram a ser chamados de "professores da Educação Infantil", mantendo-se os outros aspectos da Lei original para a carreira. É importante salientar que a mesma Lei que modifica o nome da carreira, determina que esses profissionais só poderão atuar nos Centros Municipais de Educação Infantil (CMEIs) (§ 2º Art. 3º Lei 14.581/14).

(educadores) e Docência I[32] (professores)[33] que atuam na sala de aula nos Centros Municipais de Educação Infantil (CMEIs). A título de elucidar essa composição, apresentamos a Figura 4[34]:

Figura 4 – Hierarquia da Formação Continuada

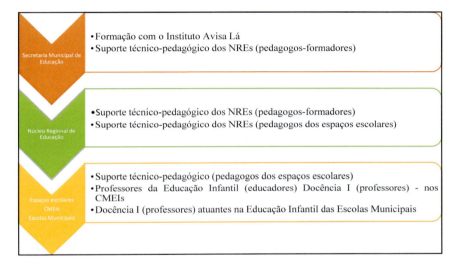

Fonte: a autora (2015)

---

[32] Originalmente na Lei 6761/85 e Lei 7670/91, essa carreira se referia à Área de Atuação 1, do Pré à 4ª série do 1º Grau (Art. 5º Inciso I). Na alteração das referidas leis pela Lei 10.190/01, a carreira passa a ser denominada no Art. 3º Inciso III - Docência I: "o conjunto de atividades pedagógicas e didáticas de atendimento direto aos alunos da educação básica, ciclos I e II, compreendendo desde o Pré à 4ª Série do ensino fundamental". A recente Lei 14.544/14, que institui o Plano de Carreira do Profissional do Magistério de Curitiba, define em seu Art. 3º Inciso II como sendo Docência I: "o conjunto de atividades pedagógicas e didáticas de atendimento direto aos alunos da educação básica: educação infantil, ensino fundamental (anos iniciais), educação especial e educação de jovens e adultos".

[33] Em esclarecimento: nos Centros Municipais de Educação Infantil (CMEIs) atuam/convivem os profissionais das duas carreiras na sala de aula. Nas escolas municipais, mesmo com turmas de Educação Infantil, atuam somente profissionais da carreira de Docência I (tanto para turmas da Educação Infantil como Ensino Fundamental – 1º ao 5º ano). As modificações nomenclaturais referem-se às conquistas em termos das carreiras desses profissionais, no cotidiano os educadores reivindicam serem chamados de "professores" e os profissionais de Docência I, historicamente são chamados de "professores".

[34] Lembramos que o vínculo profissional (concurso público) é o mesmo para todos os participantes da pesquisa que ocupam a função de Suporte Técnico-Pedagógico, todos com formação em Pedagogia. A carreira na rede municipal sempre se inicia na sala de aula (professor/docência) e depois há oportunidade de seleção interna (concurso para suporte técnico-pedagógico) e mudança de função. Os profissionais (Suporte Técnico-Pedagógico) aqui nesse cenário são pares em suas "tarefas típicas" como estão registradas no Decreto outrora citado. O que os diferencia é o espaço educativo na atuação: alguns estão nos Núcleos Regionais de Educação (NREs), outros estão no CMEIs e outros nas escolas com turmas de Educação Infantil. A hierarquia também é modificada, passando esses profissionais dos NREs a serem considerados responsáveis pela formação dos que estão nos espaços dos CMEIs/escolas, sem diferenças salariais pelo fato de estarem nos Núcleos Regionais de Educação.

Percebe-se nas diferentes locuções das participantes o esforço das profissionais em cumprir todas as atribuições a elas designadas, porém e também se compreende que a profissionalidade está gerida na tensão da burocracia verticalizada e a técnica replicante dos discursos formadores, exaurindo a efetividade do importante e fundamental papel do coordenador pedagógico como organizador, mediador e articulador pedagógico dos/nos espaços de escolarização. Nesse sentido, a pesquisa de Placco, Almeida e Souza (2011, p. 127) também indicou em um de seus resultados a necessidade de:

> Melhorar as condições objetivas de trabalho dentro da escola, tanto no que diz respeito à estrutura física quanto à composição de equipes, estabelecendo as diretrizes de trabalho do CP [coordenador pedagógico] e demais educadores, que privilegiem a responsabilidade e corresponsabilidade dos educadores. Essa medida pode retirar muitas tarefas secundárias das mãos dos CPs [coordenadores pedagógicos] e liberá-los para suas funções privativas prioritárias.

Frente aos aspectos mencionados, afirmamos que as questões que emergem das legislações e organizações da mantenedora da rede de ensino são fundamentais para existência e direcionamento do trabalho na/da escola. Não podemos ser participantes e acordar com qualquer instância que se baseie numa prática *laissez-faire* de gestão.

Por outro lado, refletimos e revisitamos as inúmeras atribuições e afazeres do profissional: suporte técnico-pedagógico, que é sabedor de suas responsabilidades, porém não vislumbra a interação necessária entre a realidade posta e a exigida. Transparece a exaustão na prática diária, que é desencadeadora de muitas questões referentes à saúde emocional/profissional, transposição pedagógica, organização institucional, entre outros aspectos.

Representamos na Figura 5 a ideia da organização hierárquica que percebemos nas sobreposições da formação continuada, em repasses e organização cadenciada do processo.

Figura 5 – Organização Hierárquica "Fechada"

Fonte: a autora (2015)

A Figura 6, a seguir, pretende opor-se à Figura 5, porém sem a perda e a desconfiguração da participação de todos os envolvidos no processo e no ato de ser e fazer "suporte técnico-pedagógico".

Figura 6[35] – Organização Aberta

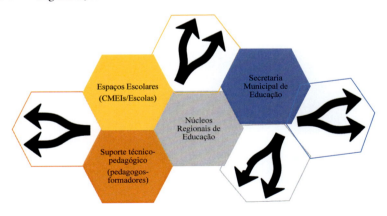

Fonte: a autora (2015)

---

[35] Imagem flecha de uso livre. Disponível em: http://www.flaticon.es/icono-gratis/flecha-de-bifurcacion_3615. Acesso em: 25 ago. 2015.

O que queremos demonstrar é a necessidade dos espaços escolares reconfigurarem-se sob a nova dimensão de época vivida e da forma requerente em suas necessidades, objetivos e realidades socioculturais. Percebemos que na Figura 5 a organização verticalizada, cadenciada e linear, as locuções entre os participantes ocorrem de forma sobreposta. Na Figura 6 essa relação se organiza na interlocução e coparticipação, é nesse sentido que se pensa uma prática pedagógica compreendida na dimensão complexa (pela concepção aberta das variáveis e inferências) e a transdisciplinaridade (a interconexão entre os diferentes pontos existentes e inerentes ao processo).

Evidentemente tal configuração é desafiadora entre a realidade vivida e a prática concebida historicamente pelos profissionais da educação. Morin (2005, p. 41) explica a questão assim:

> Há interdependência em círculo entre as regressões do determinismo (do *imprinting*), os desenvolvimentos da autonomia cognitiva e o aparecimento de concepções inovadoras. Esse círculo cultural gera turbilhão e efervescência cultural. Ele é favorecido, no interior do "comércio" e da dialógica cultural, por uma ativação "calórica" das trocas, debates, antagonismos. Essa ativação comporta, certamente, muito desperdício de energia e muitos imprevistos, mas produz múltiplas possibilidades para o desenvolvimento das ideias e dos conhecimentos.

Essa "efervescência" referida foi bem percebida nas participações das profissionais desta pesquisa, o constante movimento entre o posto (*imprinting* determinista) e a "ativação" pessoal das "energias" que demandam a questão. Explica-nos ainda o mesmo autor: "é por isso que, salvo quando se trata de um cataclismo devastador, não se pode jamais prever o efeito negativo ou positivo das desordens, turbulências e crises sociais na esfera do conhecimento" (Morin, 2005, p. 52).

Todos os pontos estão conectados de alguma forma entre si, formando uma teia de processos existentes, também a Figura 6 não é fechada, há indicação pelas setas que está em processo aberto, ou seja, a qualquer instante os elementos existentes em seu interior e/ou exterior podem passar por transformações ou necessitar de realocações, mediante as ocorrências tanto externas como internamente, as quais serão comodificadas. Na perspectiva Complexa transdisciplinar, considera-se uma dinâmica que revela o "sentir-pensar e agir" (Moraes, 2008, p. 253).

Esse sentimento, percepção, muitas vezes não pode ser explicável, é subjetivo e interoperativo, é vivido "no corpo", como explica a autora, nessa relação há conexão e ramificação por todos os espaços, e na escola pulverizam interligando, inter-relacionado, interconectando os processos de ensino-aprendizagem. Para tanto, faz-se necessário que todos os profissionais da educação envolvidos pensem e reorganizem suas ações mediados não mais pela total harmonia e ritmo cadenciado outrora concebidos, o dia a dia dessa escola perpassa por "todo ato de conhecer a realidade, pensamento, sentimento, emoção e ação [que] estão entrelaçados com os nossos desejos e afetos, gerando uma dinâmica processual que expressa a totalidade humana" (Moraes, 2008, p. 253).

Mantemos a indicação dos profissionais e instâncias organizativas que compõem o processo, porém encontram-se em pontos diferenciados e numa perspectiva interconexão mantém-se os princípios, funções e configurações no que tange ao valor da participação dos coordenadores pedagógicos como esteios na formação assumindo a interconectividade e as inferências destas nas suas ações profissionais. Os aspectos diagramais e verticais da ação são relocados, recolocados, reconfigurados e dinamizados ao que Moraes (2008, p. 253) chama de consequência do novo pensamento, do repensar a prática do dia a dia, cotidiano esse que na escola, ao que nos interessa neste recorte de pesquisa, referenciamos na explicação da mesma autora:

> É a partir desta cooperação global que sujeito e mundo emergem juntos, mediante ações, reflexões e processos auto-organizadores ocorrentes, nos quais a autonomia, a complexidade, as incertezas e as ambiguidades também estão presentes como expressões das relações sujeito e objeto do conhecimento.

Portanto, a escola que objetiva trabalhar o conhecimento como objeto efetivo de sua dinâmica se abre (precisa-se) para uma nova organização de seus profissionais, tensionada (e temos tal consciência), mas é nessa tensão das marcas recorrentes/ocorrentes e emergentes das socioculturas que ela se faz e refaz na realidade do tempo presente.

2.2 A EDUCAÇÃO INFANTIL: CENÁRIO DA PESQUISA

As discussões referenciadas pelas participantes da pesquisa ocorreram durante as entrevistas e observação participativa realizada em uma prática de formação continuada.

Neste item, buscamos compreender como as profissionais participantes no decorrer da coleta de dados da investigação, atribuem sentido à Educação Infantil, ou seja, o cotidiano dos coordenadores pedagógicos, em especial, nos processos de formação continuada na atuação profissional com seus pares coordenadores pedagógicos, na Educação Infantil.

A Educação Infantil é a primeira etapa do nível da educação básica brasileira, conforme determina a Lei de Diretrizes e Bases da Educação Nacional 9394/96, artigo 21: "A educação escolar compõe-se de: I - educação básica, formada pela educação infantil, ensino fundamental e ensino médio; II - educação superior".

A Educação Infantil projeta-se como espaço no qual a criança pode conviver e atribuir sentido às suas interações e interlocuções socioculturais, na perspectiva de Rodrigues e Saheb (2015, p. 185), intenciona-se a questão:

> O contato da criança com as outras e com os profissionais que trabalham nas instituições de educação infantil as auxilia na construção de sua cultura. Do mesmo modo, as experiências que vivencia nessa fase levam-na a reconhecer-se na humanidade e a reconhecer a diversidade cultural ao seu redor.

No aspecto da Educação Infantil como espaço escolarizador e a relação com as práticas educativas efetivadas pelos profissionais da Educação, veiculam postulações e debates inúmeros, tangenciando os aspectos de direitos da criança em âmbitos legais bem como na relação que se delineia no dia a dia desse espaço.

O que queremos indicar é que o Direito frente à outorga da Lei é de extrema importância e fundamento de cunho social, principalmente em nosso país em que as demandas de exclusões e abandonos são recorrentes. Por outro lado, não podemos nos eximir da reflexão crítica frente à questão de que não basta que as crianças sejam colocadas nos espaços escolares de Educação Infantil, há outros fatores que precisam ser considerados, no que a criança requer no estar/ser/agir nesse espaço.

São demandas de tensões frente aos aspectos do papel do adulto, do currículo, da estrutura física do espaço, dos encaminhamentos metodológicos, do tempo pedagógico, do tempo do desenvolvimento infantil, da avaliação da aprendizagem, dos objetivos da Educação Infantil. Tais questões se vinculam à pesquisa a que se propõe este trabalho, pois se implicam diretamente na organização pedagógica desses espaços escolares, acionam os coordenadores pedagógicos como mediadores da formação continuada dos profissionais que atuam de forma mais direta e efetiva com a criança pequena. Garanhani e Nadolny (2013) indicam que a criança é protagonista de sua história de vida, produtora de cultura e se faz necessário pensarmos em sua inserção em espaços escolarizadores que atendam às especificidades que tangenciam o seu cotidiano.

No sentido que dimensiona os aspectos referentes à qualidade pedagógica na Educação Infantil, cabe a denúncia de Ribeiro (2013, p. 72):

> [...] a construção da qualidade na Educação Infantil, de forma compartilhada e negociada pelos diversos atores envolvidos no cuidar/educar crianças pequenas, ainda encontra grandes empecilhos para se concretizar de fato, devido, entre outros fatores discutidos no estudo, à rígida organização hierárquica das instituições, que geram relações e interações permeadas por formas de controle e poder, sejam elas concretas, abstratas e/ou simbólicas.

No município em que a pesquisa que deu origem a este livro foi realizada, a Educação Infantil é regulamentada pelo Conselho Municipal de Educação de Curitiba, na Deliberação 02/2012. Essa Deliberação tem como objetivo determinar as Normas e Princípios para essa etapa de ensino no Sistema Municipal de Educação, em nosso recorte de pesquisa os Centros Municipais de Educação Infantil (CMEIs).

A participação do coordenador pedagógico é fundamental para a organização, articulação e mediação do trabalho pedagógico. No que tange suas diferentes ações, e a prática de formação continuada, como sendo foco principal do seu trabalho, necessita viabilizar o desenvolvimento das práticas escolares, tendo em vista o educando.

Os desafios inerentes ao processo educativo na atualidade perpassam por toda a organização da escola, o espaço escolar embrenha-se às concepções, práticas, essência e existência do fazer, pensar e organizar o dia a dia escolar.

Sabemos que não é somente nesse local que o conhecimento é gerenciado, aprendido, sistematizado, porém é nesse espaço que o *status* do conhecimento se insere no âmbito sociocultural de maneira a legitimar a ação cidadã, de direitos e deveres, dimensionando aspectos de desenvolvimento humano.

A historicidade local e pessoal não pode ser colocada à margem, as construções que os profissionais fazem em suas trajetórias de vida estão ligadas de forma íntima, imprimindo às suas práticas educativas esse processo. Os quais apareceram marcadamente nas participações analisadas a seguir.

Isso revela a compreensão que precisamos dimensionar num estudo de caso, como é esta pesquisa, a qual tem em uma das suas prerrogativas a "procura do pormenor da interacção [sic] com os seus contextos" (Stake, 2012, p. 11).

Também há transformações e mudanças nas expectativas e necessidades que perpassam por essa dinâmica; tais mudanças ocasionam mudanças ou permanências, sendo que o coordenador pedagógico é profissional central para auxiliar nos processos visando ao olhar tanto do todo como das particularidades que acabarão delineando os processos formativos.

Na composição do cenário da pesquisa, é importante focalizar a referência que as coordenadoras pedagógicas possuem sobre a Educação Infantil, a qual fortemente se marcou o discurso sobre uma infância que vincula (ou não) a criança ao seu mundo e esse nível de ensino como sendo uma etapa do desenvolvimento humano, fundamentando uma fase de inúmeras descobertas. Algumas participantes denotaram um pensamento atrelado ao significado que o adulto dá à criança e a criança como protagonista de sua história, como poderemos ler nas participações a seguir. A PF4 indicou que:

> *"Eu acho que a educação infantil é assim, não tem mais importante, mas eu acho que é a descoberta, está se abrindo o mundo para a criança, a criança sai lá do útero da mãe, um lugar escuro e aqui ela chega cheia de possibilidades, o adulto vai significar esse mundo, é uma etapa muito importante, você tem que valorizar o aqui e agora da criança".*

A concepção dessa fala atrela o desenvolvimento infantil a uma concepção ambientalista, a espera daquilo que o adulto vai propor e motivar o desenvolvimento. A criança é vista a partir de um momento que esteja vivenciando, desconsiderando um processo histórico de desenvolvimento que já está presente quando chega a etapa escolar da Educação Infantil.

Diferentes pesquisas revelam que a criança, desde a sua concepção, já vai formulando suas relações com o mundo, que o útero da mãe não é um *"espaço escuro"*, a criança desde então já interage e se relaciona com o mundo exterior. Cabe a crítica e alerta nas palavras de Moss (2005, p. 239):

> Provavelmente todos nós queremos serviços para a primeira infância que sejam adequados às crianças pequenas. Mas aí vem a pergunta: o que são crianças para nós? [...]. Por dominante não quero dizer que todos compartilhem dessa construção. Existe um número de construções associadas à criança que é recorrente nesse discurso dominante: a criança

como reprodutora da cultura e conhecimento; a criança inocente nos anos dourados da vida; a criança como natureza ou a criança científica, o "desenvolvimento infantil" biologicamente determinado por estágios universais; e a criança como ser humano imaturo que está se tornando adulto.

Para os profissionais que se inserem no trabalho educacional com crianças, o seu olhar de adulto significa dimensionar o quanto esse ser humano é Ser-criança, ou seja, se ao atuar com a formação escolar infantil, no seu desenvolvimento, no espaço escolar, as concepções de como o adulto percebe e a vê no mundo, com suas histórias e capacidades desde sua concepção, a escolarização é concebida e revisitada sob práticas pedagógicas operantes e significativas para com a criança. Por outro lado, se o adulto percebe e concebe esse espaço, a escola, como o espaço no qual a criança virá-a-ser, suas práticas como profissional da educação também perpassarão sob a externalização das práticas pedagógicas.

Assim, podemos intervir com a criança ou para com a criança, essa postura é eminente nas diferentes teorias educativas, nomeadamente, conservadoras: em ações para com, de fora (adulto) para dentro (criança); ou, inovadoras: em ações educacionais com (junto/mediada/inter-relacionada/significativa/junto de) a criança. Prossegue em referência ainda a crítica feita por Moss (2005, p. 240):

> Essas construções produzem imagens distintas da criança: como uma *tábula rasa*, ou um recipiente vazio esperando para ser preenchido com conhecimento e identidade (eu ouço isso frequentemente em frases do tipo "deixar a criança pronta para aprender", "pronta para a escola"); a criança como ser vulnerável e vítima em potencial, que reconheço na linguagem da criança em situação de risco e necessidade; a criança como futuro, vista como um potencial não realizado, recurso futuro, adulto em espera; e a criança como agente redentor (o "menino Jesus" ou a criança socialmente reformada) que irá salvar a sociedade quando crescer. Essa imagem de criança, como agente ou veículo redentor, está ligada à ideia de que a criança pode ser moldada nos primeiros anos de vida para preencher agendas políticas e econômicas mais amplas e de longo prazo, por meio da aplicação de tecnologias. Esperamos que por meio de intervenções com crianças, por meio de um programa de custo-efetivo, possamos evitar o confronto com a injustiça, desigualdade e exploração. Como observa Erica Burman: "Jogamos nos ombros das nossas crianças as frustrações de uma sociedade decadente e tentamos inventar

algo melhor. É um peso muito grande para as crianças carregarem. Com certeza elas devem ser seus próprios futuros, não o nosso".

Também o adulto é o mediador de muitas aprendizagens e significados, porém a criança é pessoa que emprega seu próprio sentido à sua realidade, faz escolhas, age e reage mediante desafios, evidentemente o espaço social no qual está inserida é mediador para suas conquistas, superações, permanências, reações ou retrações, portanto:

> As crianças são reais, para além da carne e dos frágeis ossos, necessitam de cuidados próprios da família, da sociedade e da instituição educativa. A fragilidade delas não pode ser transfigurada como incapacidade de manifestar-se, de demonstrar seu desconforto com o mundo. (Souza, G. de, 2007, p. 82).

No que tange aos elementos da formação dos profissionais da educação sobre o entendimento do processo criativo e criador da criança, compreender as ações intencionais da criança em seu mundo, implica em dar visibilidade em práticas pedagógicas revestidas de significado na formação humana. Para tanto, não se trata de interpretar as diferentes ocorrências da infância, mas compreendê-las numa perspectiva que amplie os leques de possibilidades de interação entre todos os que estão com ela cotidianamente.

Na visão da PF2, a Educação Infantil é:

"A educação infantil é suporte, eu brinco assim: é o chão de todo o desenvolvimento humano, então é ali que você vai ter o suporte para a criança, então se ela teve um desenvolvimento, teve boas oportunidades ela vai ter 'n' chances, vai ter uma outra visão eu acredito. Então acho que a educação infantil é um tudo, sabe? É um piso, é a laje da casa, dito assim, que é a parte fundante pro desenvolvimento".

Essa profissional indica a importância da Educação Infantil como espaço de desenvolvimento basilar à criança. Traz elementos como a oportunidade, a visão de mundo, o suporte para que essa criança venha se integrar ao seu contexto, desenvolvendo aspectos fundantes como cidadã.

Com efeito a Educação Infantil é espaço de grandes oportunidades ao desenvolvimento da criança, porém cabe o alerta feito por Moss (2005), em referência intencionalizada da prática pedagógica. O referido autor ainda adverte que esse espaço não pode ser constituído pela técnica formadora, é preciso que a ênfase seja pela qualidade e efetivo respeito pelas ações infantis, que muitas vezes subjazem às questões do "controle, vigilância, regulamentação [...], busca por resultados" (Moss, 2005, p. 241), que distanciam os ideais de construção e elaboração das próprias necessidades, possibilidades e riquezas inerentes do universo infantil.

A Educação Infantil, se entendida apenas como *"chão"* do desenvolvimento, pode incorrer na ideia que a criança evolui por etapas, pensamento no qual, apesar do reconhecimento da importância de crescimento fisiológico e maturacional da criança pequena, no que tange às ações educativas, não pode se vincular ao caráter evolucionista.

No que se refere a esse aspecto, a intencionalidade didático-pedagógica se amplia para além do que está sendo manifestado pela criança, é referente ao que ela produz, realiza, processa, emite, traz desde a concepção, interage e significa de maneira real e prospecta ao seu futuro. Evidentemente não dimensiona em si a maneira intencional, mas na relação subjetiva e objetiva do que a cerca e a faz pessoa, age e reage e se constitui como Ser-humano.

A criança não pode estar à mercê de uma "pedagogia invisível" (Campos, 2002, p. 18), receptora e verticalizada entre adulto educador e criança receptora. A ação pedagógica é coparceira na dimensão ontológica da existência humana, ou seja, enquanto Ser-humano a criança imprime em seu dia a dia suas concepções de realidade do Ser e da compreensão do existir.

Nesse processo de desenvolvimento humano, há de se considerar, na escola da Educação Infantil, que todas as intervenções do adulto estão imbricadas de um sentido formador humano. Mesmo quando age em aspectos inerentes que se requer uma criança pequena, como trocar fraldas ou limpar seu nariz, o cuidado é transpassado pelo educar para ação humana, ou seja, criva-se, imprime-se nas memórias da infância, na memória imagética, de olfato, sonora, é sentido e percebido, e nesse imbricamento a criança age e reage, coloca-se em ações humanas. A PF3 colocou que:

> *"Então eu confesso a você que sempre gostei da educação infantil, porém eu não tinha esse olhar, esse olhar assim de quão importante é, a gente sempre ouve aquela frase 'o que eu aprendi, aprendi no jardim de infância', mas assim, todo mundo sabe, mas até que ponto se reconhece essa importância? E hoje eu penso assim quão importante e infelizmente ainda não é valorizado o profissional que trabalha lá, não é valorizado o trabalho que é feito com as crianças, até por pais intelectualmente formando, e não percebem o espaço que a criança vai ficar e 'que legal, as atividadezinhas, as apresentações',*

mas só isso, e não dá valor ao que ela está aprendendo agora para vida, e às vezes vai valorizar lá nas matérias específicas, isso é importante, é a base, é a relação que ele vai fazer, como ele vai saber, a troca com os colegas, o desenvolvimento todo dele. Fizemos um curso de oralidade e a gente percebe que começa lá do berçário. Eu colocaria que é a base de tudo. A educação infantil é a base de tudo e é a fase que se cria muitos hábitos, criança desde o hábito da leitura, o hábito do desenho, essas aprendizagens, mas eu penso que de alguma forma você perde também, no decorrer da sua vida escolar ou dependendo dos adultos que convivem. Mas acho que a raiz e o que fica mesmo, da sua experiência com educação infantil acho que faz com que a criança tome diferentes caminhos, outros rumos, e por isso a importância do nosso trabalho. Sendo formadora; sendo profissional da educação, que profissional é esse que trabalha com as crianças? Se não tem esse olhar sensível, se não conhece essa criança, se não entende minimamente do desenvolvimento infantil não vai saber o que fazer com um bebê, não vai saber o que fazer com o bebê tem e que tomar certas atitudes. O bebê tem 4 meses, o outro é uma criança de 2 anos, outra de 5 anos, se eu não tenho esse conhecimento, então é muito mais profundo, muito mais sério que um simples cuidar para não se machucar, cuidar para comer direitinho, não é só isso. Todas as interações do adulto interferem de uma forma ou de outra, positiva ou negativamente para esse desenvolvimento. Se a gente for ver no processo de aprendizagem de uma criança pequena, o bebê, no berçário, as crianças são outras, educação infantil, então todas as etapas são importantes, cada uma na sua especificação. Todos os níveis são importantes, mas a educação infantil é um momento ali que exige um cuidado no sentido dessa sensibilidade, de ver essa criança com tantas possibilidades que ela tem que possam ser ofertadas para ela. Quantas experiências interessantes podem e devem, elas precisam ter acesso a tudo isso porque é nessa fase que tem a aquisição da marcha, da fala, da interação, de saber viver em sociedade, e tantas coisas importantes que tem ali, que naquele momento; claro que no decorrer da vida inteira está aprendendo, mas exige isso, exige esse profissional, um profissional muito bom, com uma formação muito boa para ele dar conta, para ele fazer valer realmente desse momento. Todos os momentos são únicos na vida dele, do ser humano, mas esse é o momento em que precisa do adulto, precisa muito do adulto".

A pedagoga-formadora denota sua angústia na relação do conhecimento sobre o desenvolvimento infantil e a formação do profissional que atua com a criança na Educação Infantil. Pondera que o adulto é fundamental no processo das primeiras relações da criança, por outro lado, traz certa ambiguidade na sua concepção colocando a criança como inocente, porém participativa e operante; também destaca que as crianças na Educação Infantil são *"apresentadas ao mundo"*, trazendo uma concepção ambientalista à infância, fala que nesse nível da escolarização são *"apresentadas"* questões que podem desenvolver experiências às crianças, destaca que a aprendizagem é contínua na relação da vida e que as principais aquisições para se viver são originárias na primeira infância.

A participação efetiva de coaprendizagem, coprodução e correalização entre crianças e adultos, efetivam uma Educação Infantil de alta relevância nas questões do desenvolvimento e das práticas de transformação social, do exercício da cidadania e de vivências em contextos que signifiquem a aprendizagem intencional pedagógica.

Não se trata de promover o espaço da Educação Infantil, meramente institucionalizado, mas se trata de sabermos o quanto a criança faz, interage, realiza e produz nesse espaço. Ao mesmo tempo que esse espaço é (e precisa assim o ser, pela condição social que muitas crianças se encontram) de proteção, é também o que possibilita as mudanças reais de opressões, recorrências e ciclos viciosos que muitas dessas crianças tendem a reproduzir. Cabe as palavras de Freire (1996 *apud* Moss, 2005, p. 244) que nos direciona às mudanças:

> Espaços onde ensinar e aprender acontecem de um modo dialógico. São espaços para conhecimento, para o saber, não para a transferência de conhecimento; são locais onde o conhecimento foi produzido e não simplesmente apresentado ou imposto ao aprendiz. São espaços onde foram criadas novas hipóteses para a leitura de mundo.

Com certeza, nessa perspectiva, a intenção, as palavras, as concepções, as ações, o ser a agir em relação com a criança pequena ganhariam outro dimensionamento dos até então vivenciados por todos nós educadores. O sentido que implica o pensamento freireano (2001) se faz e se refaz no ato de (re)pensarmos a formação dos profissionais que atuam na Educação Infantil, ou seja, o poder que a educação confere para transformar as práticas sociais, das possibilidades que ajudem o educando a ler o mundo, da ampla e exigente responsabilidade do ato educativo intencional. Ao nos referirmos à criança, somos aprendizes e ensinantes, ou ensinantes e aprendizes, o fato é que não podemos nos furtar à ação educativa responsável, operante e transformadora. Para tanto, Freire (2001, p. 259) afirmou:

> O aprendizado do ensinante ao ensinar não se dá necessariamente através da retificação que o aprendiz lhe faça de erros cometidos. O aprendizado do ensinante ao ensinar se verifica à medida em que o ensinante, humilde, aberto, se ache permanentemente disponível a repensar o pensado, rever-se em suas posições; em que procura envolver-se com a curiosidade dos alunos e dos diferentes caminhos e veredas, que eles os faz percorrer. Alguns desses caminhos e algumas dessas veredas, que a curiosidade às vezes quase virgem dos alunos percorre, estão grávidas de sugestões, de perguntas que não foram percebidas antes pelo ensinante. Mas agora, ao ensinar, não como um *burocrata da mente*, mas reconstruindo os caminhos de sua curiosidade — razão por que seu corpo consciente, sensível, emocionado, se abre às *adivinhações* dos alunos, à sua ingenuidade e à sua criatividade — o ensinante que assim atua tem, no seu ensinar, um momento rico de seu aprender. O ensinante aprende primeiro a ensinar mas aprende a ensinar ao ensinar algo que é reaprendido por estar sendo ensinado. Comecemos por *estudar*, que envolvendo o *ensinar* do ensinante, envolve também de um lado, a aprendizagem anterior e concomitante de quem ensina e a aprendizagem do aprendiz que se prepara para ensinar amanhã ou refaz seu saber para melhor ensinar hoje ou, de outro lado, aprendizagem de quem, criança ainda, se acha nos começos de sua escolarização.

Tenhamos claro que as belezas expressas pelo autor, em referência à relação ensinante e a criança, entrelaçam-se aos movimentos por ideários que permitem o repassar a ação do coordenador pedagógico em seus cotidianos, pois ao assumirem a gestão pedagógica das instituições de ensino da Educação Infantil, faz-se necessário ter em voga quais são as concepções de criança frente às demandas socioculturais atualmente.

As pesquisas que evidenciam as teorias do desenvolvimento humano e da aprendizagem realocaram a escola como base e instituição de formação, requerente sim, necessária e premente. Por outro lado, o nosso argumento é o quanto essa escola desloca a criança de aspectos tanto quanto requerentes e prementes na constituição da própria infância. O quanto a escola formaliza elementos humanos não formais, os quais seriam nesse momento do desenvolvimento humano o fomento das práticas didático-pedagógicas.

Ainda vivenciamos a adultização dos atos, a verticalização das propostas, o imperioso ato cuidador, imprimindo marcas na infância de não capacidade, de baixa autonomia, de falta de confiança e de pouca possibilidade de ser e agir. Ainda é presente a ideia entre os profissionais da educação que atuam com a criança pequena, seu poder orientador e autoritário, cerceando no dia a dia, por palavras, atos e repreensões, no imperioso círculo de gerações marcadas pelo viés de uma educação conservadora.

Por outro lado, o desequilíbrio social imprime na criança marcas do caos e deslocamento emocional, a sazonalidade em que os contextos familiares e sociais que essa criança vive e sobrevive também ratificam uma baixa expectativa de possibilidades. As referências de uma vida social e cidadã com equilíbrio, a elaboração das prospecções do ser a agir consciente, dos direitos e deveres de Ser e Estar no mundo, refletem na configuração de uma nova e desafiadora geração.

O papel dos profissionais da Educação é fundamental nesse contexto dicotômico e multifacetado. Para tanto, requer negociações, atingimento de metas, socializações, reflexões, estudo constante, mudanças intencionais, interação e reconhecimento de quem somos e como nos posicionamos frente à criança em seus dias escolares. Esses aspectos são destacados por Campos (2002), assim, cabe a afirmação da autora:

> Não será a fuga da área de influência da educação que "salvará" a creche do destino "escolarizado" da pré-escola: tanto a creche como a pré-escola só poderá ser transformadas dentro de um processo de crítica e construção permanente que lhes reconheça seu caráter educativo (Campos, 2002, p. 20).

A crítica e construção permanente a qual a autora se refere incorre nas ações em que se propõe o coordenador pedagógico como articulador do espaço escolarizador da Educação Infantil. Ao propor projetos que visem problematizar o cotidiano vivenciado pelos profissionais da educação mediante o desenvolvimento da criança pequena, suas tensões, possibilidades, bem como a própria angústia desses profissionais. Assim, abre-se campo de reflexão da prática para a ação, em propostas formadoras que visem ampliar as condições de mudanças reais nas concepções pessoais que influem diretamente no dia a dia desses profissionais.

A percepção sobre a importância da Educação Infantil foi a principal pauta colocada pela PF6:

"Então, eu acredito por ser nova que a educação infantil é um processo que vem a pouco tempo, até 2002 educação infantil era da Secretaria da Criança e do Adolescente, então ela era um pouco assistencialista. Eu acredito que

as políticas estão se voltando para um atendimento e até a oferta dessa educação infantil, pensando na educação escolar, e quando falo escolar é de instituição e não que seja escola 'x', mas isso vem se fortalecendo. As políticas carregam essa questão da profissionalização de quem trabalha dentro dessas Unidades. Então eu acredito que as políticas públicas também pecam por não serem tão específicas. Mas no nosso caso já vem trazendo alguns pensares sobre essa evolução, então nós temos aí 12 anos de educação infantil vinculada à prática mais pedagógica e se nós formos comparar, historicamente nós temos anos e anos de ensino fundamental. Então acredito que a gente tem conseguido sim avançar e que existem pessoas pensando nessas especificidades, que ainda não é o suficiente, mas acho que a gente precisa começar, como você. É preciso pesquisar isso, começar a mexer nessas questões para que outras pessoas também se interessem, acho que está tendo esse movimento, a gente precisa ampliar isso, trazer um cenário maior, se você ainda fala de educação infantil para algumas pessoas, é a creche, o cuidado, o assistencialismo".

A pedagoga-formadora indica na sua fala a importância da Educação Infantil, enfatizando como sendo fundamental para o desenvolvimento da criança essa etapa da vida. Relembra os aspectos de ênfase históricos de quando esse nível da educação básica não pertencia à Secretaria da Educação, no qual o foco era de maior assistencialismo e chama a atenção para os aspectos de políticas públicas que favorecem/favoreçam maior atenção para com esse nível de ensino. Destaca que houve avanços na inserção dessas crianças na formalização educativa no cenário brasileiro, porém ainda se precisa amadurecer socialmente sobre a questão. Ao encontro também sobre essa questão, está a participação da PF1, destacando:

"Olha, são várias as contribuições pois eu entrei, e estou falando das minhas experiências. Eu entrei na educação infantil aqui, era assim: finalzinho da Secretaria da Criança, e logo passou para Educação. Então eu praticamente participei de todo processo, vi as coisas um pouco mais de perto, não tão próxima, mas eu tive esse privilégio de acompanhar um pouco mais de perto. E começou um movimento muito interessante que era de estudo, por isso que eu acho que eu sou apaixonada pela formação. Começou com estudo, e agora, sai lá de uma visão assistencialista e estamos numa Secretaria de Educação, e com profissionais que não tinham formação, e nem fizeram concurso. Tinha pessoas, que não tinham nem o ensino médio, outros que começaram a entrar, eu me lembro que quando entrei na rede, na educação

> *infantil tinha advogado, tinha enfermeiro, tinha contador, trabalhando com as crianças, no CMEI. Lembro que encontrei com uma menina que tinha feito direito. E eu perguntei para ela: 'o que você está fazendo aqui?' E ela não ficou muito tempo, ela saiu, ela disse que é 'isso coisa de louco'! É, mas, esse crescimento veio da própria secretaria promovendo encontros para discutir, muita conversa, sobre isso, sobre educação, o que fazer, como fazer, quem são os atores, e tudo isso. Então eu acho que teve a parcela da secretaria nessa mudança, sabe, e uma parcela significativa. Mas, se os envolvidos nisso lá na ponta não recebessem isso, nós não teríamos tantos avanços como nós temos. Porque a gente sabe que a rede é muito grande e quando fechamos a porta, cada Unidade, faz o que quer. Eu considero, não só porque eu trabalho na rede, não, mas eu considero, eu acredito: nós avançamos! Temos que avançar? Muuiitooo! Sabe, temos que avançar muito, mas nós enquanto educação infantil avançamos demais, bastante. Vejo que ainda temos umas coisas que a gente precisa, e não só na formação. A questão vem lá da ponta, sabe, desde lá de cima da secretaria. Mas, cada um tem a sua parcela de contribuição nisso. Tem que alguém começar a disparar, tem que ter o disparador, aquela pessoa que vai dar o pontapé inicial. Mas se eu enquanto instituição local, não me ver nesse processo, como coparticipante, vai tudo por água abaixo."*

A participante traça em seu relato sua história de vida como profissional da educação destacando a transição entre Secretaria da Infância e Adolescente e Secretaria de Educação. Afirma perceber os avanços do processo da escolarização formal da Educação Infantil, reconhece o papel da formação dos profissionais que atuam nesse nível de ensino e registra que há outros processos vinculados de políticas públicas que merecem maior atenção. Equaciona que tanto as mantenedoras como os profissionais atuantes são participantes no que se refere à qualidade e evoca a inter-relação de todos nesse processo por uma Educação Infantil que atenda às especificidades da criança pequena.

Essas duas profissionais refletem em seus discursos aspectos fundamentais sobre a inserção da criança na etapa da Educação Infantil. No município de Curitiba, como as pedagogas-formadoras mencionaram, a criança pequena historicamente era atendida pela Secretaria da Infância e Adolescente. Na recente pesquisa de Soltovski (2011) sobre esse histórico, ficou enunciado aspectos de relevância para compor nosso entendimento referente ao cenário que compõe esta obra. Nesse sentido, cabe saber:

- Curitiba iniciou o atendimento à Educação Infantil na década de 60, (1968), na concepção de atendimento pré-escolar e preparatório para o Ensino Fundamental.
- No Plano Educacional do Município de 1975 a educação pré-escolar objetivava prevenir a reprovação na primeira séria.
- O viés formado nesse atendimento inicial foi de suprir deficiências da criança, compensatório e treinar habilidades, atitudes e exercitar a coordenação motora.
- Em 1976, surgem os primeiros movimentos do poder público para manter o atendimento à criança pequena, sendo nesse período desenvolvido um projeto de desfavelamento que visava inicialmente o atendimento aos migrantes da zona rural.
- Iniciou-se a implementação pela Prefeitura Municipal de Curitiba em todos os centros habitacionais de creches para atender a população mais carente da cidade.
- Em 1978, com recurso do governo federal, do programa FUNABEM – Fundo Nacional do Bem-Estar do Menor, ampliou-se a construção de creches por todo o município.
- De 1980 a 1985, diferentes movimentos ganham aderência e evidência social com ações que requeriam do poder público maior investimento e compromisso em atender a criança de 0 a 6 anos. (Programa Creche; Programa Mãe Solidária)
- Em 1985, acontece o primeiro concurso público em Curitiba para prover babá, administrador, cozinheira, auxiliar de cozinha e lavadeira.
- De 1986 a 1988, é feito convênio entre Estado, Município e UFPR - Universidade Federal do Paraná visando à melhoria no atendimento pedagógico, nutricional e de saúde das crianças.
- Em 1986, o Departamento de Atendimento a Criança e Adolescente escreve o Manual de Orientações Técnico-Administrativas do Programa Creche.
- Com a exigência da Constituição Federal de 1988, do direito da criança e dever do Estado do atendimento em creches e pré-escolas, em Curitiba, de 1989 a 1992, foi estruturada a Secretaria Municipal da Criança.
- Foi nesse período que se expandiu as possibilidades dos profissionais atuantes nas creches realizarem cursos, encontros e debates; também para atender o Pré II, a Secretaria Municipal de Educação disponibilizou professores em um período (manhã ou tarde) para atuar nessas turmas, e que necessariamente deveriam ter o 2º Grau formado no Curso de Magistério.

- A partir de 1988, inicia-se o processo de escolarização das creches. Em consonância às exigências da LDBEN 9394/96, em parceria das Secretarias Municipais da Criança e Educação, os profissionais das creches puderam realizar em regime de supletivo a conclusão do Ensino Médio.
- Nesse período também integrou-se as creches à Secretaria de Educação, compondo com as escolas municipais os Centros Municipais de Educação Infantil – CMEIs.
- No início de 1999, inicia-se gradativamente a passagem das crianças de 6 anos dos CMEIs para às escolas municipais.
- Em 2002, algumas escolas também passaram a atender as crianças de 4 e 5 anos de idade.
- As pedagogas (suporte técnico pedagógico) das escolas, em 2003, passaram a atuar também nos CMEIs. (Soltovski, 2011, p. 20-23).

A percepção entre as palavras das participantes da entrevista e o dimensionamento histórico em que constituiu a Educação Infantil em Curitiba se faz relevante, na medida em que possamos compreender tal construção na relação das práticas que promovem além da inserção da criança ou transições políticas, assume sentido, nesta obra, na relação que se percebe das mudanças das práticas pedagógicas e da atuação do coordenador pedagógico para promoção da formação continuada dos profissionais que atuam junto com a criança, no dia a dia dos Centros Municipais de Educação Infantil (CMEIs). Para tanto, a PF5 afirma que:

"Educação infantil é uma etapa muito importante, hoje as crianças estão aprendendo, cada segundo, interagindo, ensinando também o tempo todo, teoricamente não sei explicar. É muito importante, a gente tem se dedicado muito ao nosso estudo, a gente fala tanto dessa criança aí ser protagonista. Ser sujeito histórico de direitos, não é um cidadão a vir a ser, mas a criança hoje. Pensando nisso tem movimentado e mexido conosco, então a gente sabe que é uma etapa importante, fundamental do desenvolvimento, a gente tem que ter muita atenção voltada, para o olhar dessas crianças e cada vez mais valorizar, os profissionais que trabalham com essas crianças. Um período muito importante de pleno desenvolvimento e que a gente tem visto que é um período que as crianças têm um desenvolvimento muito rápido e muito grande. Muita coisa acontece na vida dela nesse período, muitas mudanças, muitas transformações, muitas atitudes. É período rico que a gente tem que ficar muito atento. E quanto mais a gente estuda, quanto mais a gente debate a educação infantil, mais a gente fica angustiado com essa

responsabilidade do professor. Porque se eu for pensar na minha trajetória alguns anos atrás, que eu não pensava dessa forma, que eu não tinha esse conhecimento. Avaliando, o que eu fiz, quanta coisa fiz de errado, quanta coisa que eu não fiz, então isso faz a gente acreditar que tem que ter cada vez mais a formação, pois é importante. A formação continuada essencial, mas também a formação inicial mesmo".

Essa profissional destaca aspectos importantes da sua trajetória de vida profissional, reconhecendo que formação inicial e continuada são importantes para que o profissional da educação que trabalha com a Educação Infantil possa intencionalizar esse trabalho. Destaca que a criança é um sujeito histórico, que possui direitos e não está *"a ser a vir"*, ou seja, a criança, na percepção dessa profissional, é um ser hoje, inclusa num contexto atual que é desafiador aos educadores escolares. Também afirma que os profissionais precisam ser valorizados devido à importância do trabalho em uma etapa fundamental para o desenvolvimento infantil, articula a responsabilidade do profissional mediante o estudo constante e a consciência que ocorre do seu trabalho quando este reflete sobre sua prática. Esse depoimento converge com o depoimento da PF7, que se segue:

"A educação infantil é a base de tudo, se você não estimula e não dá todo o subsídio para as crianças na educação infantil a hora que eles chegarem lá no fundamental elas vão ter muita dificuldade. Então até para questão de vida mesmo, a gente percebe muita diferença entre crianças no prédio escola. No CMEI a gente já vê o quanto, no Pré, já avançaram, então é a base de tudo, faz toda a diferença. Precisa estimular muito e ultimamente a gente tem investido no protagonismo infantil, da criança ter mais autonomia, porque antes a gente estava acostumado com aquele papel do professor, do educador que transmite. Agora não, eles são parceiros na verdade, cada vez mais eles têm voz, têm vez e ajudam. Principalmente o Pré, é aquela turma que tem que fazer acontecer porque temos que dar condições a eles, então se não tivesse educação infantil, se não tivesse toda essa base imagina o quanto a gente iria perder, pois as crianças chegam com muito mais autonomia, muito mais críticas, ela tem essa formação. Então, desde que eu entrei na rede só avançou porque quando eu entrei não se podia ensinar o alfabeto, não se podia nada, foi bem em uma época de transição. Porque antes era a secretaria da criança e faz pouco tempo que é da Educação. Daí aos poucos foi tendo a formação com o Avisa Lá que contribuiu muito, porque daí os

> *pedagogos começaram a também receber essa formação e começou a chegar nessas Unidades. Então mudou muito essa questão e a educação infantil só ganhou com isso, hoje eu falo que a educação infantil tá mais consolidada, a gente consegue falar a mesma língua. Mas, eu percebo que é um pouco mais difícil com relação aos profissionais, os mais antigos, então eles ainda têm aquela visão de antigamente que a secretaria da criança recebia o planejamento pronto e só era executado. Então hoje eles têm que pensar mais, eu falo que dá trabalho planejar, você dar autonomia para criança facilita muito o seu trabalho quando a criança já tem autonomia. Mas, para chegar nessa autonomia o quanto você trabalha, e tudo muda muito rápido, a gente trabalha muito com a priorização do conhecimento. Então a gente vai estudando aos poucos e vai vendo que o que a gente fazia não era o mais ideal. A gente muda então na educação infantil é muito confidente isso, as práticas mudam muito, mas sempre pensando no bem-estar da criança e os profissionais que entram novos conseguem atingir mais, você vê que eles têm uma força de vontade. Agora os profissionais mais antigos alguns conseguem, outros ficam ainda mais resistentes porque tem uma gama maior de trabalho".*

A profissional relembra os aspectos na relação entre a Educação Infantil vinculada à Secretaria da Criança e Adolescência e a atualidade na relação com a Secretaria da Educação. Destaca sua angústia como pedagoga-formadora na relação entre os profissionais *"antigos"* e os *"novos"*, pois da reprodução de planejamentos prontos, agora, enfrentam o ato do planejamento e reflexão, julga que devido ao maior trabalho os antigos são resistentes e os novos estão mais motivados. Coloca que a criança precisa ter autonomia e a sua percepção é que é crescente esse investimento em proporcionar isso a ela, indica que as crianças são *"parceiras"* no processo de ensino-aprendizagem, sendo esse aspecto desafiador aos profissionais da educação da atualidade. Menciona a formação como sendo fundamental para as mudanças na prática escolar.

Os desafios propostos aos profissionais que atendem à criança pequena são múltiplos, entre questões que envolvem aspectos de ordem fisiológica da criança e o espaço de direito escolar. A angústia das pedagogas-formadoras, manifestada nas atividades escolares, formação de profissionais *"novos, antigos"*, a necessidade que sentem e percebem de reflexão sobre a ação pedagógica, interligam suas práticas à formação continuada que favoreça uma nova forma de ser e agir na Educação Infantil. O pensar Complexo realoca nosso enfoque, dimensionando o interesse entre o contexto sociocultural e os conteúdos escolares, aproxima-nos do verdadeiro significado, os quais partam "dos problemas, dos conflitos, das necessidades a motivação intrínseca e o desejo pela aprendizagem [que] não sejam somente uma bela ilusão" (Zabala, 2002, p. 126).

CAPÍTULO 3

A FORMAÇÃO CONTINUADA EM QUESTÃO: O QUE "FALAM" OS COORDENADORES PEDAGÓGICOS

> *A dificuldade em pensar de forma complexa é extrema. Quanto mais o espírito enfrenta a complexidade, mais tem de complexificar ele próprio o seu exercício, mais difíceis e múltiplas são as combinações das diferentes qualidades que tem que pôr em prática.*
> (Edgar Morin, 2001. O MÉTODO V)

Este capítulo visa identificar e refletir criticamente sobre as referências dos coordenadores pedagógicos em suas concepções definindo a formação continuada. É a formação continuada o principal viés da prática profissional desse ator da educação, sendo esse aspecto de maior relevância para esses profissionais. Na pesquisa realizada pela Fundação Carlos Chagas e coordenada por Placco, Almeida e Souza (2011, p. 5), na qual buscou-se "identificar e analisar os processos de coordenação pedagógica" em todas as regiões brasileiras, visando "subsidiar políticas públicas de formação e organização dos sistemas escolares", as autoras destacaram os diferentes papéis que o coordenador pedagógico assume no espaço escolar, o caráter intersubjetivo que permeia suas práticas; as contradições entre a formação inicial e continuada; o desafio da realidade presente; a importância desse profissional no desenvolvimento da educação; o eixo mediador e articulador na e da sala de aula; o currículo escolar e a formação dos professores. Definem ainda, a competência dos coordenadores pedagógicos:

> Compete ao coordenador pedagógico **articular** o coletivo da escola, considerando as especificidades do contexto e as possibilidades reais de desenvolvimento de seus processos; **formar** os professores, no aprofundamento em sua área específica e em conhecimentos da área pedagógica, de modo que realize sua prática em consonância com os objetivos

da escola e esses conhecimentos; **transformar** a realidade, por meio de um processo reflexivo que questiona as ações e suas possibilidades de mudança, e do papel/compromisso de cada profissional com a melhoria da Educação escolar (Placco; Almeida; Souza, 2011, p. 6).

A importância, assim, desse ator da Educação, faz-se em três eixos definidos, como sendo: articulador – formador – transformador. Evidencia inúmeros desafios que transparecerão nas falas das profissionais envolvidas na pesquisa desta obra. Articular, formar e transformar são ações que se embricam entre si, são manifestas no dia a dia das práticas e são variáveis no decorrer histórico, sociocultural e temporal, percorrendo simultaneamente os processos de legitimidade e reconhecimento social.

Nas leituras realizadas, percebemos que a ação em formação continuada do coordenador pedagógico acontece geralmente com os professores, na pesquisa do tipo Estado da Arte[36], mantendo o descritor — coordenação pedagógica.

Foram encontrados oito trabalhos que em seus *títulos* delineavam o descritor "coordenação pedagógica": seis de mestrado acadêmico e dois de doutorado, esse número comprova o já enunciado na pesquisa realizada pelas autoras Placco, Almeida e Souza (2011), o declínio das produções sobre a temática.

Para este capítulo especificamente nos interessou a leitura dos *títulos* desses trabalhos, os quais identificamos que sete referiram-se à ação do coordenador pedagógico em espaços escolares, percebemos na leitura dos resumos que todos investigaram as relações referentes à efetivação do trabalho do coordenador pedagógico como articulador das práticas na escola, em diferentes propostas formativas. Um trabalho, apesar de trazer no título o indicador da pesquisa "coordenação pedagógica", na leitura do resumo a investigação não se referia a esse profissional, não sendo considerado para a exposição a seguir dos temas:

O Quadro 11 indica a síntese dessas pesquisas:

---

[36] Dados iniciais analisados no Capítulo 2.

Quadro 11 – Síntese das Pesquisas sobre o Coordenador Pedagógico

Pesquisas: Títulos/Autores	Síntese
"Fora de Lugar: ação e reflexão na coordenação pedagógica em uma escola de sistema apostilado", de Laurindo (2012, Tese de Doutorado).	A pesquisa teve como objetivo a prática efetiva de uma coordenadora pedagógica frente ao currículo apostilado de uma escola na qual sua ação se deu concomitante como pesquisadora e profissional atuante na função, a formação continuada foi analisada com a participação de duas docentes alfabetizadoras. Em seus resultados finais aponta que o professor precisa ter os "pés firmes" para confiar e construir um ambiente de mudanças, exigindo assim da coordenação pedagógica um trabalho árduo, sustentado numa concepção de educação para fornecer tais possibilidades de mudanças para os docentes.
"A Atuação da Coordenação Pedagógica em Conjunto com os Professores no Processo de Recontextualização da Política Oficial no 1º Ano do Ensino Fundamental no Município do Rio de Janeiro", de Leite (2012, Tese de Doutorado).	Foi discutido pela autora as reformas educativas nas reformulações das políticas curriculares, visando analisar a função e as possibilidades de ação da coordenação pedagógica. Na finalização da pesquisa, pelo resumo, fica evidenciado que haja um equilíbrio entre a proposta pedagógica da escola e a proposta das políticas públicas.
"Relação entre Coordenação Pedagógica e Professores: um estudo sobre o poder disciplinar na Educação Básica", de Milanez (2011, Dissertação de Mestrado Acadêmico).	A pesquisa objetivou compreender as características do poder disciplinar que são evidenciadas no cotidiano dos professores e coordenação pedagógica. Esse estudo revelou em seus resultados que tanto professores como coordenadores pedagógicos, por meio de resistências, problematizam suas práticas, na busca pela superação diante de uma sociedade normalizada.

Pesquisas: Títulos/Autores	Síntese
"Políticas de Formação Continuada da Rede Municipal de Educação de Rondonópolis - MT (2004 a 2008) e suas Contribuições para a Formação Continuada na Escola: dos cursos propostos à visão da coordenação pedagógica", de Mingareli (2011, Dissertação de Mestrado Acadêmico).	A pesquisa buscou compreender como estão articuladas as políticas de formação continuada em espaços escolares para os docentes, bem como a ação dos coordenadores pedagógicos frente a essa proposição. Evidenciou em conclusão o coordenador pedagógico como sujeito dessa formação e revela a necessidade de propostas públicas formativas que considerem a escola como espaço privilegiado de formação contínua. A autora destacou também aspectos referentes sobre a articulação entre teoria e prática numa perspectiva de constituição de práxis emancipatória, principalmente no que se relaciona à profissão docente e aos limites que a atividade educacional apresenta.
"Coordenação Pedagógica, Cotidiano Escolar e Complexidade", de Morgado (2012b, Dissertação de Mestrado Acadêmico).	O objetivo do estudo foi reconhecer as ações da coordenação pedagógica que ficam explícitas numa visão da realidade complexa, buscando identificar as dimensões caracterizadoras da complexidade e as estratégias utilizadas pela coordenação pedagógica na escola. Em resultado, a análise dos dados revelou que o pensar complexo está presente em diferentes ações do cotidiano escolar, apesar da predominância do paradigma tradicional, trazendo em discussão as ambivalências e contradições, em termos de discurso e prática, na escola.
"Coordenação Pedagógica: ações, legislação, gestão e a necessidade de uma educação estética", de Soares (2011, Dissertação de Mestrado Acadêmico).	A pesquisa caracterizou-se pelas ações do coordenador pedagógico em uma rede municipal de ensino de um município brasileiro. Os resultados da pesquisa tensionam a relação entre a gestão escolar e as ações do coordenador pedagógico; também destaca os aspectos referentes à nomenclatura de coordenação pedagógica para essa rede de ensino; o fazer do coordenador pedagógico em ausências docentes como possibilidade diagnóstica; a necessidade da educação estética para a ampliação do olhar, percepção, criatividade e sensibilidade do coordenador pedagógico, docentes e discentes.

Pesquisas: Títulos/Autores	Síntese
"A Coordenação Pedagógica e o Processo de Inclusão do Aluno com Necessidades Educacionais e Especiais: um estudo de caso", de Lira (2012, Dissertação de Mestrado Acadêmico).	As questões que nortearam essa pesquisa visaram delinear as ações da coordenação pedagógica face à inclusão escolar de alunos com necessidades educacionais especiais e como vem ocorrendo esse processo de inclusão. O resultado do estudo apontou para a ausência da ação articulada entre o acompanhamento das atividades docentes, salas de recursos multifuncionais, a rotina escolar, os procedimentos burocráticos, o projeto político pedagógico e a sistematização de um projeto escolar inclusivo; a autora destaca que é preciso redimensionar a ação do coordenador pedagógico mediante os desafios da inclusão escolar, em que a formação continuada com os docentes é função principal desse profissional.

Fonte: a autora (2015)

Nessas pesquisas há evidências da preocupação trazida pelos investigadores sobre a prática do coordenador pedagógico; outro aspecto em consideração são as diferentes temáticas abordadas, ou seja, esse profissional vê-se diante de situações que são próprias do dia a dia de uma escola, como a inclusão, o currículo, as legislações, os sistemas de ensino, as políticas públicas, e em relação constante com a prática docente e a sua própria formação como profissional.

Também selecionamos a delimitação do descritor para os *resumos* dos trabalhos, encontrando nessa seleção 32 mencionados: 26 de mestrado acadêmico e 6 de doutorado.

Na leitura desses resumos, o maior número de pesquisas se refere ao trabalho do coordenador pedagógico com os professores e os processos de ensino-aprendizagem, totalizando nesse aspecto 9 investigações, todas em nível de mestrado acadêmico.

Em dois trabalhos, sendo um em nível doutorado e outro mestrado acadêmico, os objetivos das pesquisas referenciavam o coordenador pedagógico em relação à implementação de programas curriculares na disciplina de Língua Portuguesa.

Também em dois trabalhos de mestrado, a pesquisa buscou atribuir sentido à identidade do coordenador pedagógico e a sua função em colégios específicos de cidades brasileiras.

Não relacionado especificamente nos objetivos investigativos ao trabalho do coordenador pedagógico, ocorrendo sua participação de forma secundária, encontramos 12 pesquisas: 9 em nível de mestrado acadêmico e 3 no de doutorado.

Nas temáticas a seguir, observamos que a investigação dos trabalhos acadêmicos versou sobre o papel e identidade do coordenador pedagógico frente às diferentes demandas do cotidiano escolar, sendo verificada uma produção para cada um desses temas: influência das avaliações externas no trabalho da coordenação pedagógica (mestrado acadêmico); a tensão entre a coordenação pedagógica, o gestor da escola e a legislação educacional brasileira (mestrado acadêmico); a relação de poder da equipe de coordenação pedagógica e os professores (mestrado acadêmico); a coordenação pedagógica em cursos de graduações (doutorado); o coordenador pedagógico no espaço-escola (mestrado acadêmico); a coordenação pedagógica e seu papel na inclusão (mestrado acadêmico); a mudança de currículo escolar, sistema de ensino (apostilas) e a equipe de coordenação pedagógica (doutorado).

Podemos analisar que os números de trabalhos diminuíram em quantidade em relação à década anterior a 2010, dos encontrados (32), especificamente as pesquisas vinculadas diretamente ao trabalho do coordenador pedagógico, configuraram-se apenas 20 investigações, para os *resumos*. Cabe ressaltar que outros trabalhos podem ter sido realizados nos diferentes programas de pós-graduação stricto sensu do país, e ainda não estão disponibilizados no banco de dados consultado.

Mesmo com objetos investigativos diferenciados, a formação continuada de alguma forma se vincula às atribuições do coordenador pedagógico, que se convergem à elaboração deste capítulo e ao objeto investigativo sobre o coordenador pedagógico como profissional da Educação e seu cotidiano.

A formação continuada assumiu diferentes características no decorrer das práticas profissionais em diferentes segmentos na sociedade. Entre os profissionais da Educação é também recorrente. As configurações de necessidades dessa formação perpassaram por características conceituais e semânticas que vão desde a ideia de reciclagem, complementaridade, aperfeiçoamento, aprimoramento, formação continuada, formação permanente, autoformação.

No universo atual complexo, com altas exigências técnicas, hiperespecializado, dicotômico, concorrente, os profissionais sentem-se compelidos às requisições sociais, culturais, econômicas e políticas da continuidade às suas formações iniciais. Esse pensamento é confirmado por Zayas (2012, p. 10-11), indicando que a educação ao longo da vida é essencial para os requisitos sociais de competitividade e a era globalizada, a saber:

> O planejamento das qualificações e das competências profissionais em cada país varia de acordo com as necessidades derivadas de sua cultura, história, demandas sociais, mudanças na economia e nos sistemas de produção de bens e serviços. A globalização da comunicação entre países tem crescido e melhorado na busca de medidas comuns, entre as quais estão o impulso de políticas e iniciativas de aprendizagem mais abertas e flexíveis que potencializem a competitividade, a mobilidade, a coesão e a inclusão social. A melhoria da qualidade de formação é essencial [...] em uma sociedade mais competitiva e dinâmica [...]. Isso implica a necessidade crescente de que os cidadãos sejam capazes de desenvolver suas próprias destrezas, habilidades e competências como pessoas, membros da sociedade e agentes sociais. Afinal, as pessoas que não estão preparadas para as mudanças têm maior risco de exclusão social daquelas que contam com qualificações adequadas.

Nesse sentido, as configurações de espaços educativos caminham de forma concomitante, sejam formais ou não formais, possuem aspectos de grande importância assumindo "certa regulação" na relação que o profissional esteja ocupando em sua prática.

Na Educação, essa "regulação" caracteriza-se geralmente como elemento de ascensão na carreira pública, por exemplo — o conhecido "subir de nível"[37] — para os que possuem comprovadamente diplomas de reconhecimento de cursos pós-graduados em espaços formais de escolarização. Por outro lado, a formação continuada também é realizada pelas mantenedoras, quer por força da legislação, quer pelo diagnóstico e destaque das necessidades mediante situações advindas do dia a dia das atuações dos profissionais da Educação.

---

[37] Em consideração: os profissionais participantes desta pesquisa têm esse reconhecimento garantido pela Lei Ordinária 10.190/01, disponível em: http://leismunicipa.is/fbcpn. A menção legal do nome da função (coordenador pedagógico) no município participante da pesquisa é suporte técnico-pedagógico, nomenclatura que foi esclarecida no Capítulo 2.

Para além do desenvolvimento das competências técnicas, na atualidade está a soma das ações técnicas às não técnicas, como explica Canário (1999), e, talvez, em nível de maior relevância: a representação intelectual com pertinência à realidade do profissional. Para tanto, nos espaços escolares, a formação continuada assume fundamental importância, as demandas dissociativas nas relações são prementes, ocasiões de distanciamento dos profissionais educadores com alunos e comunidade elevam as situações de crise, falta de qualidade e fragilização do processo ensino-aprendizagem.

O distanciamento oportuno com a prática escolar de transmissão do conhecimento realoca a formação continuada como possibilidade fomentadora na relação de aprender-ensinar-aprender. Advoga, nesse sentido, Freire (1996), ao adjetivar a criatividade, a instigação, a inquietude, a curiosidade, a rigorosidade metódica, a humildade, a persistência, como sendo condicionantes às práticas educativas nos vieses da criticidade.

As necessárias ampliações do processo de escolarização às exigências pedagógicas são modificáveis em decorrências das alternâncias temporais socioculturais. Para tanto, a formação continuada se faz presente no sentido de revisitar as práticas que inicialmente são ferramentas da atuação dos educadores. A investigação constante na articulação de novos conhecimentos, a ruptura paradigmática reproducionista perante os desafios da modernidade, são alguns aspectos analisados na obra de Behrens (1996). A formação continuada não pode ser entendida, adverte-nos a autora, como sendo "simplesmente treinar professores para uma nova abordagem educacional. O processo é muito mais amplo e demanda envolvimento, investigação e criação para informar e formar os docentes" (Behrens, 1996, p. 30).

Na reflexão do "ir além" (Behrens, 1996), acordam Cosme e Trindade (2013), desafiando-nos na reflexão entre o "espaço e tempo" que vivemos da era comunicacional. O contributo de uma formação contínua, "ir além" significa pensarmos que a cooperação e a interação são "fatores de aprendizagem e formação". Para tanto, os autores reafirmam que tais aspectos são elaborados em planejamento dos educadores, ou seja, faz-se necessária uma formação que auxilie os profissionais como pensarão suas práticas educativas frente às demandas do tempo presente. "Neste sentido, constata-se, mais uma vez, que a organização cooperativa dos ambientes, das relações e das tarefas de aprendizagem corresponde, por um lado, a um determinado tipo de opções pedagógicas e, por outro, sustenta a possibilidade destas opções se concretizarem" (Cosme; Trindade, 2013, p. 114).

Uma das participantes das entrevistas tensiona em sua fala a questão, ao justificar a formação continuada: *"a gente não pode abrir mão na nossa formação inicial. Mas quando eu chego dentro da sala eu não fico pensando muito nisso. E agora? Me deparo com aquela situação. E agora? O que fazer? Eu busco aonde?"* (PF1).

A realidade indicada pela participante reflete e problematiza seus conhecimentos, na relação entre a formação inicial recebida e as possibilidades de reinvenção da prática significando novos saberes mediados na formação contínua. Na referência de Nóvoa (1995, p. 25): "a formação vai e vem, avança e recua, construindo-se num processo de relação ao saber e ao conhecimento que se encontra no cerne da identidade pessoal".

Cabe ressaltar que a formação dos educadores não se organiza mediante um único aspecto ou teremos na formação continuada a solução para as problemáticas educacionais, que são um conjunto de fatores que vão continuamente formando o profissional, bem lembrados por Romanowski (2013, p. 307) quando afirmou: "a formação resulta da prática [...], de estudos, pesquisa, reflexão. Por sua vez, a identidade profissional se constrói socialmente a partir do processo de formação, atuação profissional, organização da categoria profissional e do reconhecimento social". Tal construção identitária requer que focalizemos a importância da formação continuada mediante suas propostas e as ações dos profissionais envolvidos: como, por que, quem e para que é realizada.

Também tendo por referência que a formação continuada é sempre uma trajetória de aprendizagem, aprendizagem de profissionais adultos, que estão inseridos em histórias de vida pessoal e profissional, agem mediante desejos e necessidades que são individuais e coletivas, em um cenário de atuação profissional que tem prioritariamente o espaço local e global chamado: escola, a qual é decorrente basilar da sociedade na qual "hoje, é necessário mobilizar, com o mesmo vigor, novas energias na criação de ambientes educativos inovadores, de espaços de aprendizagem que estejam à altura dos desafios da contemporaneidade" (Nóvoa, 2009, p. 88).

E é nessa contemporaneidade que a configuração social é marcada pelo cenário do avanço tecnológico, das descobertas científicas, regulada econômica-politicamente, global, sazonal, incerta, entre outras adjetivações; refletir sobre a formação continuada requer concebê-la diante de um *novo paradigma, pensamento, concepção* e *organização.*

Novo paradigma em relação ao ideário da formação continuada, na ruptura necessária frente às propostas de formação com bases técnicas-reprodutivistas ou terapêuticas, que mais se configuram em estratégias deformativas, na medida que possuem pouco vínculo às necessidades da sociedade globalizada e tecnológica.

Pensamento, no sentido da "nova forma" (Morin, 2008) de pensar, conceber e efetivamente realizar. De trazer para o centro das propostas da formação continuada o seu ator, o Ser-humano pré-pós formação: o profissional.

Concepção na atitude vinculativa à realidade, ou seja, a formação continuada contextualizada com a necessidade dos profissionais envolvidos, suas formas de ver e inter-relacionar-se socioculturalmente.

Organização da formação continuada no sentido das formas de como se estruturam as propostas, quais encaminhamentos são realizados para se atingir com efetividade o processo formador de caráter contínuo.

Na Educação, o *novo paradigma* questiona as propostas de formação continuada que tem por base teórica a perpetuação das práticas educacionais conservadoras, as quais estão presentes na formação inicial da maioria dos profissionais da educação, ou seja, a questão se formula mediante "*o porquê*" da continuidade para reprodutividade?

Nesse sentido paradigmático o referencial teórico que é basilar para formação se perpetua na concepção de um professor detentor dos saberes, o aluno passivo, uma metodologia técnica e modelar, uma avaliação finita e punitiva, sem qualquer abertura para a possibilidade de transposição ao cotidiano do educador, em seu dia a dia, na escola e na sala de aula. Talvez essa postura paradigmática ideária gere em muitos profissionais o discurso comum "eu não vou fazer essa formação porque não vai me acrescentar nada".

O porquê vincula-se ao sentido que esse profissional emprega e elege como importante para si, os valores que agrega e o que dimensiona às suas reais necessidades. As rupturas paradigmáticas não são formuladas do dia para noite, mas a percepção silenciosa, porém tocante na decisão das pessoas, leva ao questionamento.

No aspecto dos paradigmas sabemos que os "educadores já sabem a importância da formação continuada e que precisam renovar o trabalho pedagógico", como afirmou Behrens (1996, p. 24); também se configura uma postura acadêmica de formação entre os polos: "científico-produtiva" e o de "acomodação à reprodução de conteúdos cristalizados" (Behrens, 1996, p. 24).

Para tanto, *o porquê* da formação continuada perpassa nesse "nó" produção-reprodução, e ainda na cristalização dos pensamentos. O discurso formulado nesse ideário permeia a ciência da Educação, no modelo da racionalidade, do método cartesiano e no sobressalto para os formadores, bem colocados por Santos (2010, p. 11):

> Esta preocupação em testemunhar uma ruptura fundante que possibilita uma e só uma forma de conhecimento verdadeiro que está bem patente na atitude mental dos protagonistas, no seu espanto perante as próprias descobertas e a extrema e ao mesmo tempo serena arrogância com que se medem com os seus contemporâneos.

Assim, os proponentes de ações na formação continuada precisam "desconfiar" da não aderência — muitas vezes — dos profissionais ao seu processo, pois esse aspecto é crucial para aqueles que atuam diretamente com a proposta, em nosso caso de análise, os coordenadores pedagógicos.

Como evoca Santos (2010), a ruptura paradigmática se faz no processo que "desconfia" das respostas imediatas. Vinculamos esse pensamento à Educação, nas respostas que não atribuem sentido ao cotidiano educativo, que outrora "dentro" dele na informação presente, no conhecimento datado e único, localizado, de obtenção e permanências, sem processos de transformação da/na prática pedagógica.

No avanço principalmente do acesso tecnológico, nas possibilidades de intercâmbios culturais, sociais e de rede dos saberes, o *porquê* da formação contínua aos profissionais da educação perseveram em propostas com base em paradigmas mecânicos, segmentados e extrínsecos socialmente. É preciso, nas rupturas, o ato da "despedida", marcado muitas vezes pela dor e pelo luto, porém necessário na/para mudanças, perante a crise paradigmática, a qual define Santos (2010, p. 35) como sendo:

> Condições teóricas e sociais [...], a crise do paradigma da ciência moderna não constitui um pântano cinzento de cepticismo ou de irracionalismo. É antes o retrato de uma família intelectual numerosa e instável, mas também criativa e fascinante, no momento de se despedir, com alguma dor, dos lugares conceituais, teóricos e epistemológicos, ancestrais e íntimos, mas não mais convincentes e securizantes [sic], uma despedida em busca de uma vida melhor a caminho doutras paragens onde o optimismo seja mais fecundo e a racionalidade mais plural e onde finalmente o

conhecimento volte a ser uma aventura encantada. A caracterização da crise do paradigma dominante traz consigo o perfil do paradigma emergente.

Em convergência ao autor, Behrens (1996) alerta-nos sobre a necessidade do evoluir da sociedade e da educação, mediante as exigências pela qualidade no trabalho dos educadores. Também Prigogine (2011), atento ao fim das certezas, localiza os aspectos temporais de mudanças em relação aos fenômenos científicos, desequilibra em seu argumento a certeza da ciência como imutável, questiona o que permanece e relativiza os conceitos simplicistas mediante o avanço epistemológico promovido pelo tecnológico e da pesquisa.

Temos ainda, em referência, Freire (1996), movimentando-nos a pensar sobre os riscos e aceitação crítica do novo em rejeição às discriminações, elevando a compreensão para o entendimento, do "pensar-certo" a favor de um ensino crítico e reflexivo sobre a prática. A ruptura sinalizante dos autores é favorável com La Torre (2009), que lança mão da consciência sobre a perspectiva de se olhar o futuro de forma transdisciplinar.

Retomamos as considerações, na Educação, refletida em possibilidade real e intencional da mudança; se pensarmos num paradigma inovador, de futuro, faz-se necessário um agir consciente e além da realidade posta: problemática e reducionista. Para o autor, a consciência transdisciplinar é o meio de dimensionar a mudança e a tomada de decisão frente à necessidade de transformação.

No pensamento da complexidade de Morin (2005) são os indivíduos que são portadores de suas culturas e sociedades, nesse aspecto, na formação continuada e na Educação, se quisermos a modificabilidade pretendida, de qualidade, de compreensão sobre/na incerteza, crítica e reflexiva, consciente e transdisciplinar, precisamos legitimar o *porquê* dessa continuidade, do formar-se continuamente, de autoformar-se, ou seja, a "regeneração" conclamada, é cultural, é social, producente, precisamos do investimento mútuo entre propostas e contrapropostas. Precisamos das rupturas paradigmáticas entre o conservadorismo e a inovação, em argumento as palavras do autor:

> A cultura, que caracteriza as sociedades humanas, é organizada/organizadora *via* o veículo cognitivo da linguagem, partir do capital cognitivo coletivo dos conhecimentos adquiridos, das competências aprendidas, das experiências vividas, da memória histórica, das crenças míticas de uma sociedade. Assim, se manifestam "representações coletivas", "consciência

coletiva", "imaginário coletivo". E, dispondo de seu capital cognitivo, a cultura institui as regras/normas que organizam a sociedade e governam os comportamentos individuais. As regras/normas culturais geram processos sociais e regeneram globalmente a complexidade social adquirida por essa mesma cultura. Assim, a cultura não é nem "superestrutura" nem-infraestrutura, termos impróprios em uma organização recursiva onde o que é produzido e gerado torna-se produtor e gerador daquilo que o produz ou gera. *Cultura e sociedade estão em relação geradora mútua;* nessa relação, não podemos esquecer as interações entre indivíduos, eles próprios portadores/transmissores de cultura, que regeneram a sociedade, a qual regenera a cultura (Morin, 2005, p. 19).

No que tange às concepções paradigmáticas da formação continuada, as mudanças perpassam pelo sentido atribuído com os atores, percebido por eles, significados neles. É o deslocamento das propostas conservadoras para a inovação de uma nova forma do *pensamento* da formação continuada.

É no *pensar* que o Ser-humano agrega/formula/reformula suas concepções e realizações. No entendimento que é gerado em seu constituinte histórico-social, na relação mútua e solidária dos fazeres profissionais, nos equilíbrios e desequilíbrios das suas formações — inicial e continuada, no *pensamento*, do nascer, agir e reagir.

Comumente o discurso "é preciso pensar diferente", permeia nossos espaços educacionais. A formulação de um pensamento "diferente" na formação continuada implica na relação de *quem* a faz.

Quem — a pessoa —, mais que um pronome, foco e centro da realização. O *pensar* modifica o eixo da proposta, dimensiona práticas contínuas formativas a favor da congruência entre sentido e necessidade. Veicula saberes em benefício da intenção nas realidades.

Numa proposta de formação continuada concebida de forma extrínseca ao pensamento dos participantes em formação, bem como dos formadores, reproduzem-se os poderes oriundos de situações distanciadas do real. Geralmente, em Educação, o eixo condutor dessas propostas aliena o pensamento, abre espaço para o mercado explorar economicamente "cursos de formação", alteram o processo de aprendizagem do profissional, regulando em condições não favoráveis à efetiva transposição entre teoria-prática.

Se temos um entendimento de formação continuada com base em um paradigma inovador, é mister que as concepções favoreçam o "reformar" do pensamento, geradas e promovidas em/na realidade de um pensamento

Complexo. Evidentemente a reforma é primeiramente humana, como assenta Morin (2008), e se é humana, perpassa por sentimentos, perpassa pela compreensão. Nesse sentido, a compreensão é um "processo de identificação e de projeção de sujeito a sujeito" (Morin, 2008, p. 93), é a "empatia-simpatia", é objetiva e subjetiva, é relacional, é comunicacional.

Trazer a essa discussão *a quem* se destina a formação continuada *e quem* a realiza, tanto o coordenador pedagógico, como os formandos em processos, redimensiona o *pensar* mediante os paradigmas inovadores, para além do cumprimento dos "módulos dos cursos", da "sequência da apostila", das "ideias que tivemos com a formadora sobre como realizar jogos na sala de aula". E queremos enfatizar aqui que tais jargões comumente na Educação são importantes no que tange aos aspectos de conteúdos e necessidades técnicas, porém, se não fizermos tal questionamento frente às propostas formativas, não *pensarmos* além do foco conteudístico, tecnicista e terapêutico, este continuará ciclicamente se perpetuando.

No princípio do *pensar* complexo, o paradigma da "cabeça bem-cheia" é transposto para a "cabeça bem-feita". Que se traduz na "educação [em] transformar as informações em conhecimento, de transformar o conhecimento em sapiência, isso se orientando pelas finalidades definidas" (Morin, 2008, p. 47). Na formação continuada, o *pensar* complexo se traduz em modificabilidades frente aos contextos educacionais e aos desafios profissionais que ampliam o sentido do próprio ato educativo, que passa pela essência e pela existência daquele que faz a prática, abrindo o espaço de forma cocriadora e coparticipativa mediante as demandas do tempo presente.

Ampliar a realidade e "ascender a outro nível", o olhar complexo transdisciplinar emprega uma outra intencionalidade para o *pensar* formador, pressupõe desenvolver uma visão além do reducionismo operante e vivenciado em nossa formação de profissionais da educação, faz a ruptura necessária para "transgredir a lógica da não contradição, articulando os contrários: sujeito e objeto, subjetividade e objetividade, matéria e consciência, simplicidade e complexidade, unidade e diversidade" (Santos, 2009, p. 23).

Trata-se de formulações de propostas formativas que considere o Ser-humano, sendo a pessoa que possa compreender "realidades e problemas cada vez mais polidisciplinares, transversais, multidimensionais, transnacionais, globais e planetários" (Santos, 2009, p. 13); que tensione a "hiperespecialização" exigida e paradigmaticamente impeditiva da visão do todo na relação de crise e caos. A formação continuada propositiva em *pensar* é reposicionada na demanda educacional quando deixa de ser prescritiva e concluinte passando à transdisciplinar e, ser transdisciplinar requer nosso posicionamento diante do Ser-humano, como formadores e educadores.

Para tanto, aspectos da contextualidade, criticidade, criatividade, autonomia fomentam o pensamento em Behrens (2012). Em Freire (1987) é constituída a "futuridade revolucionária", a qual o ponto de partida são as pessoas em suas práticas socioculturais em relação à esperança, a não opressão em movimentos históricos inconclusos, rechaçando qualquer tipo de fatalismo, nostalgia ou imobilidade.

Nos escritos de Prigogine (2011), é debatido o termo "escolha", atrelando a essa possibilidade a amplitude em relação a qualquer forma de ação que privilegie uma única solução. La Torre (2009) enumera as problemáticas do cotidiano na tomada de consciência necessária numa nova visão a ser desenvolvida pelo ser humano e também a tomada de consciência. O autor lembra-nos que a transdisciplinaridade e a ecoformação são as portas de abertura para o resgate dos valores humanos, para a sociedade do conhecimento futuro e da consciência planetária.

Portanto, a formação continuada do *pensar, a quem* se destina, *quem* a faz, considera a "aptidão para contextualizar e integrar, é uma qualidade fundamental da mente humana, que precisa ser desenvolvida e não atrofiada" (Morin, 2008, p. 16).

O *paradigma inovador* e o *pensar* reorganizam a *concepção* no trato da formação contínua. *Concepção* entendida na aproximação, pertinência, no enfoque — na Educação, qual a relação que a formação após a formação inicial, redimensiona a pertinência da prática dos profissionais, qual a justificativa e legitimidade se atribui a ela.

Se aproximamos dos atores que dão sentido à formação enquanto proposta, vinculamos nessa concepção a efetividade do contexto. Sentido de ação que é o significado que o ser humano emprega no processo formativo, o seu modo de ver-e-fazer, seu ponto de vista inicial da realidade, quais as possibilidades de inter-relações, interconexões na reflexão teórico-prática que consegue realizar. Se assim não o fizer, não há inovação, não há pensamento, não há transformação. Em Educação, as *concepções* perpassam no espaço/lugar escola. Para Cosme e Trindade (2013, p. 51), na atualidade, há evidentemente uma:

> Transição entre uma organização competitiva dos espaços, dos tempos, das atividades e das relações que têm numa Escola e uma organização cooperativa destes mesmos espaços,

tempos, atividades e relações não é uma transição que possa ser compreendida como uma problemática circunscrita, apenas, ao domínio da ação didática.

Isso significa o relacionado do *porquê* paradigmático e o *quem* do pensamento que retornam em sentido do *para que* se constituem as práticas formativas. Leva-nos à reflexão constante, como coordenadores pedagógicos, diante do educador em formação, que se propõe a articular seu tempo, energia, saberes, trocas e muitas vezes suas economias, nas propostas formativas, quais os domínios do conhecimento profissional serão abordados, quais *concepções* da profissionalidade estão envolvidas, serão domínios das ações didáticas na escola? Serão as reproduções de técnicas da condução de sala de aula? Se não nascem da sua realidade, do contexto, se não há vínculo, não há formação.

É na disposição que muitos profissionais da educação têm em participarem de processos de formação continuada que os sentidos se manifestam, para tanto a decisão pessoal participativa se subjetiva ao objetivo coletivo de propostas/projetos de formadores. O que queremos dizer é que em propostas de formação contínua, na Educação, objetiva-se aspectos qualitativos no que tange às mudanças pedagógicas, porém o distanciamento entre os sentidos atribuídos pelos próprios profissionais os leva ao distanciamento da transposição à prática, ao cotidiano-real.

A perspectiva de uma formação continuada numa *concepção* sistêmica, requer que pensemos com outra referência, distanciando-nos das práticas positivistas e reproducionistas, na busca provocativa da "prática pedagógica que ultrapasse a visão uniforme e que desencadeie a visão de rede, de teia, de interdependência, procurando interconectar vários interferentes [...] um processo de aprender a aprender para toda vida" (Behrens, 2005, p. 111).

Os educadores atribuem sentido às relevâncias que ocupam as práticas de formação contínua nos contextos das práticas profissionais. A possível resposta do *para que* participar de uma formação continuada implica numa *concepção* aproximativa com a realidade pulsante escolar.

A pertinência, o encontro e a ênfase destacam o sentido motivador de como os formadores se aproximam da realidade, do contexto, seus olhares e entendimentos, que *concepção* empregam nessa aproximação, que postura assumem frente ao distanciamento — quase sempre presente — entre todos os atores do processo. Para tanto, não bastam palavras de envolvimento, nem a disposição de[38] "*estar perto da escola*", do discurso enfadonho

---

[38] Falas que são ouvidas comumente no dia a dia da escola, que motivaram a nossa pesquisa quando da atuação profissional na coordenação pedagógica.

"eu também já estive na escola e hoje estou formador, mas sou educador". Essas aproximações não evocam *porque* se realizar a formação, nem se refere a *quem* está no processo, pelo contrário, levam os formandos a questionarem: *para que* estou aqui?

O sentido atribuído é dado pela pessoa, na referência que implica o ato identitário, do quanto percebemos o processo, o quanto estamos envolvidos, no acolhimento, na aproximação. A falta de vínculo gera empobrecimento, não traz sentido. A sensação perceptiva de falta de intencionalidade, de foco e de esvaziamento de uma proposta formativa enfraquece o próprio ato, causa distanciamento.

Na formação continuada concebida no pensar da Complexidade é requerente uma *concepção* que vincule a pessoa ao processo sistêmico, que a envolva em pertença, que todos sejam corresponsáveis pelas ações.

Assim sendo, a ideia trazida por La Torre (2009, p. 25) dimensiona características possibilitadoras de atribuição de sentido, na perspectiva de uma "formação transdisciplinar, nomeadamente: vínculos interativos; desenvolvimento humano; caráter sistêmico e relacional; caráter flexível e integrador".

Se entendemos o Ser-humano como sendo o envolvido na sua formação, o compreendemos também em toda sua complexidade humana, suas características pessoais e relacionais. Como formadores, reconhecemos que a contradição no pensamento complexo se traduz em acolhimento, nas formulações oriundas dos contextos históricos, humanos, culturais e sociais, que não comportam preconceitos ou certezas absolutas, mas estão sempre se reinventando, criando, inovando. É a chamada "rede de possibilidades polissêmicas" por Petraglia (2012, p. 135).

Podemos atribuir o sentido à formação na prática desse educador, pessoa, vivificada por uma *concepção* emanente do *pensar Complexo*, que se traduz em intencionalidade participativa, de significado de e para a prática pedagógica.

Interligado a esses aspectos, a *organização* das propostas de formação continuada nos leva a refletir *como* estão sendo realizadas. A *organização* refere-se tanto às questões técnicas que compõem a estrutura, como os encaminhamentos que são formulados.

Como é o caminho, é a trajetória, é a vivência que os participantes da formação realizam. No que tange à Educação, as formulações da formação continuada com vieses com base em técnicas para "dar aula" têm gerado as permanências de um sentimento recorrente da necessidade receituária.

Por outro lado, não consideramos "um mal" o compartilhar de experiências mediante práticas educativas de sucesso, da troca de ideias de como se trabalhar os conteúdos escolares. O que questionamos é a baixa inserção do ensino com pesquisa como base da formação continuada, bem como o manejo das tecnologias e suas inúmeras possibilidades de ampliação dos processos de ensino-aprendizagem. Ainda presenciamos uma formação que tem por estratégia a leitura de texto teórico, formulação de perguntas, socialização das respostas, mensagens de motivação, apresentação de imagens e músicas de reflexão.

Como temos formulado as propostas de formação continuada impactam o processo da transposição didática necessária no/para o espaço escolar, o objetivo da melhoria da qualidade educativa, mediante a inovação, temos parâmetros de sucesso para nossos estudos, mas ainda não conseguimos o salto qualitativo entre proposta-formação para formação-ação.

A queixa comum que ressoa em nossos cotidianos escolares[39], a exemplo: "vai ser a mesma coisa de sempre"; "não vou participar para ficar lendo um texto e fazendo um debate com base numa pergunta de questionário"; "para ouvir mensagens de felicidade, eu mesmo acesso o YouTube", demonstram que precisamos repensar em definitivo as propostas do planejamento *organizador* das ações formativas.

Nesse sentido, a partir dos pontos que já elencamos anteriormente sobre um *novo paradigma*, do *pensamento* renovado, sobre uma *concepção* de significado na configuração para uma proposta de formação continuada, as estratégias inovadoras sugerem o foco transdisciplinar como basilar à mudança.

Para tanto, pensar de forma transdisciplinar nossas práticas formadoras envolve reestruturar o conhecimento como objeto efetivo do nosso trabalho. O conhecimento na atualidade mediante seus riscos e desafios, suas alternâncias e significados sociais, o conhecimento que é ao mesmo tempo local e global. O conhecimento transitório, situacional e mutante. O conhecimento tácito e operante. O conhecimento difuso, correlato e transicional. O conhecimento que é desafio ao próprio conhecimento. Em modo escola: conhecimento significativo!

Nossa reflexão parte da questão de elegermos alguns pontos para o que seja significativo na conjuntura posta. Se temos as respostas definitivas também imperamos em reforço o pensamento finito. Ao contrário, há um

---

[39] Falas que são ouvidas comumente no dia a dia da escola, que motivaram a nossa pesquisa quando da atuação profissional na coordenação pedagógica.

"paradoxo" que se forma mediante as tensões do conhecer e do aprender e, também, do aprender a conhecer. E assim caminha a Educação! Em questão, as palavras de Morin (2005, p. 88): "podemos hoje colocar-nos com acuidade, angústia e esperança as questões decisivas do conhecimento, pois vivemos em uma época que produz, simultaneamente, cegueiras e elucidações, ambas sem precedentes"? Na formação continuada educacional, conhecer é ensinar e é aprender. Não dependente do conhecimento em si, porém na interdependência que se forma, que age, que transforma, que se inventa e reinventa, que é ao mesmo tempo congruente e discrepante, que se faz e se reformula.

Emanados pelo pensamento freireano (1996), ensina quem aprende e aprende quem ensina, a formação continuada que ressignifica o conhecimento permanentemente nutre as práticas educativas, as ações dos educadores. Nessa vivência de aprendizagem o autor evoca que:

> Quando vivemos a autenticidade exigida pela prática de ensinar-aprender participamos de uma experiência total, diretiva, política, ideológica, gnosiológica, pedagógica, estética e ética, em que a boniteza deve achar-se de mãos dadas com a decência e com a seriedade. (Freire, 1996, p. 24).

Portanto, as vivências *como* são organizadoras das práticas formadoras precisam recriar uma relação pessoal por meio da identidade do Ser-humano. Gerar saberes que fomentem o proposto pelo autor, para que o vínculo com o conhecimento significativo se torne também o conhecimento operante, que considere o tácito, mas que haja a transposição ao cotidiano escolar.

A articulação do ensino-aprendizagem nasce do dia a dia dos educadores em cenários de formação contínua; assim sendo, a pesquisa toma sentido, como contributiva para a autonomia aprendente, gerando liberdade de pensamento, variação de recursos, corresponsabilizando formadores, qualificando a aprendizagem (Behrens, 2005).

Organizar a formação continuada pela pesquisa diferencia a vivência dos educadores que se vinculam à identidade do conhecimento significativo, *como* ação formativa, traz a interpretação de situações sociais, movimenta-a continuamente, refuta a permanência inoperante, evidencia aspectos plausíveis da ação dos educadores em seus cotidianos. No ambiente de pesquisa há planejamento e ação, há equipes de trabalho, há registros e mediação, há sistematização coletiva, transita-se dos aspectos competitivos da educação reprodutivista para a produção dos saberes de inserção transformacional-social (Cosme; Trindade, 2013).

Também cumpre numa perspectiva transdisciplinar, a promoção do diálogo entre as ciências transcendendo o caráter meramente disciplinar, ou seja, uma organização de formação pautada em composição de temas/projetos/conteúdos a serem trabalhados pelos educadores, passa a um pensamento complexo na perspectiva de ruptura dos processos de ensino-aprendizagem outrora gerados na fragmentação e parcelamento dos conhecimentos (Petraglia, 2012).

A queixosa comunicação dos educadores referente aos desafios profissionais na atualidade, necessita ser igualmente mediadora das formas *como* temos concebido a continuidade formativa e é nesse sentido que a proposição do pensamento Complexo contribui para se repensar o eixo paradigmático dos formadores atuantes. A dinâmica atribuída no caráter do conhecimento eleva ao questionamento de quais saberes são relevantes às proposições, quais referenciar, quais aprofundar, quais possibilidades de interligação teórica-prática contribuem efetivamente com o dia a dia nos espaços escolares.

Assim sendo, o pensamento para o conhecimento necessita em Morin (2008, p. 88-89):

> - que compreenda que o conhecimento das partes depende do conhecimento do todo e que o conhecimento do todo depende do conhecimento das partes;
> - que reconheça e examine os fenômenos multidimensionais, em vez de isolar, de maneira mutiladora, cada uma de suas dimensões;
> - que reconheça e trate as realidades, que são, concomitantemente solidárias e conflituosas [...];
> - que respeite a diferença, enquanto reconhece a unicidade.

Convergente ao proposto pelo autor, a via transdisciplinar abre caminho para uma *organização* da formação continuada em que o todo seja o contexto educacional nas suas relações na/da escola, mediante os saberes reais trazidos pelos educadores; que haja uma proposição com base nas multirreferências teóricas possíveis para uma análise crítica-reflexiva; que o conflito aparente encontre a alternativa da ação para a transformação; que a superação das barbáries sociais e culturais, que são recursivas ao conflito que emerge, sim (!), o mesmo que denuncia as propostas de formação contínua operantes em nosso país, afasta o significado de práticas transformacionais.

Encontrando guarida no pensamento de La Torre (2009), a mudança ocorre na consciência, porém na formação em competências que se traduzem em formação reflexiva e prática, é mais lento, porém transformante na perspectiva de enfronhar-se na vida dos atores, na interação, no convívio social.

A formação competente envolve uma proposta de formação que tanto qualifique o professor como também o envolva em ações de generosidade, na busca incessante pela humildade, de respeito, da prática de uma autoridade coerente, em que os discursos sejam efetivamente prática, e ensino seja efetivamente aprendizagem, a ação de ensino que é essencialmente humana (Freire, 1996).

Se temos por base um *paradigma inovador*, uma perspectiva de *renovação* do *pensamento*, mediante uma *concepção sistêmica transdisciplinar*, a *organização* do processo de formação continuada nos leva a uma ação de movimento. E é nessa perspectiva que registramos e analisamos as vozes dos participantes desta pesquisa, neste capítulo suas definições e percepções sobre o que é a **formação continuada**, considerando que são eles os atores formadores.

3.1 REFERÊNCIAS DAS PARTICIPANTES DA PESQUISA NA COMPREENSÃO SOBRE A FORMAÇÃO CONTINUADA

Considerando a perspectiva de estudo de caso como opção metodológica da pesquisa, as **referências** de análise buscaram a **compreensão** das dimensões apresentadas pelas participantes, não como categorias ou variáveis, mas na percepção, entendimento e interpretação de forma contextualizada no escopo teórico deste trabalho: o pensar/teoria da Complexidade.

Ressaltamos que a Complexidade é entendida em Morin (2008, p. 462) como sendo:

> O caráter original do paradigma da complexidade é que ele difere, graças à sua natureza intrínseca, do paradigma de simplificação/disjunção, e esta extrema diferença lhe permite compreender e integrar a simplificação. Com efeito, ele se opõe absolutamente ao princípio absoluto de simplificação, mas ele integra a simplificação/disjunção tornando-a princípio relativo. Ele não pede para afastar a distinção, a análise, o isolamento, ele pede para incluí-los, não apenas num metassistema, mas num processo ativo e gerador. Com efeito, reunir e isolar devem se inscrever em um circuito recursivo de conhecimento que não se limita nem se reduz a um desses dois termos: isolar-reunir. O paradigma da complexidade não é antianalítico, não é antidisjuntivo: a análise é um momento que volta sem parar, ou seja, que não se afunda na totalidade/síntese, mas que também não a dissolve. A análise chama a síntese que chama a análise, e isso ao infinito em um processo produtor de conhecimento.

Nesse sentido não nos propomos em interpretar as certezas, mas problematizar os contextos; nos maravilhamos das realidades dos dados, mas buscamos a compreensão não redutora, e isso não significa deixar os aspectos científicos-acadêmicos à margem, mas examinar, reanimar, lançar situações de reflexões-críticas nas interlocuções dos autores que são aportes a esta obra: na "possibilidade do possível" frente ao "erro e ilusão", "à cegueira do conhecimento" que seduzem nosso pensamento teórico e distancia-nos do (des)conhecido (Morin, 2005, 2008).

Ainda, interligando ao pensamento da Complexidade, a transdisciplinaridade como abertura desse pensar, abertura de superação dos aspectos reducionistas disciplinares da Educação; abertura para reflexão da superação das práticas educativas que reduzem o ser humano às estruturas rígidas; na abertura possível de reconhecermos a realidade como emanente dos temas sociais emergentes; na possibilidade entre a abordagem disciplinar conhecida e fortificada historicamente e que na realidade do tempo presente precisa ser revisitada e transposta; em estar ciente que o conhecimento é transitório quando do registro semântico das nossas palavras como pesquisadores (Freitas; Morin; Nicolescu, 1994[40] *apud* La Torre; Pujol; Moraes, 2013). Nas palavras de Nicolescu e Camus (1997) proferidas na Declaração de Locarno[41]:

> A Transdisciplinaridade é globalmente aberta. Defini-la em termos da lógica clássica seria equivalente a confiná-la a um único pensamento. Níveis de realidade são inseparáveis dos níveis de percepção e estes níveis encontram a verticalidade dos graus da transdisciplinaridade. A Transdisciplinaridade abarca ambos: uma nova visão e uma experiência vivida. É uma maneira de transformação de si mesmo orientada em direção ao conhecimento de si mesmo, à unidade do conhecimento e à criação de uma nova arte de viver.

Assim sendo, no levantamento das falas das participantes da pesquisa, buscaremos a reflexão ao que propõe este trabalho: ações da formação continuada realizadas pelo coordenador pedagógico atuante na Educação Infantil, à luz da Complexidade, tendo a transdisciplinaridade como eixo articulador teórico-prático.

---

[40] Ver: Freitas, Lima de; Morin, Edgar; Nicolescu, Basarab. **Comitê de Redação da Carta da Transdisciplinaridade**. Portugal: Convento da Arrábida, 6 nov. 1994.

[41] A Declaração de Locarno, de 1997, foi elaborada pelos participantes do Congresso Internacional Que Universidade para Amanhã? Em busca de uma Evolução Transdisciplinar para a Universidade que aconteceu em Monte Verità, Locarno, Suíça, de 30 de abril a 8 de maio de 1997. A Declaração foi aprovada em cumprimento às metas do projeto CIRET-UNESCO, o qual tratou de refletir que a Universidade evolua em direção ao estudo do Universal no contexto de uma aceleração da fragmentação do conhecimento, sem precedente. Essa evolução é inseparável da pesquisa transdisciplinar, isso quer dizer, do que está entre, através e além de todas as disciplinas (La Torre; Pujol; Moraes, 2013, p. 28).

Para as participantes da pesquisa, **formação continuada** é: **conhecimento; aperfeiçoamento, aprimoramento** e **atualização; inacabamento; reflexão-ação; complementação** e **qualidade**.

A formação continuada é foco principal do trabalho das profissionais da pesquisa, na dimensão de subsidiar, estudar, debater, refletir, atender, ajudar, entre outros adjetivos que poderão ser lidos nas falas a seguir. Elas atribuem a esse processo suas crenças, o sucesso da qualidade para a Educação Infantil, a suas realizações profissionais e pessoais. Reconhecem a concomitância de sua própria formação e colocam em evidência as tensões do trabalho como coordenadoras pedagógicas na relação das questões pedagógicas e administrativas-burocráticas.

3.1.1 Referência do Conhecimento na Formação Continuada

Uma das definições de formação continuada que se destacou nas falas das participantes foi atribuída ao **conhecimento** processual, que ocorre no cotidiano daqueles que são participantes dessa ação.

O sentido empregado para a necessidade de continuidade na formação e a indissociabilidade da prática do profissional da educação, em nosso caso, nesta obra, do coordenador pedagógico, está presente em diferentes afirmações das entrevistadas. Como podemos ler no relato da PF2:

"É esse aprimoramento que você necessita para o seu trabalho, não só o professor, o pedagogo, mas acho que todas as carreiras, elas necessitam dessa formação. Você teve a formação inicial, teve uma análise, e agora você vai ter que buscar de acordo com suas necessidades, de acordo com aquilo que você está trabalhando no momento. Então você vai se aperfeiçoando naquilo, e é fundamental, hoje em dia nenhum professor, pedagogo, educador pode ficar sem, que é aquela formação em serviço, formação com os cursos, e a gente tem graças a Deus, tem bastante aí, cursos bons. E agora com essa formação continuada em serviço, esse pedagogo formador, eu acho que é bem importante, porque ele vai ver a necessidade na sua turma, você tem uma necessidade disso, então traz o teórico e analisa com a prática, lê junto, analisa, vai na tua sala. Porque formação não é só o pedagogo vir e fazer um texto, ele tem que fazer esse diálogo à parte, senão muitas vezes acaba ficando aquela formação inicial que a gente teve, fica no teórico. Então a gente fala muito para elas, sabe, que não basta você trazer o texto, tem que mostrar onde aquilo ali está encaixado, então de repente ir na sala,

fazer uma observação, trazer para elas uma constatação, o que você viu, analisar, refletir, e não ficar dando respostas prontas, não existe o certo e o errado, depende do teu objetivo, não basta você dizer: 'tira isso daqui'".

O conhecimento provisório é emergente e percebido pela profissional, é condicionado à realidade na qual localizam-se as necessidades. A prática atuante, decorre no tempo presente que se opõe a outro tempo, no qual a linearidade era a sustentação da ação pós-formação inicial.

A certeza de garantia teórica frente a uma prática determinada, vinculava uma ação profissional assertiva e premeditadamente técnica operante. Em tempo atual, o cenário modifica-se, junto a ele se sobressaem aspectos vulneráveis que levam os profissionais à necessidade de reposicionamento.

Esse reposicionamento na atuação do coordenador pedagógico, também foi colocado pela entrevistada (PF2), ao afirmar que *"não basta você trazer o texto, tem que mostrar onde aquilo ali está encaixado, então de repente ir na sala, fazer uma observação, trazer para elas uma constatação, o que você viu, analisar, refletir, e não ficar dando respostas prontas, não existe o certo e o errado"*. Na interpretação dessa afirmação, a profissional declara que as respostas prontas, advindas só dos fundamentos teóricos (*texto*), não são suficientes para a prática da formação continuada, é preciso ir além.

As associações e relações que os profissionais que estão sendo formados requerem/deslocam esse formador, de uma ação concebida na prontidão teórica para uma dinâmica relacional, reflexiva, de análise entre os erros e acertos. Também postula a efetiva intervenção mediante a prática real, que emana da realidade observada, problematizada, que inter-relacione prática à teoria a partir de situações vividas.

Em se tratando de Educação, a realidade que se apresenta vincula-se ao espaço escolar. Tal espaço é registro de marcas históricas, de formulações de significados mediante os diferentes tempos paradigmáticos nos quais se constituiu.

A entrevistada atribui o sentido da formação continuada localizando esse espaço ao afirmar sobre *"formação continuada em serviço"*, e na sequência constituindo o conhecimento em formação aliado à prática.

Na escola, efetivamente o conhecimento é objeto de trabalho de todos os atores. Nos seus diferentes segmentos, em suas diferentes funções e atribuições, a todo instante o conhecimento e suas decorrências são colocados em questão. É o espaço institucional no qual os processos de ensino-aprendizagem são sistematizados. É espaço de tensões e resistências, é espaço inclusivo e excludente, é espaço socializador e individualizador, é espaço de (re)significação cultural, é espaço de essência social.

Pelas características organizativas legais, a legislação brasileira Lei de Diretrizes e Bases da Educação Nacional (LDBEN 9394/96) define que:

> Artigo 1º - A educação abrange os processos formativos que se desenvolvem na vida familiar, na convivência humana, no trabalho, nas instituições de ensino e pesquisa, nos movimentos sociais e organizações da sociedade civil e nas manifestações culturais.
> § 1º - Esta lei disciplina a educação escolar, que se desenvolve, predominantemente, por meio do ensino, em instituições próprias.
> § 2º - A educação escolar deverá vincular-se ao mundo do trabalho e à prática social.

Na principal Lei educacional do país, as marcas sobre a constituição da escola vão sendo delimitadas e regulamentadas: os princípios da educação, a organização do sistema de ensino, os níveis e modalidades da educação, a formação dos profissionais, os recursos financeiros, ou seja, o ensejo da legislação evidencia-se no espaço educacional no qual a formação confere aos cidadãos a credencial de pertença formal-educativa, como sendo escola.

Porém, sendo esse espaço local do movimentar humano, emergem outras características e contradições que são importantes a todos que se debruçam em investigar temas educacionais. Em nosso caso, o coordenador pedagógico é atuante nesse espaço, legitimamente por inserção legal, porém com inúmeras considerações reflexivas que são decorrentes de sua atuação como profissional da Educação.

A escola sempre se revestiu de interlocuções sobre seu papel frente às diferentes sociedades historicamente constituídas. Ocupa as preocupações, articulações políticas e econômicas, no âmbito dos saberes ali constituídos, desafia à Ciência frente ao seu fazer cotidiano, pois ao mesmo tempo produz conhecimento, questiona-o frente ao significado social que lhe imputa.

Na contradição do espaço-escola, o sentido dado às suas práticas advém de uma sociedade que requer novas esperanças e saberes, emergem constantemente as barbáries frente às resistências, as rejeições sociais ao processo escolarizador têm sido determinantes no contexto que atuam diferentes profissionais. Para sua organização, a escola tensiona os papéis que podemos chamar de "segmento pedagógico": professores, coordenação pedagógica, alunos; o segmento dos colaboradores para o "bom funcionamento da escola": auxiliares de secretaria, secretários, atendentes, guardas, auxiliares de serviços gerais, auxiliares de pátio, auxiliares de corredores, inspetores, entre outras inúmeras nomenclaturas. Há ainda o gestor escolar (diretor) que geralmente possui a formação pedagógica e dualiza seu trabalho entre destacar o "pedagógico" e vê-se diante de inúmeras situações burocratizantes-legais. Também a comunidade, em suas organizações, faz-se presente configurando o "segmento da comunidade", composta geralmente pelos pais, alunos de maior idade, membros de Organizações Não Governamentais, líderes religiosos e da saúde, entre outros.

O que pretendemos indicar em discussão é: nomeadamente a escola cumpre seu papel em formação e espaço diversificado desta, porém atribui-se sentido às práticas escolares nos movimentos de incursão de seus diferentes profissionais e muitas vezes em suas carreiras falta-lhes o sentido real de como fazer a própria prática. A participante citada anteriormente (PF2) evoca essa questão, ao colocar os aspectos sobre a necessidade da reflexão que surge na/da prática, *"esse pedagogo formador, eu acho que é bem importante, porque ele vai ver a necessidade na sua turma, você tem uma necessidade disso, então traz o teórico e analisa com a prática".*

Frente à estrutura e à organização da escola, a convivência escolar se volta para além de suas regulamentações, formar cidadãos na atualidade perpassa pelas pessoas que somos e na relação que estabelecemos no convívio social nesse espaço formador. Esse novo tempo manifesta-se no pensamento de Libâneo, Oliveira e Toschi (2008), no qual a escola precisa pensar quais são suas práticas frente às exigências sociais em que não há espaço para a desqualificação, em que a formação permanente é fundamento para a inserção profissional, em que a autonomia, iniciativa e trabalho em equipe são preponderantes à técnica instrucional para a permanência no mundo do trabalho.

À escola, para ressignificar suas práticas, dedicam-se os profissionais que a fazem para reconstruir seus papéis, pois a demanda atual desencontra-se com a clássica organização do espaço escolar, colocando em voga um novo paradigma para todos os envolvidos. Para tanto, Lück (1996, p. 161-162) já indicava que a escola precisa se desenvolver para superação de mudanças efetivas em relação aos aspectos de uma sociedade que exige um novo perfil cidadão, mediante:

> 1) O ambiente de trabalho e comportamento humano são previsíveis, podendo ser, em consequência, controláveis.

> 2) Crise, ambiguidade e incerteza são encaradas como disfunção e como problemas a serem evitados e não como oportunidade de crescimento e transformação.
> 3) Os sucessos, uma vez alcançados, mantêm-se por si mesmos e não demandam esforços de manutenção e responsabilidade de maior desenvolvimento.
> 4) A responsabilidade maior do dirigente é a de obtenção e garantia de recursos necessários para o funcionamento perfeito da unidade, uma vez considerada a precariedade de recursos como o impedimento mais sério a realização de seu trabalho.
> 5) Modelos de administração que deram certo não devem ser mudados.
> 6) A importação de modelos de ação que deram certo em outros contextos é importante, pois eles podem funcionar perfeitamente, bastando para isso algumas adaptações.
> 7) O participante cativo da organização [...] aceita qualquer coisa importante a ele.
> 8) O protecionismo a esse participante é a contrapartida necessária à sua cooptação.
> 9) O participante da instituição deve estar disposto a aceitar os modelos estabelecidos pela organização e agir de acordo com eles.
> 10) É o administrador quem estabelece as regras do jogo e não os membros da unidade de trabalho, cabendo a estes apenas implementá-las.
> 11) O importante é fazer o máximo e não fazer o melhor e o diferente.
> 12) A objetividade garante bons resultados, sendo a técnica o elemento fundamental para a melhoria do trabalho.

Em encontro a essas questões, pesquisas que analisam a ação de profissionais na atualidade, na escola, reforçam os aspectos de uma prática na qual o desenvolvimento contínuo de todos possa ocorrer de forma a dar suporte no enfrentamento coletivo dos desafios diários, porém não esquecem de indicar que o Ser-coletivo surge de uma postura do Ser-individual, e vice-versa. Para tanto, ensinar-aprender e aprender-ensinar associados aos aspectos de inovação e liderança são o mote da discussão de Brighouse e Woods (2010, p. 62):

> [...] os fatores essenciais que tornam as escolas boas e notáveis, em particular a liderança em todos os níveis da escola, a iniciativa constante para melhorar o ensino, a aprendizagem e a avaliação, e a importância da análise coletiva e da

> auto-avaliação da escola na identificação da providência certa para a melhoria [das] melhores escolas estão atentas às melhores intervenções ou alavancagens que podem fazer a diferença no ritmo das atividades. Uma das características dessas escolas é que elas estão sempre procurando maneiras novas e melhores de fazer as coisas.

No que tange aos aspectos da formação dos educadores entre possibilidades, rupturas e transformações, tendo em vista o caráter da conservação teórica nas práticas formativas, a entrevistada (PF2) chama a atenção à questão afirmando que *"então muitas vezes acaba ficando aquela formação inicial que a gente teve, fica no teórico"*. A formação inicial posiciona o profissional da educação no centro de seu espaço de atuação. Porém, no confronto diário da sua prática, a distância "entre a realidade" e a possibilidade da "atuação na realidade", separa-o, angustia-o, desanima-o, adoece-o.

É numa proposta de formação continuada mediante o contexto, a vivência, o cotidiano, no intercambiamento do desafio da/na prática que se postula a modificabilidade necessária tanto de pertencimento como de transformação para novas ações.

É na relação pedagógica-social que os participantes do espaço-escola constroem suas esperanças, porém o inevitável paradoxo que se instaurou na realidade atual evidencia: ao mesmo tempo que se aproxima das inserções sociais, afasta-se da possibilidade da prática social efetiva, mas em muitos casos, gera um conhecimento sem significado, assim a instituição escola deixa de cumprir um de seus objetivos finais. Talvez por percebemos que a escola traz marcas perpétuas de aportes num paradigma conservador, no qual esse espaço concebeu linearmente ações verticalizadas, saberes definidos e finitos, os quais não eram para todos. A falta de criticidade leva-nos também à perpetuação do ciclo da escola excludente, não nos permitindo a reflexão mediante a/na ação, as proposições envolvem as possibilidades de forma a não as efetivar. A crítica reflexiva de Morin (2005, p. 87-88) referenda nossa afirmação:

> Somos, portanto, levados a reconhecer que nossa situação cultural/histórica nos coloca questões cognitivas essenciais: - como salvaguardar os problemas fundamentais, hoje debilitados (cultura humanística), desintegrados (especialização interdisciplinar) ou esmagados (organização tecnoburocrática), dos quais os intelectuais são os enfermos portadores e mensageiros na Cidade?

> - como engrenar uma na outra reflexividade da cultura humanista e a objetividade da cultura científica?
> - como satisfazer a aspiração ao conhecimento quando os conhecimentos se encontram divididos em saberes compartimentalizados e fechados?
> - como ultrapassar os limites cognitivos da especialização salvaguardando ou, melhor, desenvolvendo as competências asseguradas por essa especialização?
> - como fazer para que o conhecimento possa reconhecer-se a si mesmo?
> - como tratar essas questões que colocam, ao mesmo tempo, o problema de uma reestruturação dos próprios princípios do conhecimento e da reestruturação da escola e da universidade, isto é, da organização sociocultural da produção e da transmissão dos conhecimentos?
>
> Aparece aqui um paradoxo: podemos hoje colocar-nos com acuidade, angústia e esperança as questões decisivas do conhecimento, pois vivemos em uma época que produz, simultaneamente, cegueiras e elucidações, ambas sem precedentes?

Assim, nessa referência com foco histórico-social, as práticas como profissionais da educação são cercadas das transferências e permanências que precisam ser mais que revisitadas e analisadas, precisam de novos referenciais de compreensão e transformação.

A multiplicidade, as metamorfoses, as sazonalidades, e elevação dos sentidos, a espiritualidade, são elementos que configuram e indicam culturas atuais que se configuram em multiculturas, que geram novos conhecimentos, que ressignificam outros. Para os profissionais da educação são avassaladoras as exigências atuais, a ordem desconfigurou-se em desordem, o certo em duvidoso e as relações em caos.

Para tanto, pensar a nossa atuação profissional no espaço escolar interliga saberes inovadores que exigem uma "nova forma" mental extremamente plástica e modal, capaz de alto poder de adaptabilidade e principalmente de compreender as mudanças do conhecimento o mais rápido possível. As palavras de Morin (2008, p. 35) elucidam:

> É por isso que eu penso que a questão crucial é a de um princípio organizador do conhecimento, e o que é vital hoje em dia não é apenas aprender, não é apenas reaprender, não é apenas desaprender, mas *reorganizar nosso sistema mental para reaprender a aprender*.

A dominância e dominação trazem à estrutura burocratizante da escola os vieses de certeza, conformidade, separalidade, fatores que fazem sentido numa prática estagnada dos coordenadores pedagógicos, ou seja, é certo uma atuação que se volte para o preenchimento de fichas escolares, que supervisione os professores, que "viste" instrumentos avaliativos, que "veja" os planejamentos, e nessa uniformidade, caminhou-se/caminha-se a Educação.

Na premência da formação continuada que contemple a reflexão na ação para transformação, que parta da vivência real para a prática sistêmica, que compreenda o todo em relação às partes e as partes em relação ao todo, configura-se o desafio do coordenador pedagógico e a sociedade do conhecimento de hoje.

São os espaços e tempos de aprendizagem que se interligam à escola, por se constituírem essência de seu trabalho, para tanto Amaral (2012, p. 262) fala sobre a necessidade de se ampliar a estrutura da escola, se pensar numa arquitetura especial que atenda as demandas atuais com "espaços diferenciados para aprendizagens diferenciadas, amplitude, clareza, adequação", evocando também a necessidade de se compreender que o "espaço não pode deixar de ser virtual também".

Nessa perspectiva, também a afirmação de Cortella (2008, p. 40), a "[...] *ação transformadora consciente* é exclusiva do ser humano e a chamamos de *trabalho* ou *práxis*; é consequência de um agir intencional que tem por finalidade a alteração da realidade...".. Para tanto, na caminhada como profissionais da Educação, precisamos que a nossa ação seja intencional, seja assertiva, seja alocada em paradigmas educativos de suporte teórico-prático frente às demandas do tempo presente.

Distanciamo-nos da realidade quando tomamos decisões com bases etnocêntricas ou (muitas vezes) míticas. A não relativização das possibilidades encerrada em nosso discurso, enrijece a *práxis*. Nos elos que a linguagem forma, na ambientação das crenças proferidas, constituem-se alicerces e rochas tão consolidadas que no dia a dia, em proposições inovadoras, parecem-nos "algo" que nos impele a não realização das transformações.

Nesse imbricamento à formação continuada, requerido é o ineditismo mediante os constantes desafios, tal requerimento vem prospectado de inumeráveis situações nas quais os pedagogos-formadores buscam desenvolver portabilidades criativas e criadoras, o risco mediante a segurança, torna-se nulo, justificando as práticas reprodutivistas.

O elogio feito pela entrevistada (PF2): *"formação com os cursos, e a gente tem graças a Deus, tem bastante aí, cursos bons"*, reforça a compreensão entre a sua sequente afirmação *"não existe o certo e o errado"*. Traduz-se o desejo manifesto de superação nas ações de formação continuada tendo como base a mera participação em eventos formativos. Porém, na sequência nos chama a atenção para a formação significativa, efetivada com base no dia a dia escolar: *"agora com essa formação continuada em serviço"*.

Encontra-se nesse aspecto outra questão que merece atenção no papel do coordenador pedagógico: o vínculo histórico de sua profissão na sua função na escola de "fiscal", "supervisor", "verificador", "delegado de ensino" — nesse sentido a superação evocada pela participante em sua definição tensiona o que sempre foi feito por esse profissional da educação em relação a articulador na/da formação continuada. Esse papel formador é defendido por Geglio (2008, p. 116) no sentido da decorrência da posição em que ocupa no processo ensino-aprendizagem, pois "uma pessoa que está ao mesmo tempo, dentro e fora do contexto imediato do ensino [por exemplo: sala de aula], possui uma visão ampla do processo pedagógico da escola, do conjunto do trabalho realizado".

A contribuição formativa volta-se para o processo do conhecimento, relativiza-o como colocado pela participante da pesquisa, na proporção de que esse conhecimento na atualidade é mutável; rompe com a questão entendida por alguns pedagogos-formadores de "repasse do texto", "repasse do planejamento", avança na medida em que objetivamos uma prática formativa que contextualiza o conhecimento/a educação numa perspectiva inovadora, problematizadora, investigativa, científica, crítica e reflexiva.

Nesse caminho, as considerações sobre as "modalidades de organização e gestão do trabalho pedagógico", movido pelo significado prático-real, são bem-vindas nas palavras de Cosme e Trindade (2013, p. 15):

> Daí que tenhamos que transitar do plano da reflexão sobre os pressupostos e as intenções educativas para o plano que o eixo da operacionalização tecnológica delimita, já que é neste domínio que se podem pensar as modalidades de organização e gestão do trabalho pedagógico em função das quais se pretende concretizar o projeto de educação escolar a desenvolver.

Nesse "desenvolver" estão atribuídos os sentidos do conhecimento escolar mediante a prática social. Fomentam uma formação continuada à luz dos referenciais teóricos que sustentam as boas práticas do processo de ensino-aprendizagem, precisam ser reflexivos e não podem ser conclusivos. Processos formativos, de intencionalidade pedagógica, de reconstrução e reelaboração constante do conhecimento, mediante os significados urgentes para a cidadania.

A formação continuada tendo por base o pressuposto inovador traduz-se nas ações as quais a pesquisa movimenta o processo do conhecimento. Os profissionais que discutem esse conhecimento vão além da análise abstraída da leitura e interpretação de um texto, como disse a participante citada (PF2) — *"certo e o errado"* — são fomentos para dar sentido às vivências práticas das dimensões que no todo são múltiplas, em suas partes são reais; são ao mesmo tempo interdependentes e inter-relacionais, que evocam uma participação relacional, da religação dos saberes ora construídos, ora superados. Zabala (2002) alerta que os processos de descontextualização e generalização permitem que a disciplinaridade permaneça ocorrente nos espaços escolares, para além: a disposição transdisciplinar dimensiona a reconstrução direcionada que ao mesmo tempo reconhece a ação disciplinar, porém a recoloca em "liberação da fragmentação artificial de cada uma das disciplinas, [...], oferece uma nova visão global de uma [nova] perspectiva" (Zabala, 2002, p. 147-148).

Na definição dessa participante, suas considerações sobre a formação continuada que trata o conhecimento, efetivado no espaço escolar, na ação do coordenador pedagógico, considera a realidade atual, numa perspectiva de redimensionar a função desse profissional da educação.

Ao recolocar a função do coordenador pedagógico, o aspecto articulador do processo pedagógico é basilar, porém à luz de uma concepção paradigmática sistêmica, as ações na articulação do processo geram outra dimensão de atuação, compreendendo que em se tratando do conhecimento, os conceitos de vida sistêmica geram nova "consciência e autoconsciência, de cultura, de símbolos, de linguagem. Assim, desvela e acrescenta mundos ao mundo" (Antônio, 2009, p. 43).

O reaprender a aprender nos lança em movimento de rupturas paradigmáticas. Necessidade de sobrepujar as ações conservadoras que reproduzem os conhecimentos acumulados, para ações que são produzidas nas relações de alianças consensuais de caráter transitório. Para tanto, Behrens (1996, p. 104) adverte que a "produção de um saber inovador e criativo implica em reverter o processo de formação [...], abrir novas possibilidades de qualificação profissional e acreditar no desafio da construção de um novo profissional [...]".

Para tanto, o coordenador pedagógico assume na formação continuada a humildade que a inovação requer mediante o reaprender a aprender. Novamente e outra vez, aprendente e reaprendente, dos conhecimentos agora subjetivos, situacionais, relativos, imprecisos e incertos.

3.1.2 Referência do Aperfeiçoamento, Aprimoramento e Atualização na Formação Continuada

Outra associação feita para definir a formação continuada pelas entrevistadas foi no emprego e terminologia caracterizadora como sendo: **aperfeiçoamento, aprimoramento** e **atualização**. A associação desses termos ocorre na afirmação da PF2, no trecho: "é esse aprimoramento que você necessita para o seu trabalho. Você vai se aperfeiçoando naquilo". Também foi associado pela PF5, a seguir:

> "Acho que um dos grandes desafios é este, de pensar, de saber o que é um pedagogo-formador. Hoje a gente já não consegue ver essas duas palavras separadas, a gente não consegue ver o pedagogo da Educação Infantil, o pedagogo-formador, porque é o seu principal papel. Mas, eu acredito que vai muito do amadurecimento pessoal, de formação continuada, que não são alguns meses, mas alguns anos, para aprimoramento; existe uma continuidade neste processo, que você vai é a cada tempo, aprimorando isso, esse conhecimento, ampliando isso cada vez mais, acho que a cada ano de experiência isso vem melhorando, vem modificando um pouco, esse profissional".

As participantes revelam que os aspectos de melhoria técnica advêm das repetições de práticas permanentes para consolidar a formação continuada, advogam ao tempo e o mais-fazer atrelados à modificação. A questão também se faz presente na definição da PF7:

> "Formação continuada é a gente ter que estar sempre se atualizando, principalmente na educação, passa um mês fora e parece que muda tudo, e a gente tem que sempre estar buscando mais aprimorar o trabalho. A gente sempre fala paras meninas que nunca vai estar perfeito, sempre a gente pode melhorar, e a sempre tem que buscar melhorar. A formação continuada sempre ajuda nesse sentido, porque às vezes, coisas que a gente antes pensava que era da melhor forma, aí aos poucos você vai estudando, vai vendo outro autor, vai numa palestra aqui, outra ali, vai vendo bons modelos, aí você vai vendo que não é tudo aquilo que você pensava que era,

aquele jeito já vai mudando a sua prática. Então são conhecimentos a mais que você vai adquirindo ao longo de sua carreira e que vão aprimorando mais a sua prática, e se não tem isso você acaba estacionando, pega aquele caderninho de planejamento do primeiro ano e fica amarelinho (risos) porque você não tem ideias e na formação continuada você acaba tendo novas ideias novos jeitos de trabalhar e, hoje, principalmente quando a gente fala no protagonismo da criança você começa a ver aquela criança como um parceiro mesmo então ela vai dar dicas do que ela quer saber, de como ela quer trabalhar e você vai se inserindo naquilo buscando aprimorar cada vez mais".

Nas entrelinhas dessas entrevistas é possível interpretar que as participantes trazem a ideia de continuidade atrelada à formação, porém percebemos o vínculo no emprego das terminologias *"aprimoramento, aperfeiçoamento e atualização"*. Podemos refletir que a utilização desses termos está condicionada ao processo histórico-paradigmático de concepção da profissionalidade em relação à formação continuada, que ainda podemos encontrar em algumas pesquisas com o uso do termo *"reciclagem"*.

A importância da análise sobre os conceitos que os profissionais empregam mediante as suas atribuições profissionais é de suma importância, pois situa a formação em relação à prática profissional. Outra questão é a valoração que se cria na verbalização de terminologias no cotidiano, no movimento de transformações históricas "as palavras" adquirem significados operantes diferenciados.

O contexto educacional é impregnado de termos designadores para as práticas. Esse contexto cria um cenário que muitas vezes gera a falácia, que corrobora no distanciamento dos movimentos de transformações. O perfil dos profissionais da educação se engendra nesse movimento gerando muitas vezes crenças culturais e compilamento das práticas conservadoras que impedem a visão do todo, restringindo ou retardando o processo de rupturas paradigmáticas. Em esclarecimento, afirma Marin (1995), que os conceitos são subjugados às práticas, justificam as ações e provocam reações. São registros, como diz a autora, da linguagem que passam a ser perceptíveis no cotidiano.

No que tange à formação continuada, podemos compreender que o uso dos termos é discutido há muito tempo por diferentes pesquisadores na área da Educação, como Fusari (1997), p. 91), que já afirmava em sua pesquisa que: "na validade da formação contínua, tende, ainda, a apoiar-

-se na sua representação enquanto forma de atualização, de reciclagem e aperfeiçoamento". O autor comenta, em sua análise, certa "cristalização conceitual", porém com indicação para o que consideraria "desejável, isto é, o valor da reflexão, da articulação entre teoria e prática e das mudanças práticas" (Fusari, 1997, p. 91).

O esclarecimento do referido autor se faz sobre o trato da formação continuada nos aspectos da LDBEN 9394/96, refletindo que ela se preocupa em mencionar a importância da formação contínua, utilizando-se de "expressões tidas equivocadamente como equivalentes – *capacitação em serviço, educação continuada, aperfeiçoamento profissional continuado, programas de capacitação, treinamento em serviço*" (Fusari, 1997, p. 175). Caminha o legislador em reforçar a ideia de capacitar, treinar, aperfeiçoar, retornando aos pressupostos de um processo conservador de prática do ensino-aprendizagem. Em nossa pesquisa, percebemos que mesmo com o entendimento subjetivo de sentido à importância da formação continuada sob outra postulação paradigmática, a permanência da "ideia" história é sobressalente.

A externalidade da formação contínua aos educadores, de forma verticalizada, "trazida" por sabedores dos conhecimentos formais, técnicos e acadêmicos geraram na visão de Day (2001) os conhecidos termos "formação e treino em serviço", o autor alerta-nos para os programas de formação contínua que oferecem "menus" aos educadores, organizados pelos mantenedores, sendo estes "patrocínios" de ideários que limitam o desenvolvimento efetivo e contínuo, autônomo e consequentemente com maior rigor crítico a esses profissionais.

Mais que a análise meramente semântica e etimológica do "poder" das palavras, é pensarmos o quanto precisamos refletir a formação continuada em relação aos aspectos que se exigem dos profissionais da Educação na atualidade. A problemática é no sentido empregado aos projetos de formação e como estes acontecem: entre o desejo dos formadores da formação em contexto, significativa, projetada em *continuum* e a efetivação da formação com ações que reforçam justamente o sentido de reciclar, aperfeiçoar, capacitar, trazidas do momento histórico paradigmático baseado no tecnicismo. Nosso desafio se coloca nas palavras de Behrens (2005, p. 52):

> O desafio que se impõe é aliar a competência técnica à competência política. Pois o desenvolvimento tecnológico tem afetado profundamente os valores humanos e tem impulsionado a destruição de valores de sobrevivência sadia no

planeta, como a solidariedade, a paz, a justiça e o amor. Por isso, cabe reorientar a técnica para buscar uma melhor qualidade de vida para a humanidade.

Os aspectos técnicos são fundamentais para organização e desenvolvimento de qualquer ação educativa, é preciso — sim! — saber "fazer": quais são as bases que estruturam um projeto de ensino, os componentes de um planejamento, a organização da avaliação da aprendizagem, entre outras questões que compõem as questões na relação dos procedimentos educativos. Os espaços de formação continuada se constituem em atividades que priorizem o conhecimento dos profissionais em situação para que aprendam, por exemplo, sobre a utilização de recursos tecnológicos aplicados à educação, de como se opera um software, tem ações procedimentais ligados à questão.

Porém a formação continuada não pode ficar apenas nesse quesito, faz-se necessário tomá-la como ponto de partida para a reflexão na prática, no vínculo que assume no cotidiano. Navas (2012, p. 87) afirma que a "aquisição de competências, experiências, atitudes, aptidões e interesses é necessária na atualidade, saber como utilizá-las é ainda mais importante".

O que a autora quer esclarecer é que tanto a competência técnica quanto o que se faz com ela são importantes, em relevância o quanto o profissional se insere socialmente na sua atuação vai depender de algo além da formação qualificada em processos reciclatórios ou aperfeiçoadores, vai depender do quanto ele interliga sua formação técnica à própria vida, suas ações cidadãs, solidárias, generosas, sendo inclusive questão de sobrevivência profissional na atualidade. Nesse sentido, a formação continuada precisa ser revisitada mediante novo pensamento de "fazer" formação, de aproximação e significação dos conceitos pertinentes à área da Educação, das práticas dos educadores, da certificação e dos vínculos com a carreira.

Em convergência, Day (2009) afirma que a preocupação dos formadores deve trazer em discussão a aprendizagem de forma ampla, oportunidade de escolhas aos formandos e apoio ao estudo constante, uma formação que abra espaço ao desenvolvimento profissional: em carreira e na sua pessoalidade.

Nas participações das entrevistadas se vê o esforço das profissionais e o compromisso com a formação, das responsabilidades como formadoras, com o cotidiano e com seus desafios, como se percebe na declaração da PF7: "*passa um* mês fora e parece que muda tudo, e a gente tem que sempre estar buscando mais para aprimorar o trabalho. A gente sempre fala para as meninas que nunca vai estar perfeito". Porém é na transição à prática que ainda não conseguimos chegar ao objetivo final, talvez pela mediação paradigmática do fazer que subjaz ao refletir, ao pesquisar, ao analisar, interpretar e criar novos conhecimentos. Tal mediação nos coloca a pensar sob a ótica de um pensamento que possa elevar outros pressupostos além da técnica operacional, são

> [...] processos formativos planejados com essas preocupações [que] adotam a perspectiva da complexidade, exigem disciplina, comprometimento e paixão. Neles evidenciam-se mudança paradigmática e instrumentos pedagógicos que incentivam a criação, a análise, o fluxo de ideias e a oportunidade de aprimoramento das relações interpessoais (Souza, R. C. C. R. de, 2012, p. 162).

Temos em melhoria as relações interpessoais como coloca a autora, mas na evidência de uma ação mediada pela abertura de ideias novas, criatividade, análise constante da realidade, a complexidade evidenciada no pensar transdisciplinar é contributiva à nossa reflexão para a formação continuada que se exige na atualidade: desenvolvimento contínuo — pessoal e profissional.

O que a participante PF5 da pesquisa reivindica como sendo *"amadurecimento pessoal, de formação continuada... vem modificando um pouco, desse profissional"*. Sugere-nos a reflexão sobre o aspecto transdisciplinar além do técnico-operacional, talvez uma formação que nos ajude a *"melhorar"* como gente, como pessoa, como Ser-humano, como profissional. Se o pensar transdisciplinar nos abre possibilidades de inovação criadora, inovar em ações formadoras que pressuponham o desenvolvimento da "reforma do pensamento" na/para Educação, em seu "objeto" de trabalho — o conhecimento —, no qual se compreende que "pensar não é chegar a uma verdade absolutamente certa, mas dialogar com a incerteza" (Morin, 2008, p. 59).

3.1.3 Referência do Inacabamento na Formação Continuada

No diálogo do pensar Complexo, que reivindica o reposicionamento do nosso pensamento frente às nossas ações profissionais, menciona-se as palavras trazidas pelas participantes das entrevistas no sentido de **inacabamento** quando definiram o que é a formação continuada para elas. A participante PF6 afirmou:

> *"A formação é trazer à tona saberes que talvez ainda não lhe tenha chegado, seja pela formação inicial, seja por aquelas que você coloca na sua pesquisa. A educação é algo muito ativo, é algo dinâmico então, o saber é temporário, como já dizia Freire. Então eu preciso construir isso, então na medida que eu vou, tenho minha formação inicial, eu preciso sim, estar sempre estudando, porque a formação continuada significa que ninguém tá pronto e acabado, existe sim saberes que eu ainda preciso estar contemplando e que sempre com a ajuda do outro. Quando a gente fala da formação de formadores é isso, os princípios todos nós temos, mas os saberes vão sendo construídos, então algo que nós estudamos numa área de formação há dois anos, ele pode e deve ser revisto, então é para isso que a formação, eu gosto do — continuado — porque dá a impressão de que eu sempre vou estar sabendo e aperfeiçoando e formação é mais do que educação, é mais do que, formação, se diz que é conhecimento; mas conhecimento atrelado ao ser humano, necessidade de me aperfeiçoar, eu enquanto ser humano, não só o conhecimento em si, mas o que eu vou fazer com esse conhecimento, formar é assim, para mim, é essa questão maior".*

Essa pedagoga-formadora evidencia que o ser humano é o centro da prática formadora, atrelando-o à perspectiva de incompletude, mediante um conhecimento que é dinâmico e passível de mudanças. Emprega sentido a uma ação que esteja a todo instante sendo revisitada e aberta à modificabilidade, traz o sentido de inacabamento da pessoa, evoca Paulo Freire (1996), associa sua visão a uma prática formadora que tenha sentido na perspectiva do conhecimento ativo, destacando o que será feito do conhecimento produzido na formação contínua.

A dimensão de continuidade é aspecto de relevância para ela, ação que se manifesta na perspectiva humana em sua relação com o conhecimento. Coloca-se no processo, articula a si mesma a formação de formadores e a construção permanente de conhecimentos. Para Christov (2008, p. 48), é nesse:

> Ir-e-vir da pesquisa, o olhar, refletir junto, olhar novamente, torna a pensar sobre o cotidiano [...] nos possibilitam constatar as mudanças que ocorrem no processo de formação/reflexão [...], na expansão dessa formação e no papel que, enquanto formadores exercemos.

Para tanto, a "consciência do inacabamento" de Freire (1996) se torna pertinente na afinidade contínua da formação, sem a qual incorreremos no "erro e ilusão" (Morin, 2005) da finitude profissional.

É nesse sentido que se faz a ação do coordenador pedagógico, perante a compreensão consciente da Educação inacabada e inconclusa, na prática formativa contínua aberta às mudanças e diferenças, na experiência da vida mediante a ação educadora, da necessidade constante de transformações e mudanças (Freire, 1996).

Retomando a participação da PF6: *"porque a formação continuada significa que ninguém está pronto e acabado, existe sim saberes que eu ainda preciso estar contemplando... mas os saberes vão sendo construídos"*, os saberes construídos exigem do profissional formador aspectos relacionados à inventividade, à criação, à esperança e à inovação. São ideias basilares do inacabamento. No que tange ao pensamento de Freire (1996) em relação à afirmação da entrevistada, os pedagogos-formadores formularão suas ações na perspectiva do "não se repetir", prospectando uma prática formativa para além de formulação de cursos ou leitura de textos que se distanciam da possibilidade de que os envolvidos "seres humanos" se distanciem da experimentação enquanto seres culturais e históricos, inacabados e conscientes do inacabamento.

Ser inventivo é criar coisas novas, é produzir e descobrir, para tanto avançamos para o conhecimento que opera sob um novo paradigma de formação continuada, no qual a reprodução de informações ou técnicas (receitas) até então foram meramente aplicadas, no qual o desenvolvimento ao longo da vida acaba por sobrepujar o técnico formativo.

Se a essência da formação continuada é como disse a participante citada (PF6) *"atrelado ao ser humano"* — há vida! Há movimento! Há dinamicidade! E ainda podemos perceber na mesma fala: *"eu enquanto ser humano, não só o conhecimento em si, mas o que eu vou fazer com esse conhecimento"*, conhecimento com significado de vida e para a vida — e se há vida, o inovador faz-se presente.

Mediado pelo pensamento de Morin (2005, p. 20), o conhecimento científico pode ser errôneo pelo "domínio" controlador das ciências, o qual não se pode fugir; porém a Educação precisa ser inventiva e inovadora frente a esse paradoxo, perante a multiplicidade cultural que se apresenta. Tal conhecimento não é "espelho das coisas ou do mundo externo. Todas as percepções são ao mesmo tempo, traduções e reconstruções [...] dos sentidos".

As práticas na formação continuada não podem mais seguir com propostas de reflexo dos conceitos paradigmáticos no que tange ao currículo e às ações de encaminhamentos, sequências didáticas, entre outros que fazem parte do dia a dia escolar. Na inovação da formação é mister a compreensão, mediante o ir além, ou seja, além do disciplinar e do multidisciplinar.

Disciplinar no sentido de domesticar os profissionais da Educação na ilusão de que a reprodução dos princípios oriundos das concepções relacionais de poder, identidade e subjetividade possam ser perpetuadas no cotidiano escolar. Multidisciplinar no erro da junção de boas práticas, nos apostilamentos e técnicas, modelos, descontextualizados com a realidade, na qual nos inserimos em diferentes momentos das nossas ações profissionais.

Não queremos desconsiderar aqui de forma alguma o aspecto vital da dinâmica escolar em focalizar o que se ensina, aprende-se e como se ensina e como se aprende. Mas pensarmos que as imediatas transformações socioculturais do tempo presente reorganizam a formação para uma inventividade necessária. Inventividade é caminho para a compreensão do inacabamento, implica a busca constante pela importância da essência humana, significa que a prática formativa está em constante movimento. Traz a astúcia necessária na elaboração do conhecimento, e essa astúcia movimenta o real e o imaginário, também transgride o disciplinar, evoca o inter e transdisciplinar. Propõe novidade, possibilidade e risco inerentes de uma prática transformadora.

Invenção, inovação e esperança centralizam o ser Ser-Humano no eixo do conhecimento, trazendo à consciência intencional mediante a sua capacidade de "intervir no mundo, de comparar, de ajuizar, de decidir, de romper, de escolher, capazes de grandes ações, de dignificantes testemunhos [...]" (Freire, 1996, p. 51). Uma formação contínua e de aspectos de maior relevância na atualidade, inventiva na medida que concebe o conhecimento e suas modificabilidades, inovadora na medida que se distancia da reprodução cumulativa e esperançosa no aporte do trato humano.

Na proporção que avançamos nesse entendimento, geramos um novo consenso sobre as práticas escolares, espaço atuante do coordenador pedagógico. Nas propostas formativas os controles sobre o ambiente e a prática verificadora, começam a se dissipar abrindo lugares para a subjetividade, a afetividade, a ética, o diálogo, o significado, as ideias sistêmicas.

Saímos do óbvio para o inacabado, transdisciplinarizamos a prática, o dia a dia, de forma inventiva e inovadora, na busca constante, na esperança por uma educação de qualidade. Reconhecemos que a nossa presença é construída coletivamente sem desconsiderar o individual; as pessoas integram-se e realizam; as pessoas distanciam-se e percebem a riqueza na diversidade, o conhecimento emana da sociabilidade.

O aspecto transdisciplinar, na formação continuada, faz-se e refaz-se concomitante ao entendimento que progressivamente vamos construindo. Como alerta-nos Morin (2011), na formulação não receitual, não impositiva do pensamento complexo. Para Freire (1987), em convergência a essa ideia e mediante a necessidade de autoconhecimento, que conscientiza a pessoa em seu projeto de ser Ser-humano, numa elaboração "forçosa" de colaboração.

Nesse sentido, a prática transdisciplinar desenvolve o olhar dos profissionais de forma a intencionalizar a educação para a autonomia construída mediante as inter-relações ambientais, naturais, de essência e de existência, cocriativa, correalizadora, vinculada à natureza do Ser e Agir, que "nos ajuda a praticar uma educação que privilegia a inteireza humana" (Moraes; Suanno, 2014, p. 14).

É também numa proposta transdisciplinar que a relativização das certezas gerencia a clareza epistemológica dos conhecimentos. Tais conhecimentos concebidos na lógica newtoniana-cartesiana até então, pressupondo a determinação e completude teórica.

Na formação continuada a dimensão indicada pela entrevistada (PF6) — *conhecimento mediante o inacabamento* — traduz-nos uma identidade em processo, em ir-e-vir, de forma relacional, de abertura, dialógica, que nos tira do lugar comum e confortável e nos lança em virtude de um novo pensamento, de um novo conhecimento. Para tanto, as palavras de Moraes e Suanno (2014, p. 15) fazem sentido:

> Com isso, [...] se resgatou a unidade complexa das relações, a ecologia das relações e dos saberes, onde tudo é mestiço, solidário, cúmplice, processual e inter-ligado, implicando o senso de solidariedade, de comunhão, de integração e o reconhecimento de uma estrutura, produto de uma tessitura comum entre os diversos elementos componentes de um sistema. Esta mesma clareza epistemológica também se apresenta quando procuramos compreender o que é educar [...] sob o olhar da complexidade e da transdisciplinaridade, lembrando que educar é também um fenômeno biológico, que envolve todas as dimensões humanas, em total integração do corpo, da mente e do espírito.

Para o coordenador pedagógico, se recoloca o sentido da sua profissionalidade, ao assumir frente à ética formativa, dimensionada na atuação contextualizada, de reconhecimento e respeito às pessoas, freireano (1987, 1996): "gente". Considera como fomento à prática as provocações e intercambiamentos culturais, é solidário, intencional e reconstrói a si mesmo enquanto formador.

Compreende e é coparticipante, coloca-se em par, despoja-se da sedução fácil do conhecimento racional e ilusório, é aprendente, tornando-se consciente de seu inacabamento, é "autor e ator de seu próprio processo de construção do conhecimento, embora também seja coautor das construções coletivas, a partir de sua participação nos espaços onde [...] os saberes e as ideias se tornam presentes" (Moraes; Suanno, 2014, p. 14).

Situa-nos a todos, como educadores, em função profissional de coordenadores pedagógicos, trazendo-nos a realidade atual, que é problemática (Moraes, 2012, p. 75), faz-nos lembrar nesse contexto que "existe uma interdependência ecossistêmica entre o ser humano, o ambiente e o pensamento". E é a partir desse ponto de partida que as práticas formadoras necessitam ser reposicionadas, é no sentido de **inacabamento** contínuo, motivador, recíproco, interativo, que se lançará a continuidade do processo educativo, na profunda reflexão mediante a transformação que almejamos, bem referenciada por Moraes (2012, p. 76):

> Sem essa transformação em nossa maneira de pensar, de sentir e agir, sem este cuidado, sem esta sensibilidade e o aprendizado da espera vigiada e da escuta sensível, ambas tão urgentes e necessárias, sem a amorosidade e a ternura habitando os espaços de nossos corações, certamente não poderemos realizar aquilo que nos corresponde nesta vida, ou seja, não poderemos educar, não poderemos impregnar de sentido o cotidiano da vida, não poderemos compreender a beleza de nossa profissão educadora e nos realizarmos profissional e humanamente falando.

3.1.4 Referência da Reflexão-Ação na Formação Continuada

Para a transformação dimensionada na afirmação de Moraes (2012), em consonância com esse sentido, a definição atribuída pela PF4, definindo que a formação continuada é processo de **reflexão-ação**:

"Formação continuada é aquela formação que você já está dizendo, não é uma formação lá do teu curso. É uma formação que você senta na permanência, que as pedagogas vêm duas vezes todo mês aqui e discute conosco, e ela senta para acompanhar o planejamento, observar a sala, a retomar, é essa reflexão-ação para mim que é a formação continuada".

Para essa participante, a formação continuada está vinculada em uma prática de reflexão-ação, que advém de uma ação intencional de acompanhamento, observação e retomada por parte da formadora.

Atribui-se ao coordenador pedagógico seu papel inevitável de agir e refletir enquanto compreende a prática da realidade na qual atua diretamente. A entrevistada interliga a ação contínua para além do curso inicial quando afirma *"não é uma formação lá do teu curso"* e aplica o sentido na/da realidade ao mencionar o espaço de ação desse profissional *"uma formação que você senta na permanência*[42]*".*

A reflexão-ação que emana da prática dá sentido ao aspecto de intervenção e realização do trabalho contínuo do coordenador pedagógico na medida que age na identificação da realidade preponderante, conhece as necessidades imanentes do cotidiano do seu contexto, é sequencial na sua prática, elabora, organiza e reorganiza de forma reflexiva. É perceptível na fala da participante que esses aspectos são importantes, deixando transparecer que não pode ser algo sazonal, arbitrário e desvinculado da realidade, do cotidiano do espaço escolar. Nas palavras de Schön (2003), essa questão ganha a pertinência de movimentar as práticas formadoras, em proposta de conhecimento na ação, reflexão na ação e sobre a ação.

A formação continuada em reflexão-ação permite que discorramos sobre o compromisso e comprometimento que o coordenador pedagógico assume no exercício da sua profissionalidade.

O compromisso dimensiona as referências pessoais de escolha pela profissão, o engajamento na formação inicial, que são a base para o reconhecimento técnico de exercício profissional, vincula-se também à autoformação, que dimensiona a atualização da sua própria prática.

O comprometimento é o ato que o profissional assume socialmente, quando do exercício efetivo da prática, é a dimensão da relação na profissão, da amplitude de exercê-la, atuante e efetivo.

---

[42] A permanência (hora-permanência) é o momento que os profissionais que atuam na sala de aula possuem para estudo e planejamento todas as semanas nos espaços escolares. No município em que a pesquisa foi realizada é garantida no Art. 20 da Lei Ordinária do Estatuto do Magistério Municipal 6761/85, disponível em: http://leismunicipa.is/lmjdp.

O compromisso lança o profissional à prática, o comprometimento legitima a ação profissional. Permitindo-nos elaborar uma ação que seja maior e melhor que sua proposição.

Nesse sentido, em nosso estudo, o profissional pedagogo ingressa na carreira ao assumir o compromisso em fazer o curso de Pedagogia e concluir sua formação; por outro lado tem comprometimento em relação à sua prática de coordenador pedagógico, por ser uma ação inerente ao compromisso assumido. Desse imbricamento decorrem os aspectos que nos interessam nesse ponto: o comprometimento com a formação continuada como compromisso do papel desse profissional.

A participante citada (PF4) deixa clara essa questão ao evocar que esse profissional possa *"acompanhar o planejamento, observar a sala, a retomar"*, o que ela transparece é que o coordenador pedagógico seja atuante, que tenha vínculo, que "saiba o que está fazendo", ou seja, comprometido.

A dimensão reflexiva na ação, leva o profissional para "perceber-se e perceber as ações que realiza, avaliá-las e modificá-las em função da percepção e avaliação, questões fundamentais e sensíveis [...] que exigem do formador e do formando disponibilidade e compromisso" (Placco; Silva, 2008, p. 27).

O enfrentamento dos desafios da contemporaneidade, ou seja, as mudanças das práticas profissionais educativas; a ressignificação da escola; os processos de ensino-aprendizagem envolvidos na multidimensionalidade dos indivíduos: a égide dos aportes socioculturais multifacetados; o (re)dimensionamento da linguagem promovida pelas redes tecnológicas, e ainda as exigências à formação contínua que proporcione uma ação reflexiva, tendenciam aspectos de esgotamento do profissional envolvido em todas as áreas do conhecimento. Na educação do futuro, Morin (2005) acrescenta as necessidades dos saberes a serem dimensionados: conhecimento subjacente ao erro e ilusão; o conhecimento pertinente; a condição humana; a identidade terrena; as incertezas; a compreensão; a ética.

O "comprometimento compromissado" do coordenador pedagógico perpassa pela sua ação mediada pela reflexão, num cenário em transe, duvidoso, tenso e muitas vezes cruel. Por outro lado, ele percebe-se como capaz de realizar a prática formativa advogando que sua ação será significativa se considerar a reflexão. Ora, os princípios norteadores reflexivos evocam as ações que se pautem na análise, equilíbrio, ponderação, sensatez, discernimento, por outro lado, as emergências da prática ao se arriscar, inovar, refazer, modificar, errar e mudar, entre tantos outros.

Nesse ínterim, podemos afirmar com Freire (1996, p. 69) que o conhecimento para a reflexão da/na realidade leva à apreensão da mesma, "implica a nossa habilidade de *apreender* a subjetividade do objeto apreendido". E ainda, em Morin (2011, p. 102) a complexidade "comporta a imperfeição, já que ela comporta a incerteza e reconhecimento do irredutível". Também, em convergência aos autores, Moraes e Suanno (2014, p. 13) reafirmam que do interior dos sistemas educacionais "emergem redes de conversação e de apoios mútuos, redes de solidariedade, sejam elas virtuais ou presenciais".

Para tanto, considerar a reflexão-ação na formação continuada, numa perspectiva transdisciplinar, é buscarmos pelo inerente e ocorrente no/do dia a dia escolar; é considerar as influências problematizadoras da imprevisibilidade; é usar de discernimento diante do polissêmico; é o desafio das possibilidades mediante compromisso e comprometimento educativo e formativo.

O que queremos dizer é que uma prática de formação continuada requer buscar aportes possíveis que o pensar Complexo transdisciplinar proporciona na ampliação de possibilidades de intervenção, na interocorrência dessas possibilidades. As quais nascem do dia a dia posto e vivido no espaço escolar; possibilidades que possam ser problematizadas além de projetos formadores concebidos externamente a esse cotidiano. Torna-se plausível ao se referir à dimensão necessária do equilíbrio entre o real e possível, tendo em vista ações que coloquem todos os atores escolares em e com as possibilidades de transformações na/da prática educacional.

A ruptura paradigmática, nesse sentido, considera na realidade apreendida as possibilidades de conquistas e sucessos, porém não fica estagnada na reflexão teórica e no sentido dado. Portanto, a reflexão na prática transdisciplinar refere-se às subjetividades presentes na objetividade, na ação pautada e modulável à criticidade, às competências, à valorização das habilidades pessoais, à qualidade e à relevância dos conhecimentos (Behrens, 1996).

Cabe ainda ressaltar, nesse aspecto, que a persuasão do discurso provocado no "meio educacional" sobre "reflexão-ação" constituiu-se em recurso aparente de aspectos formativos não relacionados à prática efetiva. Outrora, abriu-se mediante esse convencimento, as possibilidades de inserções comerciais e lucrativas que pouco tinham a ver com as reais necessidades da escola e de seus profissionais.

A busca do sentido formativo é recorrente entre os educadores. No que tange ao papel do coordenador pedagógico, nosso argumento é pela busca operante do vínculo com o contexto, no foco acional das práticas sociais para a transformação da realidade. Assim sendo, a validação pelas palavras de Morin (1986, p. 28) é:

> De qualquer modo, *na crise dos fundamentos e perante o desafio da complexidade do real, todo o conhecimento tem hoje necessidade de reflectir* [sic], *reconhecer, situar, problematizar*. A necessidade legítima de todo o cognoscente doravante, esteja ele onde estiver e qualquer que seja, deveria ser: *nenhum conhecimento sem conhecimento do conhecimento*. Assim, o conhecimento do conhecimento não poderia constituir um domínio privilegiado para pensadores privilegiados, uma competência de peritos, um luxo especulativo para filósofos: é uma tarefa histórica para cada qual e para todos. A epistemologia complexa deveria descer, senão às ruas, pelo menos às cabeças, mas isso exige sem dúvida uma revolução dentro das cabeças.

A renovação pelo entendimento é decisória na reflexão-ação. Na conclamação do autor, o conhecimento passa a ter sentido aplicável na realidade dos seres humanos, é efetivado na prática cidadã, perpassa do interior para o exterior e vice-versa. As redes de relacionamento criadas reverberam em práticas educativas além do espaço-escola, num movimentar contínuo formativo, profissional, educativo e ecossistêmico.

O erro ilusório tramado pela falácia da formação-reflexão-ação distribuiu aos educadores a permanência das repetições técnicas habituais, que não são mais suficientes para "dar conta" da realidade posta. Apelam para o sentido teórico, que na ação continuam reproduzindo uma formação continuada desejosa por "formas corretas" de fazer escola, de ensinar e de aprender. Seccionam pessoas, julgam situações, enrijecem o pensamento.

O coordenador pedagógico, considerando tal desafio, compreende intencionalmente a sua prática formativa e formadora, na transição age, no relacional é reflexivo; porém não reflete (ser espelho, mostrar) a cultura, a sociedade, os manuais, apostilas, textos teóricos — ao contrário —, problematiza-os. A reflexividade, portanto, postula-se em diferentes pontos de vista, conceitos, inferências, consensos, suposições e as diversidades de pensamento são levadas em conta; a ação-reflexiva é construída para a prática crítica, que na visão sistêmica leva ao ato de discernimento da realidade para a intencionalidade das ações socioculturais.

Se a formação continuada se faz no espaço escolar, se esse espaço é social, se o conhecimento é seu objeto de trabalho, o ensino para a vida cidadã percorre tal formação. Se ensinar à humanidade, à identidade, às incertezas, à compreensão, à ética, são postulações da contemporaneidade (Morin, 2005); se os profissionais da educação se sentem desafiados frente a tantas adjetivações e incumbências, formula-se que a ação-reflexão-crítica pode promover que os seres humanos vivam melhor.

E ainda, na compreensão gerada tanto pela possibilidade em análise da realidade e dimensionamento das condições e consequências transformacionais da vida cidadã; como também, elevando o bem-pensar solidário, convergente na inserção sociopessoal, e ao mesmo tempo divergente na sua abrangência, ampliando assim, os sentidos de pertença, conhecimento, dinamicidade e influência para os profissionais em processos contínuos de formação.

Nesse ensinamento "humano da humanidade" é que podemos repensar o papel da escola e de todos nós, educadores na atualidade. No ensinamento para "integração reflexiva dos diversos saberes do ser humano" (Morin, 2001, p. 13). Ora, se almejamos a renovação da sociedade e das culturas contemporâneas, não poderemos fazê-la de forma dissociada do intrínseco e do extrínseco humano, não poderemos limitar a formação continuada ao conhecimento científico, como também não a realizaremos somente no intencional subjetivo.

A possibilidade de uma prática significativa do coordenador pedagógico acontecerá em seu compromisso diário com a condição humana de ser "metavivente" (Morin, 2001, p. 26), sendo capaz de comprometer-se com toda amplitude organizadora e cognitiva, porém "criar novas formas de vida, psíquica, espiritual, social". Tal condição traz ressonância às propostas de formação continuada, postulando a centralidade dos estudos, da pesquisa e da atuação de todos os educadores envolvidos, do desenvolvimento contínuo do ser/Ser-humano.

3.1.5 Referência de Complementação na Formação Continuada

A definição feita pela participante PF1 para a formação continuada a serviço da **complementação** da formação inicial foi desgravada a seguir:

"Poxa, não fez um bom curso de Pedagogia? Mas o curso de Pedagogia não dá conta disso? Então com o que a gente se depara quando está dentro de uma sala de aula, a gente faz aquilo que nós vivemos, porque isso foi forte

para gente. Então como eu fui ensinada e aprendi, é aquilo que vou pôr em prática na ação. A gente estuda os pensadores, os referenciais da educação, aqueles que são os mestres da educação, que são extremamente importantes. A gente não pode abrir mão na nossa formação inicial. Mas quando eu chego dentro da sala eu não fico pensando muito nisso. E agora? Me deparo com aquela situação. E agora? O que fazer? Eu busco aonde? Eu vou buscar na minha prática aquilo que recebi, enquanto estudante num banco de sala. Isso que é forte para mim. Aí a gente vai numa Unidade e se depara com a pessoa — ainda está fazendo isso? Mas é o chão dela, como fica se eu puxo? Se eu puxo isso fica sem chão, para onde a pessoa vai? Desestabiliza! Por isso não abro mão da formação continuada".

Para essa pedagoga-formadora, a formação continuada é a complementação da formação inicial, que na sua participação associa ao fazer seguro do que recebeu como estudante, quando ela afirma: *"a gente se depara quando está dentro de uma sala de aula, a gente faz aquilo que nós vivemos, porque isso foi forte para gente. Então como eu fui ensinada e aprendi, é aquilo que vou pôr em prática, na ação".* Reconhece que diante da realidade na sala de aula, busca referências na formação inicial: *"Eu vou buscar na minha prática aquilo que recebi, enquanto estudante num banco de sala. Isso que é forte para mim".*

Também assume como formadora que não deve restringir a ação concebida de forma histórica na prática, sob a pena de desestabilizar a pessoa e o processo. Vincula a possibilidade de mudança da prática reprodutora estudantil-formativa à importância da formação continuada.

A participante vincula à formação inicial sua importância referente aos aspectos teóricos, do conhecimento de fundamentos necessários ao exercício profissional. Também a esse vínculo cria o cenário da reprodução da ação mediante a vivência estudantil, deixando transparecer as relações entre o acadêmico e a prática profissional.

As pesquisas que investigam tantos os aspectos da formação inicial como os da continuada, são numerosas e de grande relevância na continuidade das investigações na área educacional.

Temos em alguns desses autores-pesquisadores os estudos de Romanowski (2007), articulando às experiências vividas as práticas pedagógicas, no intuito de promover as reflexões mediante a condição e decorrências da profissionalidade, na busca pela possibilidade de revisitar a própria profissão e rever as práticas pedagógicas.

Também contribuem com a temática Catani e Vicentini (2003), discutindo a memória e autobiografia em processos de formação. Severino (2003) afirma que é na prática que a qualificação profissional ganha corpo e realidade histórico-cultural.

Ainda Ponce (2004) expressa a questão da temporalidade necessária na construção da prática profissional, o que agrega à experiência a concepção da/para formação. As tendências das políticas nacionais sobre a formação inicial foram analisadas nos escritos de Scheibe (2004). É Nóvoa (1995) que atribui à essência da pessoa, a profissionalidade que passa pelo "Ser docente", afirmando que a formação não antecede a mudança, mas se faz durante o próprio processo de mudança.

As orientações dos conceitos acadêmicos, tecnológicos, personalista, prático e social-reconstrucionista são desenvolvidos por Garcia (1999) como estrutura da formação, o autor postula os saberes que são constituintes da formação inicial e do desenvolvimento profissional. O profissional reflexivo é o pensamento de Pérez Gómez (2009) em convergência com Schön (2003), trazendo importante contributo na consideração feita sobre a formação não decisória ou dominante, elencando as influências nos processos de formação e na decorrência da reflexão como elemento formador; elege a racionalidade prática como reflexão-na-ação.

Para a formação reflexiva, nas palavras de Zeichner (2009, p. 125), focaliza-se a prática (*"prácticum"*) na pesquisa. Tece crítica a governos mundiais que tendem a controlar a formação dos docentes, disponibilizando baixo investimento em programas formadores que privilegiem o acesso e/ou contato com o cotidiano.

Os educadores como pesquisadores, suas condições de trabalho e aprendizagem em parceria são alguns temas que envolvem os estudos de Day (2001). Para Cosme e Trindade (2013), há valorização cooperativa nos ambientes escolares e a mediação pela comunicação gerada na cooperação, que são apropriações que postulam o viver e estar no mundo contemporâneo em ações educativas.

Entre esses contributos, nossa pesquisa focaliza na resposta da participante anteriormente apresentada (PF1) que a formação continuada complementa a formação inicial como sendo legítima. Seu questionamento inicial parte da realidade expressa socialmente perante o curso de Pedagogia — *"poxa não fez um bom curso de Pedagogia? Mas o curso de Pedagogia não dá conta disso"*. Evidencia a crise nessa formação, mediante a desvinculação da realidade da iniciação profissional.

A sua expressão *"não dá conta disso"*, para os pedagogos-formadores, desafia as bases que serão articuladas na formação. Os aspectos questionáveis entre o que os profissionais da educação já conhecem/estudaram/sabem e os aspectos da continuidade necessária de reorganizar os saberes frente às demandas da atualidade.

Na formação inicial, a queixa entre os saberes "acadêmico" e o "profissional" tornou-se discurso corriqueiro dos formadores, essa questão também foi denunciada no relatório da pesquisa de Placco, Almeida e Souza (2011). Por um lado, os formadores concebem estratégias de formação continuada nos espaços escolares e diante do dia a dia dos profissionais em formação outros aspectos precisam ser considerados. Na elaboração da formação se pressupunha que já houvesse saberes contemplados na articulação do conhecimento quando da formação inicial. É nesse sentido que a pedagoga-formadora participante se questiona, ao perceber o distanciamento entre a realidade preponderante e o esvaziamento técnico-teórico do conhecimento.

Os currículos da formação inicial dos educadores, no curso de Pedagogia, precisam urgentemente serem revisitados e reformulados. Mediante um novo contexto educacional, talvez o que seleciona Moraes (2014, p. 14) na metodologia para desenvolver os saberes que possam "religar as partes ao todo e vice-versa" para a possível contextualização do conhecimento. A autora também adverte, sobre a exigência sociocultural na atualidade, que o ensino e a aprendizagem são efetivamente competências humanas, e precisam se construir independentemente, em uma "tessitura funcional comum em rede", sob constante elementos de uma nova ordem de formação, que envolvam "aspectos interativos, recursivos, dialógicos, construtivos, hologramático, assim como socioafetivos, culturais, emergentes e transcendentes, aspectos, estes, que influenciam, a todo instante, nosso sentir/pensar e agir e as relações indivíduos/sociedade e natureza" (Moraes, 2014, p. 14).

Assim sendo, postula-se uma conexão formativa para além da certeza e da segurança advinda dos aspectos técnicos organizacionais dos currículos, metodologias, avaliações, que historicamente cumpre-se nos diferentes espaços escolares e, que na formação, fundem-se a elementos balizadores, os quais precisam ser questionados mediante uma nova metodologia conectiva, intencional, recursiva, as quais proporcionem aos profissionais maior repertório para tratar da vida e escola, do cotidiano dos alunos, dos desafios **familiares, das relações com as comunidades, do vínculo com a gestão e organização escolar, da formação continuada dos professores.**

Para o coordenador pedagógico, em suas atribuições recorrentes, a sugestão de uma metodologia formativa, Moraes (2014) eleva-nos a um patamar interdisciplinar e transdisciplinar, abrindo possibilidades de desenvolver-se a dimensão humana e afetiva, as dimensões éticas, despertando o olhar sensível para que as práticas do tempo atual sejam discutidas mediante um novo paradigma formativo, a saber:

> Metodologicamente, exige a percepção de inter-relações, conexões, emergências e processos autoeco-organizadores [sic] emergentes, bem como o diálogo entre certeza e incerteza, sujeito/objeto, conhecimento teórico e sabedoria humana, além de privilegiar processos educacionais que requerem cuidado, amorosidade, escuta sensível, amor à vida, amor à verdade, amor ao conhecimento construído, amor à natureza e amor às pessoas e que estão sob nossos cuidados. Pressupõe, portanto, fineza de espírito, sensibilidade e inteligência, além do que chamamos clareza epistemológica (Moraes, 2014, p. 14-15).

Claramente se evidenciam outros saberes para além daqueles que são já sabidos por todos os educadores em processos de formação. As bases tecnicistas são superadas por uma base investigativa, na qual a pesquisa constante e o desenvolvimento da essência passam a ser postulados. A relação assumida entre fazer e aprender advém da relação, relação esta conectiva, oriunda do "espírito humano", que pressupõe uma nova forma de ver e de se estar na Terra, de se perceber como gente, como indivíduo, como Ser-Humano.

Transpassa a racionalidade, perpassando a espiritualidade, o amor, os sentimentos, na busca de um novo olhar, no qual se desenvolve também por conteúdos advindos da sensibilização pela arte, música, dança, por conteúdos de criatividade, de expressão, de uma visão com base no *holos* (todo). É nessa busca compreensiva da totalidade (*holos*), sem dispensar as partes (Complexidade), pelo perpassar da ação pautada na trandisciplinaridade, que uma abordagem inovadora de formação pode se efetivar e se vincular à racionalidade para a transformação dos espaços educacionais. Nesse sentido, as palavras de D'Ambrósio (2012, p. 42) sobre a prática transdisciplinar na universidade provoca as pautas curriculares e a prática dos educadores da formação inicial, a saber:

> Claro que a transdisciplinaridade não constitui uma nova filosofia, nem uma nova metafísica, nem uma ciência das ciências e muito menos uma postura religiosa. Nem é, como

> muitos insistem em mostrá-la, um modismo. O essencial na transdisciplinaridade reside numa postura de reconhecimento que não há espaço e tempo culturais privilegiados que permitam julgar e hierarquizar, como mais correto ou mais certo ou mais verdadeiro, complexos de explicação e convivência com a realidade que nos cerca. A transdisciplinaridade repousa sobre uma atitude aberta, de respeito mútuo e mesmo humilde, com relação a mitos, religiões e sistemas de explicações e conhecimentos, rejeitando qualquer tipo de arrogância e prepotência. A transdisciplinaridade é, na sua essência, transcultural. Exige participação de todos, vindos de todas as regiões do planeta, de tradições culturais e formação e experiência profissional as mais diversas.

Evidentemente a tensão causada por esses aspectos se torna notória, pois o previsível dá espaço para a criação, a improvisação adverte a previsão, o duvidoso fecha as portas para a certeza, prover não é garantia de realizar, executar submete-se ao descumprir, o preparado é sobressaltado pelo inesperado. Os subjetivos que sempre fizeram parte — ainda fazem —, e é importante que façam, do dia a dia do trabalho do coordenador pedagógico e são constituintes das suas atribuições profissionais, são revistos por um paradigma que põe em voga o tempo presente e as demandas na/da escola, bem como a sua própria formação e de seus pares em formação.

São desafios que nos afligem e nos aproxima de uma nova forma mental de organização, de planejamento, de atuação, de prática, de vida profissional.

São desafios que nos impelem às constantes mudanças, sobressalta-nos muitas vezes em angústias que nos levam a questionar diariamente nosso papel, nossa função, nossa formação.

São desafios que nos tiram do lugar seguro, da zona de conforto, que relativizam nosso dia a dia, que nos distanciam da certeza. Comandos práticos de organização do trabalho pedagógico, de *quando*, *como*, *o que* e *quem* faz, são reorganizados para todos que fazem, depende do que fazem, há caminhos diferentes para como fazer e pode ser hoje ou agora, amanhã ou depois, trazendo à baila um novo momento vivido pelos coordenadores pedagógicos.

São desafios mediantes o comprometimento assumido quando do compromisso da nossa inserção profissional, legitimada pela formação inicial em Pedagogia.

Porém a transformação da nossa estrutura mental está condicionada ao tempo, tempo este advindo da racionalidade técnica, no qual o trabalho do coordenador pedagógico era supervisionar o professor no seu planejamento, os esquemas das necessidades eram prováveis, havia previsibilidade das atitudes. Prática esta profissional que esclarecia e orientava as previsões nos esquemas e projetos da sua ação, mediante a uma demanda social previsível e estável.

A reorganização do trabalho do coordenador pedagógico é vinculada às diferentes proposições de formação, nesse eixo há processos de ensino e de aprendizagem, adjetivados pelas óticas intencional e sociocultural, é objetiva e subjetiva, é multicultural, é construída de forma contínua ao desenvolvimento da vida e em vida, assim, a formação de educadores está em assiduidade requerente na "construção de signos, significados, de desenvolvimento afetivo, cognitivo, perceptivo, relacional, de ampliação de consciência e de comprometimento do sujeito com a metamorfose planetária, social e antropológica" (Rosa Suanno, 2012, p. 221).

A ruptura inerentemente coloca em jogo outros aspectos de cunho de um tempo atemporal, imprevisível, suscetível, no qual o controle esvai-se das nossas mãos. Na prática das propostas de formação continuada, a formação inicial está em evidência, os significados legitimados em sua passagem, pelos educadores, inserem-nos em contexto profissional. Em sequência, o coordenador pedagógico repensa seu papel, questiona a intencionalidade e evoca para a formação continuada a necessidade de revisitação ininterrupta.

3.1.6 Referência da Qualidade na Formação Continuada

A formação contínua em relação à **qualidade** foi atribuída pela PF3 em sua entrevista:

"Então a formação continuada é o alimento do trabalho, se não tiver isso não caminha para frente, não vai, não tem a perspectiva de qualidade, e eu diria que a qualidade de trabalho. A formação que temos dentro do nosso ambiente de trabalho nos faz entender melhor como funciona, então seja formação continuada dentro de uma rede ou formação continuada dentro de uma rede particular. Se eu tiver em uma rede particular eu vou entender como é a concepção dessa rede para eu poder seguir, para eu poder atuar de acordo com o que aquela rede acredita, propõe e pensa. A rede é isso, se eu não tiver esses cursos mesmo enquanto professora, mesmo enquanto pedagoga, formadora, ou de outra oportunidade, não entenderia como é, daí teria muitos equívocos".

A participante vincula à formação continuada os aspectos sobre o *"ambiente de trabalho"* e seu funcionamento, entendimento e proposta, ou seja, fica entendido que para a qualidade no trabalho educativo é preciso haver coerência entre propostas das *"redes*[43]*"* e a sua prática, atribui sentido à formação continuada como sendo o *"alimento"* do trabalho pedagógico.

Nesse destaque a definição da participante nos faz refletir sobre as propostas de formação continuada, a coerência entre a necessidade de formação e o que efetivamente é realizado. Na percepção da participante é preciso haver formação vinculada ao ambiente de trabalho e desenvolver o entendimento sobre a concepção do que se deseja como aspectos norteadores do trabalho educativo, que serão o *"alimento"* desse trabalho, com qualidade.

A questão da qualidade na Educação é amplamente debatida por diferentes esferas da organização educacional. Há inúmeros documentos que expressam esse anseio dos atores envolvidos nessa questão, desde os órgãos gestores públicos até aqueles que estão no dia a dia da escola, desejam que a qualidade seja alcançada. Na formulação de legislações, pareceres, parâmetros, diretrizes, currículos, enfim, praticamente em qualquer documento educacional pode-se contemplar a dimensão qualitativa para a Educação.

Evidentemente a formação continuada não seria o único meio de contribuição nesse sentido, porém sabemos que por meio das propostas coerentes, vinculadas ao cotidiano dos educadores pode fomentar — e muito — para que a qualidade seja percebida por todos.

Na formação continuada, o ensino e aprendizagem são mediados pelos coordenadores pedagógicos, que juntamente com os profissionais atuantes nos espaços escolares, organizam ações formativas. O que a PF3 deixa transparecer em sua definição é que nesse processo há a necessidade de coerência em relação às temáticas desenvolvidas e a proposição da(s) mantenedora(s) como sendo eixo qualitativo, já nos adverte que um dos diferenciais é que essa formação ocorra no ambiente de trabalho, ou seja, realizada em contexto.

Ao se falar em qualidade, não se pode deixar de pensar nos aspectos subjetivos que se vinculam ao emprego do termo, aspectos estes relativos mediante os desejos, necessidades e expectativas pessoais, ou seja, está em evidência o sentimento valoral que se coloca em algo ou situação.

---

[43] O termo *rede* é comumente utilizado na Educação para designar o agrupamento de escolas sob a mesma esfera de mantenedora, seja de cunho público ou privado. A "rede" do Município de Curitiba é a participante da nossa pesquisa, em recorte: profissionais que atuam nos Núcleos Regionais de Educação, pedagogos-formadores da rede municipal.

No que tange à Educação, esse sentimento se atribui pela função social da escola, como espaço formal de educação. O valor da qualidade não pode se limitar aos aspectos apenas de "boa escola", "bom professor", ou às competências tecnológicas, "naquela escola tem tablet, tem internet", entre outras referências comuns de valores que geram um "pensar ilusório" de qualidade na Educação. Os aspectos qualitativos de valoração social de qualidade na/da Educação são aqueles que vinculam o cotidiano escolar às possibilidades de todos que compõem e/ou passaram por esse espaço possam desenvolver suas habilidades pessoais e sociais de se inserirem na sociedade como cidadãos críticos, pensantes, que tenham repertório emocional e de atitude perante os desafios socioculturais, dos processos globais-sociais, que saibam trabalhar com os conhecimentos científicos com significados à vida.

Evidentemente no que tange à formação continuada, nesse contributo à qualidade, a coerência evocada pela participante tensiona os aspectos da legislação e diretrizes da Educação com o cotidiano, ou seja, em quais pontos esses aspectos são efetivamente vinculados aos projetos formativos e que relevância ocupam neste trabalho, efetivamente, ao trabalho do coordenador pedagógico, que o realiza.

O *"alimento"* (referência à <u>PF3</u>) possível que a formação continuada vincula à qualidade requerida socialmente para a educação, poderia ser vislumbrado por propostas que possibilitassem aos educadores repensarem suas práticas escolares de forma mais autônoma, mais colaborativa, autoformativa, crítica e reflexiva. Mais que desenvolver habilidades, a formação que parta do vínculo dos educadores com o cotidiano escolar e seus inúmeros desafios *"alimentam"* a ação educativa no que tange à qualidade.

Qualidade esta que não acontece apenas na sala de aula, de maneira isolada, por aquele educador que sabe muito bem uma sequência didática--metodológica, que sabe como trabalhar o conteúdo escolar com o recurso da tecnologia, que é afável e solidário com os alunos, que tem uma ótima *performance* profissional, isso sim! E também! Mas a qualidade na escola se revela pelo seu caráter democrático de acolhida e elaboração de redes de conhecimento social, na inserção que seus participantes passam e têm no dia a dia da sociedade, em proposta de transformação de suas realidades pessoais e sociais, que transcenda as características que segregam as pessoas, preconceituosas e não humanas. Qualidade que se requer na coerência tão bem lembrada pela entrevistada, que consiga dar suporte aos cidadãos, que os leve a rechaçar a barbárie nas práticas multiculturais, as quais vivenciamos na atualidade, qualidade que implica no Ser-estar no mundo, bem referenciada nas afirmações de Freire (2000, p. 17):

> Mas o que quero dizer é o seguinte: na medida em que nos tornamos capazes de transformar o mundo de dar nome às coisas, de perceber, de inteligir [sic], de decidir, de escolher, de valorar, de, finalmente, *eticizar* o mundo, o nosso mover--nos [sic] nele e na história vem envolvendo necessariamente *sonhos* por cuja realização nos batemos. Daí então, que a nossa presença no mundo, implicando escolha e decisão, não seja presença neutra. A capacidade de observar, de comparar, de avaliar para, decidindo, escolher, com o que, intervindo na vida da cidade, exercemos nossa cidadania, se erige então como uma competência fundamental. Se não é uma presença neutra na história, devo assumir tão criticamente quanto possível sua politicidade. Se, na verdade, não estou no mundo para simplesmente a ele me adaptar, mas para transformá-lo; se não é possível mudá-lo sem um certo sonho ou projeto de mundo, devo usar toda possibilidade que tenha para não apenas falar de minha utopia, mas para participar de práticas com ela coerentes.

A qualidade que as ações dos coordenadores pedagógicos em relação à formação continuada indica mais uma vez o princípio sobre o qual já temos refletido neste texto, colocando em pauta uma formação que seja realizada a partir de outro olhar, outro paradigma, para além das conservações de projetos que têm sido replicados ao longo da história da formação contínua. Além dos discursos políticos da educação para todos, além das regulamentações legais, além das portarias, além de apostilas de técnicas de ensino, além das regulações das avaliações do sistema educacional, ir além, na demanda sociocultural atual é repensar e realocar o eixo da formação contínua, centralizar a escola como instituição social formadora, reflexiva, crítica e essencialmente humana, que é transcendente e ao mesmo tempo reflexo da realidade, que almeja transformações, que possibilita intervenções, que é aberta, interativa, intencional-pedagógica, flexível, acolhedora e responsável pelas práticas sociais dos seres humanos que a compõem.

Nesse sentido, tenhamos as políticas de formação dos profissionais da educação em questão, tenhamos as diretrizes nacionais da Educação e seus parâmetros de qualidade definidos, objetivando nortear o sistema educacional do país. Porém tenhamos as aspirações dos profissionais educadores como eixo da ação formativa, são profissionais que podem diariamente dar vida e sentido às formulações políticas-econômicas-sociais, na/para Educação de qualidade. Para tanto, a discussão da qualidade na Educação a qual se refere Gadotti (2013), que desde o século 19, já era discutida com Rui Barbosa[44] em seu relatório sobre a educação brasileira de 1882. Porém, chama-nos a atenção que a qualidade que se pretende hoje é complexa, pois é postulada em um novo cenário, o qual é vinculado à "qualidade social", e nesse sentido se refere ao "simbólico, ao sensível e ao técnico" (Gadotti, 2013, p. 1).

Se a qualidade é subjacente à dimensão social, se sabemos que a sociedade do tempo presente "envolve ordem-desordem-interação-organização" (Carvalho, 2012, p. 93), é preciso que pensemos a formação dos educadores sob outra ótica, tendo por base novas concepções paradigmáticas no/do processo formador. Aos formadores a questão da qualidade perpassa por suas práticas de formação, porém não podemos nos esquecer que a definição do que seja qualidade se torna complexa mediante o cenário posto, Gadotti (2013, p. 2) afirmou também que:

> Qualidade significa melhorar a vida das pessoas, de todas as pessoas. Na educação a qualidade está ligada diretamente ao bem viver de todas as nossas comunidades, a partir da comunidade escolar. A qualidade na educação não pode ser boa se a qualidade do professor, do aluno, da comunidade é ruim. Não podemos separar a qualidade da educação da qualidade como um todo, como se fosse possível ser de qualidade ao entrar na escola e piorar a qualidade ao sair dela.

Nesse sentido, a formação continuada contributiva à qualidade passa a ser pensada na/para escola, na qualidade intrínseca e extrínseca, não podendo ser concebida e formulada por ações/práticas formadoras que venham apenas das formas regulatórias dos documentos do sistema educacional, porém não pode desconsiderá-las, ao mesmo tempo que as considera, problematiza-as com a realidade local, lembrando-se que a inserção social escolar é global.

---

[44] Rui Barbosa elegeu-se deputado provincial na Bahia em 1878, e no ano seguinte elegeu-se deputado-geral, tendo participado da vida pública nacional por quase 50 anos. Ele deixou uma imensa obra, tanto em extensão quanto em profundidade. Foi autor de diversos projetos, pareceres, artigos para jornais, discursos, conferências e trabalhos jurídicos. Ele estudou Direito e foi um intelectual autodidata, erudito, conhecedor de diversos idiomas, que atuou em várias áreas. A partir da leitura, ele tomava contato com o que acontecia no mundo; foi um leitor voraz, deixou uma biblioteca com um acervo de mais de 35 mil volumes. Emitiu dois pareceres sobre a Educação brasileira de sua época: em 1882 e 1883. A biblioteca pessoal de Rui Barbosa está disponível sob os cuidados da Fundação Casa de Rui Barbosa (FCRB), no Rio de Janeiro, que também divulga as Obras Completas de Rui Barbosa (Machado, Maria Cristina Gomes, s/d, NR. Disponível em: http://www.casaruibarbosa.gov.br/dados/DOC/artigos/a-j/FCRB_MariaCristina_Projeto_RuiBarbosa.pdf. Acesso em: 10 set. 2015).

Os espaços formadores são escolares, mas são também sociais e culturais, por sua vez, são também em rede, são contínuos e autoformadores, são pontuais nas necessidades, mas alavancam ações além do visível. Do real e disciplinar passam a ser virtuais e transdisciplinares, são criadores de possibilidades sistêmicas de ser-estar no mundo, em ação-reação, em ligação, de forma humana, planetária e relacional. Para a Educação de qualidade, a formação precisa ser humana, nas palavras de Batalloso (2012, p. 150):

> Se os problemas mais importantes da vida, da humanidade, do planeta e das pessoas, como sujeitos individuais e coletivos, são sempre globais, contextuais e relacionais, necessariamente teremos que buscar e encontrar estratégias, procedimentos, métodos e ações que nos permitam contextualizar, relacionar, vincular, conectar e religar saberes, conhecimentos e disciplinas. E é a educação, e especialmente todas suas instituições formais e não formais, privadas e públicas, presenciais ou virtuais, a que corresponde assumir a responsabilidade de construir a 'ecologia dos saberes', tendo como fim e meio a aprendizagem e o ensino da condição humana, já que do contrário, dificilmente poderemos manifestar no cotidiano e concretizar que outro mundo é realmente possível e necessário.

Emergem à formação continuada tais estratégias, procedimentos, métodos, ações que desenvolvam a condição humana de ser/estar socialmente. Em convergência, os aspectos fundamentais à formação dos educadores, indicados na pesquisa de Garcia (1999), conceitualizando o desenvolvimento profissional e os modelos de formação dos educadores. Nos inscritos de Nóvoa (2009) que o "bom professor" não necessariamente se constitui em listas intermináveis de "competências". No trabalho de Tardif e Lessard (2013) que focaliza o processo de escolarização e os educadores na interação com todos os atores que compõem esse espaço, na relação da formação com outras disciplinas formadoras "humanas" que não necessariamente compõem a formação inicial desses profissionais, em definição para a ação docente "compreendida como uma forma particular de trabalho sobre o humano, ou seja, uma atividade em que o trabalhador se dedica ao seu 'objeto' de trabalho, que é justamente um outro ser humano, no modo fundamental da interação humana" (Tardif; Lessard, 2013, p. 8).

Na qualidade requerida à formação continuada, numa perspectiva complexa-transdisciplinar se manifesta na ousadia em assumir a ruptura frente ao paradigma conservador educativo de reprodução de modelos formadores; é criativa em lançar a prática do conhecimento para uma educação humana, na compreensão sistêmica de ser Ser-humano, a qualidade coerente requerida nas palavras dessa participante condiz com o desenvolver a "capacidade que tem o ser humano para captar a realidade de maneira singular e transformá-la, gerando e expressando novas ideias, valores e significados" (Suanno, 2012, p. 344).

A formação continuada à luz do pensar/teoria da Complexidade, numa perspectiva transdisciplinar de formação, requer a constante reflexão que emana da realidade presente, a qual os educadores se envolvem socioculturalmente, em espaços escolares.

Nesse sentido, o escopo teórico da complexidade se inter-relaciona com a transdisciplinaridade mediante o conhecimento científico que avança cotidianamente, contrapondo-se e envolvendo — ao mesmo tempo — os princípios educativos tidos como certos e definitivos, para princípios mutantes e recíprocos, dissolúveis, voláteis, interdependentes, na busca pela "religação dos saberes" (Morin, 2012), que para nós tem em cenário o espaço escolar, a atuação do coordenador pedagógico, em práticas de formação contínua com seus pares.

Contrapor-se é no sentido da busca e realização da ruptura necessária, na postura decisória que se assume frente à perpetuação das ações historicamente construídas em nosso cotidiano de educadores, por outro lado, inserimos esse processo de forma crítica problematizando-o mediante a realidade posta no tempo presente, na qual o conhecimento e ações humanas precisam urgentemente serem revisitadas e transformadas, nas palavras de Akiko Santos (2009, p. 15):

> A fragmentação do conhecimento, que se generaliza e se reproduz por meio da organização social e educacional, tem também configurado o modo de ser e pensar dos sujeitos. A teoria da complexidade e a da transdisciplinaridade, ao proporem a religação dos saberes compartimentados, oferecem uma perspectiva de superação do processo de atomização.

Na exigência que se caminha a humanidade, a escola como espaço de formação cidadã é desafiada a promover a articulação entre as inferências sociais recorrentes, oriundas das participações de seus atores, para a ressignificação daquilo que se propõe: produzir conhecimento significativo, operante socialmente. Tensionalmente os eixos estruturantes da escola passam da lógica burocrática de sua organização para a lógica de conexão, dizemos lógica, pois a escola precisa (sim!) da organização coerente dos seus processos de existência; dizemos lógica, pois o termo prevê eixos de coerência e intencionalidade; dizemos lógica para demarcar o verdadeiro sentido frente ao "engano" que acaba enuviando nossas mentes quando mencionamos os termos complexidade e transdisciplinaridade e suas decorrências teóricas.

Porém a lógica que se propõe no pensamento Complexo-transdisciplinar para o espaço escolar é a da coerência entre o contexto social e a ação humana, é a busca pelo pensamento sistêmico de reaver as perdas produzidas na separação entre razão e emoção, é reposicionar o conhecimento frente à vida, o significado vivido, a alternância premente, o Ser-humano que é existente!

Nesse sentido, a coerência que se assume acontece mediante as práticas exercidas e acionadas pelos educadores, em parcerias com educandos, na relação comunitária, em sentido operante legal, em questionamentos possíveis de transformação social.

Assim, a lógica perpassa pela necessidade percebida e entendida, no desejo por uma nova "forma lógica" de se conceber o mundo, de reaver elementos que significam a existência humana, em solidariedade e generosidade da espécie, da sobrevivência, da reciprocidade global que nos encontramos.

E ainda, a escola assume uma nova objetividade de "ser escola", frente ao conhecimento produzido, que é primeiramente de existência e essência, que parte da pessoa para o sentido da ação, mas que ao mesmo tempo é da ação que emana a significância desse conhecimento, na troca recíproca, na simbiose consciente de tomada da decisão frente aos desafios vividos, na decorrência assumida frente a essa tomada decisória, a qual somos todos coparticipantes.

Para tanto, o conhecimento escolar é estrutura, é base para a transformação da prática social. Desenvolve a "lógica" de pertencimento, a "lógica" inclusiva, a "lógica" harmoniosa entre pensamento, razão e ação.

A formação continuada como "lógica" de produção do conhecimento frente à realidade exposta se põe em processo formador que tensiona o espaço (escola), o conhecimento sistêmico, as pessoas educadoras, a finalidade pretendida, em ruptura com a "lógica" permanente, conservadora, prescritiva, consistente, certa e (ainda) vívida em nosso dia a dia de profissionais da Educação.

A interpretação das coordenadoras pedagógicas sobre a formação nesta pesquisa, conduziu nossa reflexão sobre a formação continuada numa perspectiva do pensamento Complexo, mediante uma prática transdisciplinar. Refletimos assim, a perspectiva de uma formação contínua que seja realocada sob um novo olhar, trazendo os "saberes necessários à educação do futuro, do presente" (Morin, 2005; Moraes; Almeida, 2012), o desafio expõe de forma basilar o conhecimento, o pensamento, a concepção, a organização, face ao sentido pretendido quando da atuação dos coordenadores pedagógicos (pedagogos-formadores), ao sentido que é delineado mediante o *porquê, quem, para quê, como* acontece/se propõe as práticas formativas. Esclarecendo tal articulação, o Quadro 12 identifica a proposta:

Quadro 12 – Formação Continuada: DA/PARA formação

FORMAÇÃO CONTINUADA		
	DA FORMAÇÃO	PARA FORMAÇÃO
Conhecimento	Prescritiva	Em contexto
Pensamento	Linear	Aberta
Concepção	Extrínseca	Intrínseca
Organização	Esporádica	Intencional

Fonte: a autora (2015)

À luz da Complexidade nosso olhar vislumbra uma formação que venha contribuir de forma efetiva ao sentido prático profissional, que na Educação ocorre no espaço escolar. Pineau e Galvani (2012, p. 185) alertaram-nos sobre a disjunção que herdamos entre a "formação docente e as experiências de vida", como sendo este um dos problemas educativos mais graves, no sentido do contexto social atual e as suas exigências. Essa herança da separação leva-nos constantemente ao questionamento das relações teóricas e práticas, desvinculam as propostas formadoras das vivências reais dos educadores, impedem a transposição didática entre o desafio do cenário educativo (em questão o dia a dia escolar) e os projetos de formação.

A formação continuada para os profissionais da Educação permanece em crise, pois esses atores educativos percebem e compreendem os aspectos tangíveis do momento social que vivemos, porém não vislumbram as possibilidades de efetivação à prática mediante o "conhecimento pertinente" (Morin, 2005), as tensões entre ensinar e o que seja efetivamente aprender numa sociedade incerta, mutante, incoerente, ilógica, ambivalente, entre outros adjetivos que poderíamos usar nessa definição.

Transitam na proposta do **conhecimento** prescritivo da formação continuada os aspectos de **reciclagem, aprimoramento, atualização** de informações e conhecimentos científicos; advêm de uma formação que retira o *porquê* é realizada pelos educadores, ações desvinculadas da realidade cotidiana que se inserem no espaço escolar. Na corrente transdisciplinar, mediante o pensamento Complexo, o **conhecimento** é gerenciado concomitante com o *porquê* nos inserimos em práticas formadoras em continuidade à nossa profissionalidade de educadores, eleva sua elaboração mediante o contexto que dimensiona as propostas formativas, interliga os aspectos tensionais do cotidiano profissional à realidade premente, legitimando o sentido da ação formadora.

<u>Permeia</u> a questão do **pensamento** na formação continuada, o sentido linear da prática e a manutenção oralista dos formadores em repasse dos conhecimentos teóricos, permanecem os aspectos associativos de **complementação** à formação inicial, de caráter linear desvinculando o sentido e necessidade de *quem* se envolve em/na proposta formadora. Na corrente transdisciplinar, mediante o pensamento Complexo, o *pensar* é concebido de forma aberta e interligado às expectativas, desejos e necessidades a *quem* se propõe em parceria formadora, ideias associativas são relacionais aos aspectos das vivências dos atores formadores e em formação.

<u>Assume</u> a **concepção** na formação continuada, os sentidos extrínsecos de propostas formadoras distanciando *para que* continuamente se faz necessário a formação, minimiza o caráter autoformador da necessidade mediante o sentimento e percepção do **inacabamento** que movimenta o querer a continuidade. Na corrente transdisciplinar, mediante o pensamento Complexo, a concepção intrínseca mobiliza o profissional à continuidade formativa, o sentido de **inacabamento** é propulsor em desejo intencional--pessoal *para que* realizar a formação continuamente.

<u>Propõe</u> uma **organização** de formação continuada, sendo reducionista em proposições formadoras concebidas *esporadicamente*, de ação sazonal, *como* organizada infringem a **qualidade** formadora, desvinculando o aspecto **reflexivo** na/para **ação, ou seja,** o pontual retorna à separação das práticas dos educadoras gerando uma intervenção pedagógica desvinculada do contexto. Na corrente transdisciplinar, mediante o pensamento Complexo, a *organização* formadora é intencional, *como* é vinculativa a *práxis*, fomenta os profissionais as transformações sociais, balizados por uma formação que dimensiona o contexto multidimensional entre práticas formativas e realidades vividas.

Sendo assim, o profissional coordenador pedagógico/pedagogo-formador que age na formação continuada em sua prática diária, é educador que media e significa o contexto escolar considerando o inesperado, porém reflexivo, na intencionalidade criativa, numa perspectiva qualitativa formadora frente à condição de desenvolvimento humano, o qual emerge de uma realidade sociocultural multivalente e requerente do conhecimento que transforma circunstâncias em práticas mais humanas, criativas e inseridas ao sentido da vida.

CAPÍTULO 4

AS AÇÕES COTIDIANAS EM PRÁTICAS DE FORMAÇÃO CONTINUADA REALIZADAS PELOS COORDENADORES PEDAGÓGICOS

> *Aprender é não só adquirir savoir-faire mas também saber fazer*
> *aquisição de saber;*
> *pode ser a aquisição de informações;*
> *pode ser a descoberta de qualidades ou propriedades inerentes a coisas*
> *ou seres;*
> *pode ser a descoberta de uma relação entre um acontecimento e outro*
> *acontecimento,*
> *ou ainda a descoberta de uma ausência de ligação entre dois*
> *acontecimentos.*
> *Se quisermos um conhecimento pertinente,*
> *precisamos reunir, contextualizar,*
> *globalizar nossas informações e nossos saberes,*
> *buscar, portanto, um conhecimento complexo.*
> *(Edgar Morin, 1986. O Método III)*

Este capítulo objetiva identificar e relacionar as referências trazidas pelos coordenadores pedagógicos em suas práticas/ações cotidianas de formação continuada.

No contexto da formação continuada, a compreensão que as participantes (pedagogas-formadoras) trouxeram quando da entrevista e observação participativa, evidenciou como fundamentais para o sucesso formador as referências ao que este estudo de caso em tese propõe: **estudo-pesquisa; vínculo; identidade** e **supervisão**.

Retomamos que essas ações se vinculam às propostas de formação continuada como parte requerente dessa atuação, considerada pelos profissionais como a sua principal função, mas tensionada pela demanda de outras "tarefas típicas" a eles requeridas.

4.1 REFERÊNCIAS SOBRE AS AÇÕES PRÁTICAS DE FORMAÇÃO CONTINUADA

4.1.1 A Formação Continuada e a Prática Cotidiana de Estudo-Pesquisa

Uma dessas referências que envolvem a prática da formação continuada foi denominada pelas participantes como **estudo**. Na interpretação das falas das participantes compreendemos que não é expresso claramente o termo pesquisa, porém os elementos que decorrerão do nomeado **estudo** favorecem a interpretação sob aspectos basilares que envolvem o trabalho de dedicação, tempo, solidariedade, busca constante, que configuram uma ação de pesquisa.

Não se trata de discutir o termo, mas de atribuir às expressões veiculadas pelas participantes na busca da compreensão sobre a qual referência se dá tal sentido a este trabalho.

Fundamentalmente as referências atribuídas pelas mesmas participantes da pesquisa para a prática de formação continuada, que foram exploradas no capítulo anterior se vincularam à uma formação que esteja permeada pela pesquisa, pois ao definirem formação continuada como sendo **conhecimento, inacabamento, reflexão-ação, qualidade**, por exemplo, a pesquisa faz-se presente nessas vozes.

Para tanto, na perspectiva da Complexidade e transdisciplinaridade, quando as participantes atribuem suas ações em projetos de formação pautada pelo **estudo-pesquisa**, é favorável que busquemos a compreensão nos aspectos que emergem para a tentativa da superação racional da simples leitura de textos teóricos, do repasse das técnicas de estratégias pedagógicas ou ainda a reprodução dos saberes outrora estabelecidos curricularmente, a saber, em Morin (2005, p. 126), é "a aposta [da] possibilidade correlativa, para o espírito, para o ser humano, para a sociedade, para a história de desabrochar as suas potencialidades complexas".

Nesse esforço de análise, as considerações oriundas da pesquisa qualitativa nos permitem ir além e buscar constantemente os vínculos possíveis de tensões, criações, ressignificações, que em nosso objeto de pesquisa se fazem presentes no trabalho que o coordenador pedagógico realiza em seu dia a dia profissional. Cabe destacar ao enunciar o termo **estudo-pesquisa** o respeito à percepção (e assim nos permite a opção da abordagem escolhida nesta obra: qualitativa) que tivemos para com o esforço das profissionais entrevistadas em **estudar-pesquisar** como foco central de suas ações cotidianas (de suas "tarefas típicas") para com a formação continuada, e ainda, as palavras de Brandão (2012, p. 93-94), que expressam nosso sentimento pela busca do/no sentido de se fazer Educação/escola e formação:

> Afinal, quem é transdisciplinar? O que é ser transdisciplinar? Como se cria um pensamento complexo de forma coletiva e efetivamente pedagógica? Como se vive a experiência da transdisciplinaridade em um currículo escolar de um sistema público de educação? Como se cria e consolida "isto"? Que instituição de ciência, arte ou pesquisa é ou tende a ser de fato imanente ou transcendentalmente transdisciplinar? [...] Assim, aprendi a conviver com estas palavras e seu conjunto interativo de desafiadoras ideias e propostas, como nós, os antropólogos, lidamos com a própria e enigmática categoria fundadora de nossa própria ciência: a cultura. [...] Com relação à palavra e à ideia de transdisciplinaridade, assim como com todo o complexo de críticas ao estabelecido, de novos termos e algumas propostas que a acompanham, podemos acreditar que possivelmente o dilema central que criamos e com que agora nos obrigamos a conviver é que, para a maior parte das pessoas, entre o vagar das teorias e o desafio das práticas, tanto ela quanto o pensamento complexo, a vocação holística e outros imaginários realizáveis, são tomados como um lugar de partida. Como algo de que de saída se parte, seja como inovação do pensamento, seja como sua aplicação direta na pedagogia. Como um complexo que uma vez pensado pode por vocação instantânea ou por decreto governamental de política pública começar de imediato a ser praticado..

O início do estudo é a compreensão, não pretensiosa, mas arriscada diante do engendramento e execução de poderes, começamos no interesse e mesma notação que nos leva à continuidade do estudo (pesquisa), desejo também das pedagogas-formadoras.

Precisamos manter em mente o caráter da formação continuada como escopo das ações dos coordenadores pedagógicos e, em respeito às falas nas entrevistas, utilizaremos para a análise sobre o vínculo na formação continuada o termo: **estudo-pesquisa**, a fim de não perdemos tal foco.

Foi importante percebemos que o aspecto **estudo-pesquisa** traz sentido ao dia a dia das participantes desejosas por desenvolvê-lo numa ação que pudesse ser dimensionada à pesquisa. A mediação do contexto, da objetividade, em tensão às legislações, frente a uma problemática, foram aspectos percebidos nas participações a seguir, há também o desejo de mudança, de não reprodução, mas de reflexão e ação.

Quanto ao vínculo intencional do **estudo-pesquisa** na formação continuada, consideramos que essa referência seja realmente a base teórica de qualquer trabalho de formação. Freire (1996, p. 29) já enunciava que o "ensino exige pesquisa", para o autor a pesquisa é a forma de intervir no mundo. Chama-nos a atenção para que o codinome "professor-pesquisador" (Freire, 1996, NR) não seja apenas a qualidade de um bom professor. Considera a pesquisa como inerente à ação docente, ou seja, nesse sentido, seu argumento favorece o ensino com pesquisa e a pesquisa a favor do ensino, e, para tanto, afirma:

> Não há ensino sem pesquisa e pesquisa sem ensino. Esses que-fazeres se encontram um no corpo do outro. Enquanto ensino continuo buscando, reprocurando. Ensino porque busco, porque indaguei, porque indago e me indago. Pesquiso para constatar, constatando, intervenho, intervindo educo e me educo. Pesquiso para conhecer o que ainda não conheço e comunicar ou anunciar a novidade. (Freire, 1996, p. 29).

É no **estudo-pesquisa** que aspectos do cotidiano do coordenador pedagógico serão realizados numa prática que perpassa na/pela formação contínua que atribui sentido e significado, porém é no desenvolvimento dessa prática que os educadores se farão pesquisadores, na articulação dinâmica, mediadora, crítica e criativa, na provocação de uma prática pedagógica que leve ao posicionamento, como advoga Behrens (2005, p. 83): "instiga a autonomia, a tomada de decisão, a reflexão, a decisão e a construção do conhecimento", adjetivos possíveis na/para formação na ação transformadora das práticas sociais de todos envolvidos no processo.

Estudar-pesquisar requer uma caminhada investigativa que mobiliza as ações do pensamento para a reflexão, criticidade, confronto, busca, movimento, intencionalidade, análise, síntese, transposição à prática, entre tantos outros aspectos. Esse caminhar como forma de intencionalidade na formação continuada, vai além do uso das técnicas metodológicas, perpassa pela iniciativa de abrir as possibilidades para ações inovadoras no cotidiano da escola.

A pesquisa mobiliza para a reflexão-crítica mediante a prática do cotidiano, problematizando-a para que as ações possam ser maiores que as proposições, de relevância intencional, em relação ao objeto no qual a escola efetiva o seu trabalho, sua razão de ser: o conhecimento. É por como o conhecimento se produz no espaço de escolarização formal que se interessam àqueles que estão diante de todos os desafios inerentes a ele, que se formulam e se prospectam na atualidade.

Para tanto, o conhecimento é uma capacidade humana, a qual encontra-se de forma mutável e inconstante, como conteúdo dessa capacidade, as ações são advindas das diferentes realizações individuais e grupais dos seres humanos (Tavares, 2010), os quais se confrontam dia a dia, na prática dos profissionais da Educação entre os paradigmas reprodutores e produtores do conhecimento. Nos dizeres sobre tal referência, a contribuição da PF1:

> *"Minha atuação como pedagoga no dia a dia é estudo, planejamento, supervisão, então demanda um tempo para eu estar me preparando para isso. Me preparando no sentido de buscar subsídios, não tem como dissociar, eu preciso estar, ao mesmo tempo que buscando a minha própria formação, pessoal, com muita leitura, com muita análise de boas práticas, ao mesmo tempo, subsidiando o outro com características diferentes, embora que se saiba que na rede a gente tem um foco formativo, pois vamos ajudar os pedagogos nessa área específica de formação humana, mas existem outras demandas que a gente precisa atender as pedagogas, então é uma busca constante, então demanda tempo nosso para isso".*

Importantes aspectos em relação à pesquisa são evidenciados pela participante: *"estudo, tempo, análise, busca constante"*. Essas atribuições atreladas à formação são basilares, não há formação contínua sem **estudo-pesquisa**, é preciso que a temporalidade para a compreensão e relações que se formulam sejam considerados, a análise da realidade, das possibilidades, incertezas, demandas, entre outras, favoreçam a elaboração da criticidade, a busca constante dimensionando o movimento mutável e inseparável da pesquisa.

Esses aspectos, quando percebidos à luz do pensar da Complexidade numa perspectiva transdisciplinar das ações dos educadores, colocam em evidência questões das práticas com base nos aspectos conservadores de ensino, pois o produto final esperado, a resposta pronta, o conteúdo finito desvirtuam a compreensão da realidade prática tensionada pela sociedade atual, na qual o conhecimento necessita ser contextualizado, significativo, significante, prático, articulado sob uma nova forma de pensar (Santos, A., 2009)). Nesse caminhar, a autora também destaca:

> Na prática do magistério, esse novo referencial representa uma mudança epistemológica e vem sugerindo reconceitualizações de categorias analíticas, uma vez que, pelas orientações dicotômicas das dualidades, valorizou-se somente uma das dimensões de tais dualidades: pela dicotomia inicial sujeito-objeto, houve a supervalorização da objetividade e da racionalidade, como também seguiu-se a orientação de descontextualização, simplificação e redução quando o fenômeno é complexo, em detrimento da dimensão oposta, igualmente integrante dos fenômenos, que compreende a subjetividade, a emoção, a articulação dos saberes disciplinares e o contexto, o mundo da vida (Santos, A., 2009, p. 17).

E nos interessa perceber: no cotidiano do profissional que tem sob sua responsabilidade a formação continuada de outros profissionais, como é ao mesmo tempo a ele, como educador: que a ressignificação e a reconceitualização dessas práticas acabam por tangenciar as ações estabelecidas de forma intermitente e de constantes **estudos-pesquisas**. Percebemos nas colocações da PF6 essa transposição possibilitada:

> *"No meu dia a dia de pedagoga são muitos aspectos positivos, a gente consegue visualizar isso no trabalho. É um encaminhamento que a gente tem, a questão de ver os profissionais dentro de um círculo de aprendizagem, acho que isso é o aspecto mais positivo, é conhecer, é saber. Quando a gente passa de um não saber para um saber. Conhecer é saber. Esse brilho no olho é o maior aspecto positivo no sentido de você auxiliar alguém a vivenciar um pouco mais a sua prática e ir aperfeiçoando esse é o maior aspecto, é a aprendizagem".*

A profissional evoca a *"aprendizagem, o conhecimento, o saber"* e o *"não saber"* como práticas de sua ação, provocando-nos compreender que a continuidade e a mudança podem ser possibilitadas pelo **estudo-pesquisa**. Essa ação, que acontece em espaços de formação contínua, é transformacional, é mutante, é descoberta, é ser educador-aprendente.

Participar ao mesmo tempo como ator ensinante e aprendente é o princípio freireano (1996). É persuasivo na ação da formação continuada no que contribui Nóvoa (1995, p. 25), pois "a formação não se constrói por acumulação (de cursos, de conhecimentos ou de técnica), mas sim através de um trabalho de reflexividade crítica sobre as práticas e de (re)construção permanente de uma identidade pessoal."

Na perspectiva da Complexidade, a visão sistêmica permite-nos vivenciar a realidade para uma ação de efetividade na/para a prática real e situacional. Eis o desafio em nosso cotidiano como coordenadores pedagógicos, esse dia a dia é tenso, inumerável em ações plausíveis (ou não), o conhecimento é volumoso e muitas vezes os *"não saberes"* tornam-se (atualmente) inatingíveis. Para tanto, "religar os saberes" (Morin, 2012) na prática formativa, mediante o *estudo* (pesquisa), pergunta-nos Rosnay (2012, p. 498):

> Aprender e ensinar por aprender é uma coisa. Aprender e ensinar para agir é outra. Aprender e ensinar para compreender os resultados e os objetivos de sua ação é ainda outra. Mais do que levar à acumulação permanente dos conhecimentos, a relação entre analítica e sistêmica deve permitir a religação dos saberes num quadro de referências mais amplo, favorecendo o exercício da análise e da lógica. E não é esse um dos objetivos fundamentais da educação?

Tal Educação se faz no dia a dia tensional escolar, em práticas formadoras, na relação e vínculo que se dimensionam entre os educadores, nas funções inerentes da prática do coordenador pedagógico, nos desejos de transformações desse cenário, em situações reais de **estudo-pesquisa**. Requerer essa mudança é a realidade tangível para esses profissionais, que promovem na dimensão da formação contínua situações de aprendizagem para além das transmissões informacionais, bem considerada na participação da PF2:

> *"Acho que o trabalho de pedagoga no Núcleo é muito gratificante, a gente trabalha com o pessoal para chegar na ponta. Como a gente fala, chegar nas crianças, então a gente organiza os encontros de formação, busca o foco, trabalhando com as pedagogas das instituições, dos diferentes lugares, e para que elas façam uma reelaboração do que foi proposto para trabalhar com cada Unidade, porque cada Unidade tem as especificidades. Assim, tem que elaborar o que a gente apresenta para elas. Então tem esse tempo de estudo, para você montar uma informação que precisa de estudo, porque você tem que saber mais do que está ali. A administração do tempo: essa é uma dificuldade que acho grande, esse tempo de estudo a gente tem que correr atrás".*

A atribuição do aspecto relevante **estudo-pesquisa** para o sucesso do trabalho de formação se dimensiona na questão gerencial do tempo, há o reconhecimento por parte da entrevistada que a referida ação para ser significativa, tem sentido e efetividade de mudança na/para a prática. Também compreendemos que a expressão de *"correr atrás"* retrata a busca constante e necessária mediante as mudanças reais da atualidade.

A pedagoga-formadora (PF2) é envolvida por esses aspectos em seu dia a dia, na sua ação em práticas de formação contínua, percebeu que no **estudo-pesquisa** o fator tempo é premente, angustia-se, sente-se envolvida pela impossibilidade de acompanhar todas as mudanças e novas demandas que emanam de suas próprias ações. A gestão do tempo e o sentido inacabado dos saberes trazem a questão da prática formadora — e necessária —, que também é dimensionada por Freire (1996) na exigência do envolvimento "consciente" que "lidamos" com "pessoas capazes de intervir no mundo, de comparar, de ajuizar, de decidir, de romper, de escolher, capazes de grandes ações, de significantes testemunhos, mas capazes também de impensáveis exemplos de baixeza e de indignidade" (Freire, 1996, p. 51-52).

Essa questão também foi relevante nas palavras de outra participante, PF5:

> *"Então, quando cheguei aqui (referindo-se a sua entrada no NRE) para mim o grande desafio é o gerenciamento do tempo. Porque nós temos as demandas administrativas e as demandas pedagógicas e as emergências que envolvem profissionais e crianças. Eu achei que nosso papel era estudar muito, se aprofundar muito para auxiliar os profissionais nas Unidades (referindo-se aos Centros Municipais de Educação Infantil [CMEIs]). E eu sinto a falta desse tempo. Para mim o dia tinha que ter mais oito horas de trabalho, a semana mais cinco dias de trabalho... Então a questão é o gerenciamento do tempo".*

O aspecto relevante do trabalho para essa profissional é o gerenciamento do tempo em relação com o **estudo-pesquisa**, e o quesito de autoformação em relação ao formar e ser formado. São questões relevantes associadas aos aspectos do fazer da pedagoga-formadora, ou seja, organização e gerenciamento do tempo; a importância do estudo contínuo e autoformação para a formação; a importância do significado da pesquisa à realidade de cada Unidade (Centros Municipais de Educação Infantil – CMEIs); a reflexão teórica a partir da prática; o direcionamento no estudo.

Nesse sentido, a ação pedagógica formadora requer dos coordenadores pedagógicos a compreensão mediante os aspectos de ser e estar no mundo, mundo este que se dimensiona na incerteza temporal e na percepção doravante dos não saberes em detrimento dos saberes únicos e finitos. E no espaço escolar, a tensão que se forma na relação tempo-saber se torna em evidência na ação desse profissional da Educação, a sensação constante de "não dar conta" é sintoma marcante do seu dia a dia. Alarcão (2001, p. 43) adjetiva as características que se formam na prática escolar mediante a ação desse profissional:

> As estratégias intencionalmente formuladas são rígidas. Mas é preciso ter em conta a presença das estratégias emergentes, ou seja, as configurações que vão se formando (diferente de formulando) como resposta a situações concretas, emergentes do terreno, ainda que não tenha sido pensada nenhuma estratégia prévia. Essa reconceptualização [sic] afasta a associação que frequentemente se estabelece entre o pensamento estratégico organizacional e uma visão descendente, hierarquizada, dominada por objetivos rigidamente definidos e planificações rígidas, demasiado planificado e inflexível, exageradamente estruturada, pouco aberta às exigências da realidade. Se é certo que a visão estratégica implica a definição de objetivos, ela não pode ser equivalente a dirigismo e inflexibilidade. Sem passar a constituir uma permissividade exagerada, deve, contudo, respeitar os indivíduos e o coletivo e criar condições para o desenvolvimento da autonomia de cada um dos atores no contexto dos objetivos fundamentais definidos pelo coletivo.

São essas as características do cotidiano na formação que se vinculam ao **estudo-pesquisa** como dimensão formadora, como afirma a autora que "vão se formando", não sendo "formulados" — mas formados —, tensionam justamente o indicado pela participante na dimensão tempo-saberes. É preciso tempo na formação de saberes, é preciso saber para organizar o tempo, temporalidade tensional mediante o cotidiano escolar, cotidiano fortemente imbricado em aspectos de cunho e marcas profundas sociais do tempo presente, cotidiano que é histórico na ação prescritiva, porém modal na prática atual.

Nosso intuito em focalizar a escola é no sentido que as práticas das participantes desta pesquisa são manifestas em ações gestoras nos Núcleos Regionais de Educação (NRE), porém são objetivadas para/nos espaços escolares, além desse aspecto, por também saber/perceber e se apropriar o que Cosme (2009) diz sobre a escola: os tempos-saberes que dimensionam a ação formadora contínua de todos os profissionais da educação não podem se abster de concebê-la mediante as inferências sociais, atuais e tensionais do espaço-escola. Sociais no sentido de que é na escola que a vida da comunidade se manifesta; atual, porque estamos todos nós envolvidos no debate com as "contradições, equívocos, ambiguidades e bastante incertezas quer acerca das finalidades e funções dessas escolas, quer acerca das relações que se configuram, hoje, entre essas escolas e esse mesmo mundo" (Cosme, 2009, p. 16); tensional na dimensionalidade dos aspectos que envolvem a "insatisfação escolar" mediante a sobrecarga e "diante da impressão generalizada de fracasso e obsolescência do sistema educacional" (Pérez Gómez, 2015, p. 31).

Na compreensão que nos propomos em análise da ação **estudo-pesquisa**, mediante o tempo e saberes manifestos no cotidiano dos coordenadores pedagógicos, em voga a incerteza da prática, que por um lado pode ser queixa, mas, por outro, pode ser a dimensão necessária que promova a motivação para a continuidade do trabalho pedagógico. Articulando-se a esse aspecto, a participante PF4 afirmou:

> "Cada um tem a sua realidade (referindo-se aos CMEIs), então a gente vai e pergunta o que está acontecendo, acompanhando as práticas, a gente senta com elas (referindo-se aos pedagogos dos CMEIs), conversa sobre tudo aquilo que ficou para ela de concreto. Analisa com elas o que é possível transpor de tudo aquilo que estudamos, o que é possível transpor para prática daquela teoria. Assim, o nosso papel é ajudar a enxergar as coisas que elas não veem, porque quem tá dentro do CMEI acostuma, às vezes, ele olha a prática e acha que tá excelente. Mas, nossa função é levar essa prática à luz da teoria e ver o que tá bom, sempre valorizando o mínimo que seja, por menor que seja, sempre ver o aspecto positivo e o que precisa avançar. Pois não se trata do que é o certo e errado, mas é o que eu posso fazer para que chegue numa melhor qualidade de ensino para a criança. Esse é o principal, de parceria e de reflexão-ação mesmo".

Nesse depoimento, a pedagoga-formadora afirma sobre a importância solidária no ato de **estudar-pesquisar** e não podemos pensar em formação educativa sem esse elemento. O solidário dá-se na percepção que temos do cotidiano e o quanto podemos ampliar de forma participativa às transformações. A pesquisa é sempre solidária, ou seja, ninguém pesquisa sozinho, as mudanças perpassam no individual, porém as transformações efetivas na prática escolar são evidentes quando na coletividade são construídas.

O *"enxergar as coisas que elas não veem"* (PF4) é fruto também do **estudo-pesquisa**, à luz da investigação temos possibilidades de mudarmos o nosso olhar; evidentemente não é um trilhar fácil, é sedutor, porém envolve confrontos; há resistências, há frustrações, há avanços e sucessos. É nesse movimentar constante que essa ação formadora baliza e ganha outro patamar em cotidianos de formação continuada, vislumbra-se a possibilidade de se refletir sobre/no cotidiano da prática, pode-se agir mediante tais reflexões, porém com intencionalidade dos processos percorridos de amadurecimento, de envolvimento, de incerteza, de dúvidas, mas que ao final alavancam a transformação da prática social no espaço escolar. Assim, a Educação para compreensão do pensamento Complexo transdisciplinar perpassa pelo benefício sociocultural que formula, nas interligações que possibilita, no entendimento que "não são apenas as mentes que pensamos, mas é o coração do ser humano que é preciso tocar e mudar" (Brandão, 2012, p. 98).

Quando a participante (PF4) se manifesta sobre o seu envolvimento no processo *"a gente senta com elas"* e *"de reflexão-ação mesmo"*, ela coloca-se "com" a profissional atuante no espaço escolar, e não "para" como se fosse algo verticalizado, esse elemento é um **caracterizador fundamental** em qualquer trabalho de **estudo-pesquisa**, pois sugere tanto a continuidade no processo formativo como evidencia o cotidiano da ação do coordenador pedagógico mediante o que é favorável ao desenvolvimento coletivo-escolar.

Não podemos deixar de destacar a questão da montagem no dia a dia de propostas de formação continuada que (ainda) vivenciamos em diferentes situações, tal montagem acaba por desconfigurar a demanda atual do que é relevante à qualidade das práticas. Para tanto, compreende-se em algumas propostas a escola como foco, porém se externaliza o dia a dia dos profissionais com programas verticalizados que acabam por impor uma formação contínua que pouco tem a ver com a realidade deles e suas necessidades pedagógicas.

Tal postura coloca, por um lado, a "eterna vontade" de se receber "receitas para dar aula" ou "procedimentos de como fazer a prática pedagógica escolar" advindos dos fatores históricos conservadores, é quando ratificamos o conhecimento como produto e nos distanciamos da realidade imanente e eminente, distanciando-nos da reflexão crítica para uma educação transformadora e significativa-emergencial.

Vivemos "à sombra do paradigma dominante, um intenso cretinismo, coquetel de racionalização delirante" (Morin, 2005, p. 95), esse anuviamento que opera em nosso dia a dia escolar é determinista, reduzindo as possibilidades criativas e criadoras dos seres humanos. A individualidade do conhecimento gera comportamento etnocêntrico numa realidade que é ao mesmo tempo objetiva e subjetiva, diversa e plural, eloquente e delinquente, precisamos realizar como educadores "as problematizações da verdade" (Morin, 2005, p. 105), no entanto a manutenção da certeza disciplinar só corrobora ainda mais as segregações socioculturais.

E novamente destacamos: não há mal-estar em sabermos sobre os fazeres escolares, o "erro e a ilusão" (Morin, 2005) está na concepção dos profissionais da educação entre os fazeres, poderes, subjetividades e a relação transdisciplinar ao campo sociocultural em que esses fazeres acabam por se configurar como determinadores das práticas humanas, porém essa configuração necessita ser reconfigurada, reformulada frente à volatilidade do tempo presente, que emana das multiculturas, das diversidades, das inúmeras inferências da/na atualidade.

O aspecto solidário no **estudo-pesquisa** evidenciado pela participante (PF4) em seu dia a dia, dimensiona a ação do coordenador pedagógico para repensarmos a escola atual, no que também nos alerta Pérez Gómes (2015, p. 39-40):

> A escola academicista atual, embora em uma fase mais desenvolvida e sofisticada, segue o mesmo esquema da escola industrial, portanto, dificilmente pode responder às exigências de um mundo, já não mais mecanizado, e, sim, aberto, flexível, inconstante, criativo e incerto.

No que tange à questão às ações desse dia a dia, os fazeres do coordenador pedagógico em práticas de formação contínua destacam a importância de reconfigurarmos as nossas práticas, tal reconfiguração precisaria se pautar sobre outra dimensão de aporte teórico para além dos até então organizados, em ruptura, em processo, em postura, no fazer-acontecer. Para tanto, a dimensão operada pela Complexidade na ação transdisciplinar advogada por Moraes (2014, p. 37) é definida como:

> A transdisciplinaridade nos ajuda a promover a alteridade, a resgatar o respeito ao pensamento do outro que é diferente do meu, a compreender o que acontece em outros níveis de realidade do objeto e de percepção dos sujeitos aprendentes, a reconhecer a importância dos conhecimentos antigos e a explorar outras maneiras de ser (conhecer) e aprender.

E é nesse sentido que podemos pensar nossas práticas de **estudo-pesquisa** em projetos de formação contínua, nesse ato solidário da coletividade, e consequentemente de "respeito" no compromisso que "ensinar exige pesquisa", no que elabora Freire (1996, p. 29).

E ainda, na demanda escolar atual, na qual a coletividade da solidariedade desenvolveria o sentimento humano de estudantes/pesquisadores/ educadores/formadores em nossa luta dos direitos transformacionais para a prática cidadã de ser e estar no mundo, (Freire, 1996).

Podemos evocar a ação educativa numa prática intencional possuidora/criadora de uma interlocução qualificada mediante as necessidades reais e sociais da atualidade (Cosme, 2009); significar a vida e o Ser educador em referência à mobilização de produção efetiva dos conhecimentos de relevância ao acesso e permanência (sobrevivência) do/no mundo (Nóvoa, 1995); dimensionar sob a égide do paradigma da Complexidade, que permite compreender que os fenômenos que emergem são sempre "históricos, dinâmicos e provisórios" (Santos, A., 2009, p. 36); reorganizar e recentralizar a dinâmica escolar para um processo de aprender sistêmico, sem "estrelismos e atitudes que venham ferir a dignidade e os sentimentos [...]" (Behrens, 2005, p. 102).

Para tanto, o **estudo-pesquisa** envolve o dimensionamento prático da transdisciplinaridade na perspectiva complexa do desenvolvimento do pensamento, um novo pensamento, que nos permite romper "a impossibilidade lógica (círculo vicioso); a impossibilidade do saber enciclopédico; a presença toda-poderosa do princípio de disjunção e ausência de um novo princípio de organização do saber" (Morin, 2008, p. 31). E nessa perspectiva, é fazer educação hoje! É repensar a escola! É legitimar nossa função educativa! Redimensionar as ações na formação dos educadores em processos educacionais que não envolvam apenas foco conteudístico, mas possam:

> [...] integrar em suas aulas momentos que levem o indivíduo a refletir sobre si e sobre o outro, a trabalhar com sua emoção, com seus sentimentos e, ao mesmo tempo, a considerar a intuição, e não apenas a racionalidade. Dessa maneira, é essencial que se busquem essas mudanças e se repense a formação de professores de uma forma mais articulada, desvinculando-se, quando necessário, do tradicionalismo que tanto subsidia o trabalho docente. (Rodrigues; Saheb, 2015, p. 184).

O cotidiano do coordenador pedagógico, portanto, auxilia e pressupõe pensar a "escola sobrecarregada, os fazeres pedagógicos de reprodução e transferência, a descontextualização e a fragmentação, o tédio, a passividade e desmotivação, o individualismo e isolamento" (Pérez Gómes, 2015, p. 46). Assim sendo, a prática transdisciplinar é incluir na finalidade e na essencialidade do papel social — de todos que se envolvem nos processos educacionais — o desenvolvimento das "capacidades, competências ou qualidades humanas fundamentais que o cidadão contemporâneo necessita para viver satisfatoriamente em complexos contextos [...]" (Pérez Gómes, 2015, p. 46).

O fazer **estudo-pesquisa** vai além da formulação dos cursos e temáticas de formação continuada, vai além da leitura de textos teóricos, permite sob o pensar Complexo questionar o que se ensina e se aprende mediante as interlocuções e inter-relações do que efetivamente significa estar e ser no mundo, interpela o pensamento simplificador do pensamento linear, em Morin (2008, p. 36), nosso argumento:

> - *idealizar* (acreditar que a realidade possa se reabsorver pela ideia, que o real é inteligível);
> - *racionalizar* (querer encerrar a realidade na ordem e na coerência de um sistema, proibir qualquer transbordamento deste, ter a necessidade de justificar a existência do mundo conferindo-lhe um certificado de racionalidade);
> - *normalizar* (quer dizer, eliminar o estranho, o irredutível, o mistério).

Não se compensa as práticas formadoras pelo simples ideal de se fazer bem e o bem-feito em concepção da ação; não se sustenta o simples credo na racionalização dos discursos oriundos dos referenciais teóricos que problematizam as práticas escolares; não se legitima a ação formativa pela simples normalização histórica dos processos feitos/refeitos, testados/retestados, incansavelmente avaliados e enumerados como princípio, orientações, deliberações, pareceres e escalas em ranking.

Não se dispensa o simples! Porém, cumpre-nos ir além desse olhar, cumpre-nos vê-lo sob outro referencial que nos mobilize pela efetividade das habilidades requeridas a nós todos, do conhecimento promovido neste espaço: escola; em/no tempo: agora; na/para tensão: real-social, em consonância com Morin (2008, p. 36):

> Eu parto também com a necessidade de um princípio de conhecimento que não apenas respeite, mas conheça o não--idealizável, o não-racionalizável, o que foge às regras, o

> enorme. *Nós precisamos de um princípio de conhecimento que não apenas respeite, mas revele o mistério das coisas.* Originalmente, a palavra método significava caminhada. Aqui, é preciso aceitar caminhar sem um caminho, fazer o caminho enquanto se caminha. [...] O método só pode se construir durante a pesquisa; ele só pode emanar e se formular depois, no momento em que o termo transforma-se em um novo ponto de partida, desta vez dotado de método. [...] Então, talvez, nós poderíamos aprender a aprender, aprender aprendendo. Então, o círculo poderia se transformar em um espiral em que o retorno ao começo é precisamente o que o afasta do começo.

A ação no cotidiano do coordenador pedagógico requerente é a que se estabelece numa dimensão-social do contexto escolar, em tempo histórico e mediante uma cultura organizacional (Samia, 2012), porém em mediação: o conhecimento que é objeto de trabalho/de lida/do fazer escolar, não é finito! Quanto mais conhecemos, menos nos aproximamos da realidade e estamos constantemente à mercê do "erro e a ilusão" (Morin, 2005) produzidos inerentemente pelos conhecimentos até então (re)produzidos. E o cotidiano nos lança à realidade tangível e inacabada de ser educador, em/na formação contínua: em situações diárias que são sazonais.

Na contribuição[45] desta pesquisa, juntamente com as entrevistas que estão sendo analisadas, houve em um dos momentos a oportunidade de realizarmos a observação participativa em uma ação[46] de formação continuada organizada por uma das pedagogas-formadoras (PF2).

Na observação participativa realizada, pudemos vivenciar como um encontro prático de formação foi organizado e as relações estabelecidas entre os profissionais, com destaque para ser um momento de **estudo-pesquisa**.

Iniciou-se o encontro com a pedagoga-formadora responsável, que enunciou que o primeiro momento da manhã seria de *"reflexão teórica da prática"* (PF2). Foram mostradas algumas fotos de espaços escolares dos Centros Municipais de Educação (CMEIs), os quais as pedagogas em formação haviam enviado ao Núcleo Regional de Educação (NRE) anteriormente ao encontro.

---

[45] A abordagem qualitativa na qual se aloca metodologicamente este trabalho, tangencia a possibilidade de intercruzar informações oriundas dos dados coletados. Fundamentalmente Flick (2009) evidencia a triangulação transversal, e Amado (2013) media a interpretação dos dados pelo equilíbrio entre as técnicas de coleta, com lógica ao discurso que está sendo analisado.

[46] No decorrer da entrevista com a PF2, fomos convidados a participar de um chamado *encontro de formação* com 35 pedagogos de Centros Municipais de Educação (CMEIs) e pedagogos que atuam nas escolas municipais que possuem turmas de Educação Infantil.

Analisaram como o espaço estava organizado em relação a criar situações que favorecessem o brincar da criança da Educação Infantil. O foco desse encontro, chamado pelas participantes de *"encontro de formação"*, está organizado durante esse ano no eixo brincadeira.

Conforme a pedagoga-formadora mostrava as imagens, todos os participantes emitiam suas opiniões, em consideração:

"Espaço muito pequeno para a quantidade de brinquedos disponíveis, tem pouco espaço para as crianças transitarem".
"Brinquedos adequados, porém, mal distribuídos por tema dos cantos de aprendizagem".
"Espaço bem-organizado, parece que os professores e educadores pensaram como iam organizar antes, assim ficou bem distribuído".
"Vejam essa criança como interage na brincadeira, mas o telefone está quebrado".
"Na brincadeira é importante que haja movimentos dos adultos para orientar aquelas crianças perdidas na escolha" [...] *"o adulto tem que brincar com a criança".*

A pedagoga-formadora, após as discussões, retomou as falas das participantes problematizando:

"Então, pessoal, quais seriam os aspectos relevantes para que a gente pudesse organizar um espaço adequado e criativo para que as crianças desenvolvam de forma efetiva o ato da brincadeira com intencionalidade?"

Na sequência foi distribuído um texto acadêmico, de referência sobre o brincar e o desenvolvimento da criança, e o grupo em formação foi dividido em equipes, as quais deveriam fazer a leitura do texto, escolher cinco pontos centrais, discutir e realizar a socialização sobre os aspectos que o texto trazia, as fotos analisadas e a reflexão para a mudança e melhoria da prática nos Centros Municipais de Educação Infantil (CMEIs).

Percebemos que todos se esforçaram nessa leitura, perdendo-se o foco após um tempo, porque o número de cópias não era suficiente para todos os membros da equipe, a divisão da equipe também contava com um número grande de participantes, média de seis pedagogos/diretores, porém a leitura ocorreu e houve certa organização para cumprir as consignas propostas.

No momento da análise do texto teórico, com as fotos e a discussão mediante a problemática colocada, houve participação muito grande de todos os presentes. Nas discussões houve pouco vínculo com referência ao texto, como todos encontravam-se no dia a dia do espaço escolar, as reflexões ficaram no campo das sugestões:

- *"Eu faço assim no meu CMEI, e dá certo".*
"Eu não tenho espaço mesmo, então a gente faz como dá e as crianças acabam interagindo".
"Eu penso que após a leitura desse texto a gente vê como está distante aquilo que a gente pode fazer e aquilo que a gente faz de verdade".
"Eu ainda estou esperando a verba para comprar brinquedos novos e jogar fora os cacarecos".
"Ah, mas você pode fazer de papelão".
"O difícil do papelão é que toma espaço e junta lixo, dura no máximo duas vezes da brincadeira, porque as crianças são pequenas e estragam".

Destacamos nesse relato que: a proposta pelo **estudo-pesquisa** a partir das menções "reais", utilizando-se da fotografia dos espaços escolares, vinculou-se de forma positiva com a formação continuada, trazendo significado e problematizando questões a partir da realidade.

A oportunidade vivenciada pelas participantes, na troca do cotidiano para fomentar a reflexão mediante a leitura, também é relevante, pois ao verbalizarem suas percepções a partir do elemento desencadeador do processo, surgiram aspectos que facilitariam as possíveis conexões no decorrer da leitura teórica com a prática.

Outra questão importante para se desenvolver o **estudo-pesquisa** como fundamento da formação continuada foi a problematização feita pela pedagoga-formadora, assim direcionou-se o processo, instigando as participantes para inter-relacionarem as discussões iniciais e a leitura a ser realizada.

Os limites nesse momento de formação continuada ficaram por conta da escassez do material disponibilizado para a leitura, dificultando a interação das discussões, pois nem todas podiam ter o material em mãos.

Também outro limite foi a questão da retomada do texto teórico, as reflexões feitas, a consigna proposta. A pedagoga-formadora não fez a mediação para que no decorrer das colocações das equipes de trabalho fosse sendo vinculado à prática no espaço dos CMEIs as proposições que o texto estudado trazia, ficando nesse momento somente a ação pela ação, no campo do fazer.

Numa perspectiva transdisciplinar, a prática evocada é a de "reforma do pensamento" (Morin, 2008). Para tanto, Moraes (2012), no pensar da Complexidade, delineia a realidade posta, sugerindo que se inter-relacione o desenvolvimento profissional tanto em aspectos teóricos reflexivos, mas (e também) se indique oportunamente os vieses que se inferem nas relações humanas, as quais são as evidências postas nos contextos escolares da nossa atuação educativa. Nesse sentido, pensar de "forma reformada", mediante a proporcionalidade indeterminada que o fazer pedagógico de leitura de textos e/ou análise de boas (claro, significativas) práticas trazem, necessitam ser também problematizadas frente ao cenário de mundo "complexo e plural, imprevisível, o que, por sua vez, requer um pensamento complexo, relacional, problematizador, capaz de fazer perguntas congruentes com a problemática que nos afeta" (Moraes, 2012, p. 19).

A retomada da vivência e a centralidade na prática das profissionais dimensionam de certa forma essa questão, porém é preciso distanciar-se do fazer pelo fazer, evocar novas dimensões dessa prática, que requer dos coordenadores pedagógicos um olhar mais minudente para a pesquisa, em critérios menos apologistas e mais contributivos do fazer Complexo-transdisciplinar, ou seja: a Complexidade demanda o entendimento e compreensão teórica mediante a realidade atual, a transdisciplinaridade evoca princípios da atuação na/para prática na realidade.

No que diz respeito à realidade educacional, temos a percepção incômoda do tempo presente, as angústias operantes mediante os desafios das proposições nos processos de ensino-aprendizagem. Nas ações dos educadores, percebemos o esforço em mobilizar-se para a mudança, porém além da mudança, é necessário conceber o sistema educacional sob outro desígnio teórico-prático, muitas vezes nossos pensamentos reivindicam o ato transformacional, porém na transposição à realidade o reflexo histórico conservador é latente.

Porém, e operante, a consciência que temos, não tem sido suficiente para modificar nossa ação, ficamos ainda no discurso da necessidade sem efetividade, gerando certo círculo vicioso das práticas formadoras. Temos percebido nas opiniões emitidas pelas participantes que há consciência da importância do ato de se **estudar-pesquisar** como maior evidência dos seus cotidianos, do agir do coordenador pedagógico, porém se não compreendermos ao indicado por Moraes (2012, p. 21) que "este momento da humanidade requer uma mudança profunda de consciência para que possamos compreender as redes de interdependência nas quais estamos todos envolvidos, conscientes ou não".

Tal consciência interdependente é alocada nos princípios da mudança em direção ao desenvolvimento não somente do conhecimento (da *episteme*) é também e concomitante, além: do conhecimento humano, da inteligência no sentido ao que Morin (2001) postula hominização e planetarização, ou seja, a consciência da consciência responsável pelas atribuições do nosso Ser-Estar no mundo, e em nosso caso — profissionais da educação — Ser-Estar no mundo requer incluir, advertir, inferir, agir, problematizar, vivenciar, dimensionar possibilidades, destinar e centrar, entre outros aspectos que fazem parte do enunciado pela legislação[47] como "tarefas típicas" do coordenador pedagógico.

A mobilidade dessa consciência advinda do **estudo-pesquisa** constante e reflexivo, a crise instaurada no caos social e a sua mutabilidade não operam mais em programas formadores que determinam o conhecimento adquirido, na destinação dos objetivos, é mister que a taxonomia (ordem correta e cadenciada) perpasse por uma antitaxonomia, ou seja, da organização prevista do pensamento para o "pensamento reformado e a reforma do pensamento" (Morin, 2008), práticas transdisciplinares das proposições de formação contínua, considerando que ao mesmo tempo estamos incluídos na/da/para a ação.

4.1.2 A Formação Continuada e a Importância do Vínculo nas Ações Formadoras

Outra ação fundamental mencionada pelas pedagogas-formadoras nas entrevistas foi a criação de **vínculo** como integrante da formação continuada que se estabelece numa prática de relação humana em seus cotidianos profissionais.

Em todos os momentos das entrevistas e observação participativa feita no grupo de formação continuada, houve uma preocupação muito grande por parte das profissionais em respeito à questão de se criar **vínculo** para que a formação ocorresse de forma efetiva.

O **vínculo** desencadeia os aspectos inerentes nas ações humanas de conexões, de ligadura, de relação colaborativa e profissional, no registro da PF3 pode-se perceber que:

"O desafio é você estar lidando com um adulto, a gente trabalha com a formação de profissionais que estão ali trabalhando com as crianças. Então é diferente a forma de você trabalhar com as crianças do que você trabalhar

---

[47] Em menção ao Decreto 762, de 3 de julho de 2001, do município de Curitiba.

com adulto. A gente coloca o desafio: primeiro criar um vínculo com esses profissionais que estão lá na Unidade entendendo que eles sabem muitas coisas, têm muitas experiências diferentes, mas vão estar precisando desse acompanhamento do pedagogo para pensar sobre essa prática, pensando sobre isso, ou analisando com o pedagogo junto. Nos momentos de permanência[48] é que ele vai ajudar o profissional a perceber sua prática e trazer elementos para mudar uma concepção de trabalho que ele tem. O desafio é que a gente lida com concepção de mundo das pessoas, então tem a questão da concepção de como a pessoa entende o mundo e nós consideramos, pois, esta questão infere diretamente do trabalho".

Essa profissional traz importantes considerações sobre a importância de se criar **vínculo** para que o processo de formação se efetive de forma transformadora. Deixa perceptível o respeito à história profissional daqueles que estão na prática do espaço escolar, elenca a importância sobre o paradigma pessoal de vida em relação à profissionalidade, traz em voga a questão da mudança paradigmática da prática, que não se desvincula do Ser-humano como pessoa, como indivíduo, mas que apresenta caminhos que podem ser trilhados pelos formadores a fim de haver a coparticipação para a reflexão.

Coloca o pedagogo-formador como mediador do processo de reflexão na prática, para que as mudanças ocorram, responsabiliza-se, põe-se como condutor. Temos ainda a PF1, que indicou em sua participação convergindo ao pensamento exposto pela PF3:

"O pedagogo precisa estabelecer o vínculo. O vínculo com aqueles que serão os seus parceiros mesmo, certo! Eu preciso ter vínculo com os meus pedagogos, porque se não fica difícil, acredito que as coisas não fluem bem. O pedagogo, o formador, o pedagogo — o formador — (repetiu, com ênfase), ele precisa desse vínculo".

Na mediação pretendida pelas profissionais em questão, o **vínculo** é o princípio que, ao ser desenvolvido, facilitará as propostas de formação continuada, os profissionais atribuem ao seu dia a dia como pedagogas

---

[48] A menção *"permanência"* refere-se à hora-permanência que integra a jornada de trabalho dos professores e educadores, conforme disciplinado no Estatuto do Magistério de Curitiba, Lei Municipal 6761/85, Art. 20: "A jornada semanal de trabalho do Magistério é constituída de horas-aula, horas-permanência e horas-atividade" (Disponível em: https://leismunicipais.com.br/a/pr/c/curitiba/lei-ordinaria/1985/677/6761/lei-ordinaria-n-6761-1985-dispoe-sobre-o-estatuto-do-magisterio-publico-municipal. Acesso em: 20 nov. 2015). Nesses momentos os profissionais realizam planejamento das aulas, estudos direcionados, cursos, entre outras ações que envolvem o trabalho pedagógico.

a preocupação em criar, fomentar e manter esse atributo. O laço que se estabelece envolve as práticas formativas como sendo desencadeadoras de possível sucesso, e em caso de quebra, originando fracasso, o que centraliza a preocupação das participantes sobre a questão.

Há questões concomitantes que se revelam no espaço escolar, sendo geridas e vivenciadas por pessoas. São questões da cultura na/da escola que, fomentadas pelas ações e percepções, sentimentos, histórias de vida, desejos e necessidades constantes, e das marcações socioculturais, compõem as características de cada realidade.

Dessa forma é pertinente as considerações/preocupações das participantes em relação ao pensamento formulado por Alarcão (2001, p. 27), a qual afirma:

> Os saberes profissionais, em permanente desenvolvimento, são construídos nas interações que se estabelecem entre o formando e o meio em que vive e atua. É uma abordagem sócio-pessoal, de desenvolvimento pessoal e social, assentada numa metodologia de aprendizagem experiencial, de ação-formação-investigação, em que o formando constrói seu saber mediante a realização de diversas tarefas que o levam a assumir diferentes papéis e a interagir com pessoas distintas. O supervisor assume o papel de organizador e gestor de contextos de desenvolvimento e, simultaneamente, de facilitador da formação nesses mesmos contextos.

O contexto coloca-se como real na medida que o sociopessoal se mobiliza para uma prática ativa, assim o investimento das profissionais em formação continuada volta-se para que suas ações interajam de forma efetiva nessa realidade, com pessoas, só pode ser salutar para o processo de formação continuada.

No sentido da especificidade humana em Freire (1996, p. 94), a afirmação: "me movo como educador porque, primeiro, me movo como gente", veicula o princípio respeitoso das relações que são (ou assim deveriam ser) humanas, a convergir com Morin (2001, p. 61-62), que explicita no escopo do pensamento Complexo:

> O paradoxo da unidade múltipla consiste em que aquilo que nos une é aquilo que nos separa, a começar pela linguagem: somos gêmeos pela linguagem e separados pelas línguas. Somos semelhantes pela cultura e diferentes pelas culturas. O que permitirias a compreensão entre as culturas provoca

a incompreensão, quando se vê apenas a diferença e não o fundo antropológico comum. O mesmo se passa com os indivíduos: somos incapazes de nos compreender enquanto vemos apenas a alteridade e não a identidade. O cúmulo do paradoxo consiste em tratar um humano como se fosse um cão, um rato, um quadrúpede, uma serpente, um lixo, um excremento, ou seja, repeli-lo para fora da espécie humana.

É, portanto, no "trato" das relações que formamos, é no *vínculo* relacional que trazemos a proposta que viabiliza a prática do coordenador pedagógico como sendo inovadora, o que leva a romper com as verticalizações tão bem geradas e cristalizadas nos espaços educativos, para então, de forma "respeitosa e humana" (Freire, 1987, 1996), se possa transdisciplinarizar as ações da formação.

Se mediados pela Complexidade, o humano, o Ser, a existência de pertencer e agir são fundamentais, é indo além, inter-relacionando, inter-comunicando, interlocutando, religando, reformando que estabelecemos nosso cotidiano educativo. A formação pressupõe e é também processo de ensino-aprendizagem, pois há necessidade de compreender como se configuram os ensinos e as aprendizagens. Para tanto, as interações não são somente da ordem cognitiva, são coaprendentes, envolvem as ordens relacionais-humanas que são evidentes (e até mesmo, maiores) na atualidade. A desgravação da entrevista da PF2 sobre sua ação, sugere nessa vertente:

"Porque muitas vezes você chega lá, e fala, fala, e a pessoa que está angustiada, acaba não prestando atenção no que você fez. Então a gente deixa um tempinho para conversar sobre as dificuldades. Daí elas relatam o que está acontecendo; então vamos resolver isso da melhor forma possível. Mas, temos a pauta da visita, então temos que dar conta, temos o texto para ler, para subsidiar e a gente tenta montar assim: uma pauta coletiva, como nós somos em três, a gente divide as Unidades, porque temos escolas com a Educação Infantil e CMEIs. A gente divide, mas atendemos num todo. Durante o processo, de repente, uma não está e era a referência; então a gente atende. Na supervisão até vai para ter um acompanhamento, se hoje vai uma, amanhã vai outra, daí não sabe como que está, por mais que eu te conte, não é a mesma coisa que o olhar e o vínculo, então a gente vai fazendo esse acompanhamento".

Percebe-se pela fala que há o compromisso da pedagoga-formadora com o processo de organização para a formação, o cumprimento do que foi organizado, porém a angústia frente a esse processo e o aspecto relacional é evidente, há uma subjetividade nesse compromisso em relação à criação efetiva de **vínculo** como sendo a entrada de uma prática formativa de sucesso ou insucesso.

O cenário que a participante traz é o qual estamos vivenciando na atualidade, uma demanda de ocupações além da intelectualidade e da compreensão literal das formulações científicas até então tidas como certezas. As formulações subjazem à compreensão subjetiva das vivências das profissões, é no **vínculo** das socioculturas que percebemos e nos fazemos profissionais, e, no entanto, não encontramos explicações em roteiros, projetos, planejamentos, estruturas elaboradas. Voltamos a evidenciar que a organização é de suma importância em nossas ações, exige um novo olhar para que a organização dos projetos de formação contínua. A participante (PF2), tensiona a organização prévia do seu cotidiano com a situação pessoal da pedagoga, que está no contexto escolar, ou seja, a *"angústia"* mencionada é comumente percebida pelos profissionais que atuam nessa realidade. O sistema escolar condiciona-se e permanece em estilo de montagem, como evidencia Pérez Gómez (2015), refletindo que é escasso e excludente; as aprendizagens e vivências são isoladas e mediante as exigências reais e atuais a sensação de todos envolvidos é de incapacidade para dar conta dessas multiplicidades de ações que envolvem a função do coordenador pedagógico.

As necessidades da/de vida são cada dia mais tangíveis, socialmente pertinentes e em se tratando da formação não podem ser colocadas à margem do foco e objetivos da prática pedagógica, para tanto a mudança do olhar perpassa pelas exigências profissionais, mediante a uma natureza formadora que se põe em coformação, que em seu cotidiano considera também, e principalmente as pessoas, Seres-humanos. A saber, o que argumentou Pérez Gómez (2015, p. 141):

> [...] experimentar uma transformação tão radical quanto o resto dos componentes do sistema educacional. A visão terá de mudar de uma concepção do [educador] como um profissional definido pela capacidade de transmitir conhecimentos e avaliar resultados para a de um profissional capaz de diagnosticar as situações e as pessoas; elaborar um currículo *ad hoc* e preparar materiais; desenvolver atividades, experiências e projetos de aprendizagem; avaliar processos e monitorar o desenvolvimento integral dos indivíduos e dos grupos. Evidentemente [...] exige competências profissionais mais complexas e distintas das tradicionalmente exigidas, para poder enfrentar uma atividade tão rica quanto difícil; provocar, acompanhar, questionar, orientar e estimular as aprendizagens [...].

Nesse sentido, o perfil exigente à profissionalidade do coordenador pedagógico, nas palavras das participantes nas entrevistas, trouxe a compreensão que em suas ações diárias foram dados os primeiros passos, uma caminhada sem retorno. Em reencaminhamentos, a mediação é social, é cultural, imprimimos — todos nós — de forma concomitante novas maneiras de ser e agir, novas formas para a transformação premente, urgente e necessária, que considere nesse reencaminhar as indicações de Morin (2001, p. 207-208):

> A ordem e a desordem; a organização, os determinismos e acasos; as turbulências, derivas e fases de imobilidades; as estases [o fluxo normal] e as êxtases [o desprender-se, arrebatar-se]; as reações e as retroacções [sic]; os contraprocessos; as latências e as virulências; o cruzamento de devires em choques; as evoluções e as involuções; as progressões e as regressões; os antagonismos; as erupções totalitárias.

Reorganizar as ações pressupõe reorganizar nossa formação pedagógica, na perspectiva da compreensão na realidade, que no agir transdisciplinar indica ser o "rompimento de barreiras e a ultrapassagem de fronteiras ao reconhecer as possibilidades de ocorrência de um trabalho nas interfaces" (Moraes, 2012, p. 29), para tanto é no pensamento da complexidade que se motiva a constante ação, o mover acional é contextual, abrem-se as possibilidades sob diferentes formas e tempos de desafiar-se a novas perspectivas de agir/ser/atuar como profissionais da educação.

As considerações da PF6 se denotam também em **vínculo** ao contexto:

"A gente precisa perceber que o pedagogo atua como orientador das ações, mas pensando sempre que existe o intermediário, eu não tenho atuação direta com a criança. Mas eu preciso pensar nesse profissional, estar diretamente com ele, e trabalhar na riqueza dele, para que ele entenda qual vai ser a melhor atuação dele na prática. Então é bem mais complexo, falar que é igual ao ditado que os mais velhos falam: Se você quer bem-feito, faça você mesmo! Mas nós precisamos pensar o que conta para o nosso intermediário, ou seja, o educador, que interfere no profissional. A gente não pode perder isso de vista".

A pedagoga-formadora PF6 afirma que procura valorizar o pedagogo que possui maior contato consigo, porque não trabalha diretamente com a criança, mas com o pedagogo que está no espaço dos Centros Municipais de Educação Infantil (CMEIs). Assim, *"traz"* o processo que esse profissional elaborou — *"a riqueza dele"* — como ponto de partida para o trabalho que ela realiza na formação, também emite seu parecer frente ao fato dela (pedagoga-formadora que atua no Núcleo Regional de Educação) não ter contato direto com a criança. Mas dimensiona em sua prática tal questão, ou seja, compreende que a sua ação com o profissional que está no dia a dia no espaço escolar infere diretamente na qualidade do objetivo principal desse espaço: o desenvolvimento da criança. Destaca que a atuação desse profissional é prática e *"bem mais complexa"* em relação a sua ação como formadora e transparece em sua fala a visão hierárquica entre pedagogo--formador (NRE) – pedagogo no CMEI – criança.

Alguns fatores nessa colocação nos chamaram a atenção, como o sentido empregado na relação e vínculo estabelecido em associação ao processo que o profissional *"traz do cotidiano"*: transparece a hierarquia entre as funções, originando a tensão entre os poderes que se concretizam no dia a dia do pedagogo-formador. Esse aspecto abrange por um lado o **vínculo** profissional, mas ao mesmo tempo gera a sensação de replicação das ideias de cima para baixo e a externalidade da ação como fator colocado e sutilmente angustiado pela participante. A profissional preocupa-se em saber que o dia a dia da pedagoga do CMEI é complexo, trazendo ao seu reconhecimento as tensões do espaço escolar. Sua prática formadora é de valorizar quem *"está com a criança"*, e a sua ação precisa se preocupar com esse foco.

Desse modo, compreendemos na geração **vínculo**, o fato de a profissional valorizar o que a pedagoga em formação traz do seu cotidiano, como sendo fundamental. Na dimensão da formação continuada e a ação do coordenador pedagógico, Samia (2012, p. 75) afirma que "cabe ao coordenador pedagógico, [...] como articulador, contribuir para um maior investimento na construção dessa cultura colaborativa na escola, tendo em vista que ela é uma importante variável para o desenvolvimento do seu trabalho".

Por outro lado, não se pode distanciar a questão na lembrança trazida por Sprovieri Ribeiro (199?, p. 16) sobre os encontros de formação terem em pauta a discussão ou espaço de queixa dos problemas, inviabilizando a objetividade da proposta de formação contínua, em menção a mesma autora: "os problemas sempre existirão, porém deve-se refletir e analisar coletivamente na busca de um saber coletivo para os problemas enfrentados na escola" (Sprovieri Ribeiro, 199? p. 16).

O trabalho do coordenador pedagógico se vincula evidentemente na relação estabelecida pela participante (PF6), cabe, porém, mantermos a atenção necessária mediante a tensão do coletivo-individual e do individual-coletivo. Nesse sentido, não podemos/devemos nos eximir de considerar as pessoalidades dos profissionais, desejos, necessidades, sonhos e realizações, entretanto, a ação profissional demanda — na escola — que dimensionemos a qualidade no sentido coletivo, ou seja, pela especificidade do cenário as transformações ocorrem nas individualidades (sim!). Porém são legitimadas e reconhecidas na coletividade, nesse aspecto cabem as palavras de Scorsolini-Comin e colaboradores (2010, p. 266):

> É importante que os educadores, administradores e supervisores não pensem em sua atuação apenas como um trabalho voltado para um indivíduo ou uma instituição, como se estes vivessem isolados e não tivessem laços com a realidade social, construindo-a de forma ativa, ao mesmo tempo em que são construídos por ela.

Na complexa organização do espaço escolar, já definia Ganzeli (2009, p. 1), há marcas! A pedagoga-formadora (PF6) transparece esse cenário em sua fala, o autor comenta sobre a gestão na qual o coordenador pedagógico coparticipa, é parte de seu cotidiano e ação desejosa em suas "tarefas típicas".

> A gestão de uma unidade escolar é um trabalho complexo, pois ali é o espaço do passado, do presente e do futuro. Do passado, pois carrega as marcas históricas de uma sociedade e de cada sujeito envolvido no processo. Do presente enquanto espaço de formação e vivência cotidiana de educadores e educandos inseridos no contexto da atualidade. Do futuro na medida em que participa ativamente da reprodução e transformação da sociedade. A escola não apenas reproduz os valores da sociedade contemporânea, mas também produz novas formas de pensar e agir. Neste sentido, ela deve ser compreendida como contexto da realidade.

Nesse "contexto da realidade" que menciona o autor, no espaço/situações da formação, no dia a dia os profissionais passam constantemente por ressignificações e rompimento de organizações/projetos/rotinas — entre outros aspectos — previamente planejados. Dada a natureza do espaço escolar, aspectos até então desconsiderados acabam por abarcar questões que envolvam somente ações conservadoras, há exigências do presente-futuro requerendo reposicionamento dos coordenadores pedagógicos.

O cotidiano da escola não é aspecto neófito nas pesquisas e registros dos autores de referência à temática, há tempos se enuncia o que é vivenciado na prática escolar, pelas equipes que a organizam, a importância da relação, do **vínculo**, do respeito às pessoas, às querências e necessidades como um dos elementos contributivos às práticas coletivas. Temos argumentos em Libâneo (2001, p. 1) que entende "a organização escolar basicamente como um sistema que agrega pessoas, importando bastante a intencionalidade e as interações sociais que acontecem entre elas, o contexto sócio-político".

Temos em Freire (1987, p. 62) a transformação pela responsabilidade e compromisso/comprometimento que assumimos como educadores:

> Um educador humanista, revolucionário, não há de esperar [a] possibilidade. Sua ação, identificando-se, desde logo, com a dos educandos, deve orientar-se no sentido da humanização de ambos. Do pensar autêntico e não no sentido de doação, da entrega do saber. Sua ação deve estar infundida da profunda crença nos homens. Crença do seu poder criador.

O pensamento do autor afasta a cooptação dos participantes pelo fatalismo de acreditarmos que a ação do coordenador pedagógico é um ato verticalizado e externo às subjetividades humanas pelo simples agir na relação, evidencia que a ação se vincula à possibilidade que se tem de ampliar toda e qualquer proposta, de transdisciplinarizá-la, ou seja, é possível pela plasticidade humana ir além dos projetos predeterminados em ações formativas, é possível recriar, reinventar, reanalisar, reestruturar.

É possível conceber a relação vinculativa na ação formativa! O olhar merecedor humano que coloca esses profissionais em coparceria, coautoria, co-Ação (e não coação); no pensamento de Morin (2001, p. 186), as relações "humanas da humanidade" perpassam por uma "alta complexidade" de concepções humanas e civilizatórias, ora, fazer Educação é ser Ser-humano e é agir civilizadamente, é ter a consciência pessoal/individual, mas saber e dimensionar sua manifestação coletivamente, e ainda, ao que nos interessa nesta obra, é fazer Escola! Para tanto, o argumento de Morin (2001, p. 185):

> De qualquer maneira, a baixa complexidade comporta a opressão e a exploração do conjunto da sociedade pelo centro do poder e pelo cume da hierarquia. A alta complexidade deixa que se exprimam antagonismos e concorrências de interesses, e principalmente de ideias, no quadro das leis democráticas, tolera desordens e incertezas, ao mesmo tempo que se mostra capaz de repostar aos imprevistos. Dissemina

retroactivamente [sic] as suas emergências sobre o conjunto dos indivíduos, que dispõem da possibilidade de controlar os seus controladores. Isso significa que a alta complexidade comporta a autonomia individual e o civismo.

Na dimensão da "alta complexidade" às possibilidades educacionais na geração de **vínculo** frente à "baixa complexidade" são performáticas no dia a dia da escola. Por um lado, a inovação dos avanços produzidos socioculturalmente na imensa ação criadora/criativa humana e nas gamas variadas de suas práticas coletivas, são disseminadas pelas mobilidades de acesso possíveis na atualidade. Por outro lado, as exigências de um tempo sem demora que gera a contradição na relação das produções desses conhecimentos outrora paulatinamente organizados, desafiam o cotidiano acional do coordenador pedagógico, requerendo um pensamento que seja "nutrido pela complexidade" (Moraes, 2012, p. 38), seja inclusivo e se "compreenda mediante aos diferentes níveis de percepção do sujeito e diferentes níveis de realidade [...]" e ainda tangenciamos suas ações/práticas/funções aos "pensamentos, saberes, contextos, religando-os" (Moraes, 2012, p. 38).

Nesse sentido da importância do **vínculo** na ação formadora, ficou também demonstrado na pesquisa a forte simbiose entre a prática formadora e a **identidade** desse profissional da educação, trazendo-nos outra referência à questão.

4.1.3 A Formação Continuada e a Identidade do Profissional Formador-Formando

O sentimento de pertença é destaque no que se relaciona aos aspectos de parceria, que promovem a relação horizontal, de colocar-se *"com"* na escola, na formação, porém afasta em alguns momentos a legitimidade **identitária** do coordenador pedagógico. Isso foi percebido na acolhida da resposta da PF5:

"O que me traz muita satisfação são as intervenções que a gente consegue fazer nas Unidades, quando a gente consegue refletir junto com o pedagogo do CMEI consegue algumas coisas na prática, isso é a melhor parte. A parte mais difícil para mim é a formação, os encontros de formação, porque a gente está se formando e formando, tudo que a gente leva para os outros, a gente também está se apropriando dele, então esse é o grande desafio."

A profissional destaca a sua satisfação em ser formadora, em estar junto, porém evidencia a dificuldade encontrada de fazer *"com"*, pois dimensiona ao mesmo tempo os papéis — formadora/formanda. Pensamos que "enquanto ensinamos aprendemos e enquanto aprendemos ensinamos (Freire, 1987, 1996), porém podemos perceber que no decorrer das análises, essa questão colocada pela participante, muitas vezes, tornou-se em peso e fardo para seu trabalho. Da relação vincular saudável para o sentimento comensal a questão sobre sua identidade pode gerar fragilidade na prática.

Na **identidade** do coordenador pedagógico, como já mencionamos neste trabalho, é tangível aos aspectos deficitários, iniciando pelo nome da função. Cabe citar que os nomes desse profissional são diferentes em cada estado brasileiro e/ou município e/ou região. Para os pesquisadores da temática, torna-se um dos primeiros desafios, pois ficamos inseguros (tal e qual os participantes das investigações) sobre que termo adotar e, ainda, ao utilizarmos as fontes de referências se configuram termos/nomenclaturas de acordo com as características de cada contexto. Nesse aspecto, a recente pesquisa de Placco, Almeida e Souza (2011, p. 5-6/NR) inicia-se com a explicação:

> Neste relatório serão usadas as terminologias: coordenador(es) pedagógico(s) ou coordenador(as) pedagógica(s). A denominação para a função ou cargo do que estamos chamando de coordenador pedagógico (CP) é diferente, a depender das redes de ensino (municipal ou estadual) ou das regiões do Brasil. São elas: professor-coordenador, orientador pedagógico, pedagogo e supervisor pedagógico.

Considerou-se que a pesquisa coordenada pelas autoras envolveu a participação de coordenadores pedagógicos nas funções mencionadas de todo o país. Na Educação inúmeros estudos são realizados sobre a identidade profissional, porém a maioria desses estudos é voltada para a ação docente; na ação do pedagogo como formador e na sua identidade é praticamente inexistente a pesquisa.

Nossa curiosidade levou-nos a identificar na pesquisa do Estado da Arte sobre a **identidade** do coordenador pedagógico. Optamos pela investigação de busca básica na Biblioteca Digital de Teses e Dissertações do Ministério de Ciências e Tecnologia (MEC)[49], nos títulos de teses e dissertações sobre o tema. A pesquisa considerou o disponível no referido

---

[49] Disponível em: http://bancodeteses.capes.gov.br. Acesso em: 20 jul. 2015.

banco o período de 2010 até hoje (como explicitado no site). Considerou-se a numeração gerada na busca, na disponibilidade que o sistema produz sobre Área do Conhecimento: Educação e Programas de Pós-Graduação: Educação.

Na entrada da página de consulta utilizou-se os seguintes descritores: identidade do pedagogo, identidade do pedagogo-formador, identidade do coordenador pedagógico, identidade do professor coordenador, identidade orientador pedagógico, identidade do supervisor pedagógico. As especificações constam no Quadro 13, atribuindo-se (MA) para as pesquisas referentes ao Mestrado Acadêmico e (D) referentes ao Doutorado.

Quadro 13 – Produções Referentes à Identidade do Coordenador Pedagógico

Ano	Título das Produções
2011	1. A formação docente nos documentos da ANFOPE, nas DCNs e na pedagogia. (MA)
	2. Percepções de médicos sobre o papel do pedagogo no trabalho com crianças hospitalizadas: o caso do hospital das clínicas da UFBA. (MA)
	3. Os saberes da formação inicial do pedagogo dos anos iniciais do ensino fundamental: experiências nas escolas públicas municipais de Caxias. (MA)
	4. As repercussões das diretrizes curriculares nacionais nos cursos de Pedagogia da UEPA e UNAMA. (MA)
2012	1. Formação do pedagogo: um olhar sobre a trajetória profissional dos/as egressos/as do curso de licenciatura em Pedagogia da UPE-Campus Garanhuns de 1996 a 2010. (D)
	2. A constituição da identidade docente do graduando de Pedagogia: de professor a gestor. (MA)
	3. O trabalho do pedagogo no tribunal de justiça do Pará: os desafios da inovação no exercício profissional. (MA)
	4. O pedagogo da educação infantil: significados e sentidos da atuação profissional. (MA)
	5. Técnicos em assuntos educacionais do colégio Pedro II: história, identidade e limites de atuação. (MA)
	6. O olhar dos discentes sobre o curso de licenciatura em pedagogia da UFPI: narrativas de formação. (MA)
	7. A teoria social do reconhecimento como fenômeno pedagógico: a relação teoria e prática. (MA)
	8. O estágio supervisionado como espaço de construção do saber ensinar. (MA)

Fonte: a autora (2015)

Foram encontradas 12 pesquisas, sendo 11 pesquisas referentes ao nível de mestrado acadêmico e uma referente ao doutorado. Não houve nenhum trabalho mencionado para os anos de 2010, 2013, 2014 e 2015. Demonstrou-se que para cada uma das possibilidades inseridas na busca, como especificado anteriormente, originou-se os mesmos 12 títulos, sendo todos referentes aos descritores utilizados.

Ao se realizar a leitura desses títulos, considerando a curiosidade pelo tão baixo número, buscou-se ler os resumos desses trabalhos. Nessa leitura, em apenas um foi mencionado o profissional coordenador pedagógico. Os outros referiam-se a outras categorias profissionais que não fazem parte da nossa pesquisa.

Nossa curiosidade buscou fazer pesquisa similar, somente em comparação numérica, entre a pesquisa apresentada anteriormente e os descritores: identidade docente e identidade do professor; no mesmo banco de pesquisa, com as mesmas áreas anteriores (Áreas do Conhecimento: Educação e Programas de Pós-Graduação: Educação), no mesmo período já enunciado na busca anterior. Os registros encontrados estão organizados no Quadro 14:

Quadro 14 – Produções de Pesquisa stricto sensu sobre a Identidade Docente/Professor

Descritor da Busca	Nível *stricto sensu*	Totais por Nível	Total Geral
Identidade docente	Mestrado Acadêmico	166	202
	Doutorado	36	
Identidade do professor	Mestrado Acadêmico	147	167
	Doutorado	20	

Fonte: a autora (2015)

É importante ressaltar que mesmo sendo a pesquisa referente ao docente, quantitativamente superior em relação ao coordenador pedagógico, ainda assim é pequena, considerando a importância da elaboração identitária para a formação continuada. Percebe-se pela comparação que as produções referendam a relevância dessa tese, pois o coordenador pedagógico, com suas diferentes nomenclaturas pelo país, é profissional fundamental para o cotidiano da escola.

Ora, se pensamos uma educação da/na prática, há de se evocar a polissemia, a multiface e a complexidade que envolve todo processo educacional. Na formação tal complexidade ganha novo elemento, abrindo-se um fosso entre o real, o possível, a ação, o imaginário, o ideário e as perspectivas do fazer pedagógico.

Essa variância nas nomenclaturas é fortemente marcada pelo processo histórico de configuração da profissão, principalmente na divisão do curso de Pedagogia nas especialidades de supervisor educacional e orientador educacional, e assim, na divisão das atuações desses profissionais, como se na escola acontecessem de forma separada os processos de ensino (designado a ação de um profissional) dos processos de aprendizagem (a serviço de outro profissional) em que ambos foram formados inicialmente pela mesma graduação — Pedagogia — que foi outrora dividida[50] nas atribuições desses profissionais.

Por sua vez, esse pensamento advém da concepção que se pauta num paradigma conservador de sistema educacional e escola, paradigma divisor e linear, separando as disciplinas e hierarquizando os ensinos e as aprendizagens. Também os fez com os profissionais, que em raras situações, mal tinham disponibilidade de se encontrarem, mesmo atuando no espaço comum (escola) em suas necessidades e desafios.

Doravante, não foi a reorganização do curso de Pedagogia na formação de pedagogos que minimizou a situação, muito menos não é/foi uma terminologia na designação do nome da função/perfil/ação/atuação desse profissional que reorganizou o cotidiano da escola, e, ainda, não é somente o aspecto de nomenclaturas que irá dissolver as recorrências do distanciamento sentido/percebido pelos profissionais da Educação. Continuamos com o questionamento de quem forma os professores (que são Pedagogos atuantes como docentes: sala de aula), continuamos questionando quem forma o professor-coordenador, orientador pedagógico, pedagogo e supervisor pedagógico (que são pedagogos atuantes na organização do trabalho pedagógico: gestão/comunidade/alunos/professores).

O que temos em menção é que: Escola é o espaço efetivo da produção dos conhecimentos científicos e significativos, que empodera (sim!) os cidadãos em suas formas de ser e estar nos contextos socioculturais.

Que para a qualidade do processo educativo (ensino-aprendizagem) há inúmeras realidades neste país, difusas e multiculturais; que há inferências sociais das quais não temos (todos!) dado conta de perceber/analisar/compreender/elaborar.

Que somos coprodutores e coautores da promoção da prática educacional transformadora; que as variáveis que permeiam/cerceiam/cercam o sistema de ensino e as redes de ensino são incontáveis.

---

[50] Em menção à Lei da Reforma Universitária n.º 5540, de 1968.

Nesses aspectos, porém, e também, temos a convicção que fazer escola é definir papéis, é saber e compreender o todo e os seus diferentes segmentos, que na designação duvidosa de funções e ações, nesse espaço (escola) de extrema diversidade/multicultural e polissêmico estamos colaborando para a fragilização dos profissionais da educação, dos educandos, da gestão democrática, do papel social da Escola, da estagnação e dissociação do cumprimento legal e social.

A profissão coordenador pedagógico tem seu reconhecimento na sociedade brasileira em contextos de configurações históricas que legitimaram sua existência legal. Porém, a tensão em reconhecimento da sua efetiva relevância à nossa organização educacional, está atrelada ao espaço em que esse profissional exerce a profissão: escolar.

Esse espaço caracterizador pelas variáveis que lhe são inerentes, revestem a ação desse profissional de inúmeras situações de carreira, formulando constantemente e questionando sua qualidade, importância, definições, empregabilidade e consequentemente sua identidade. Cosme e Trindade (2011, p. 11) iniciam um de seus trabalhos sobre a aprendizagem escolar afirmando que:

> É face às exigências políticas, sociais e culturais do mundo em que vivemos que temos que abordar o trabalho educativo nas escolas em função de outras finalidades, de um outro tipo de organização do trabalho pedagógico na sala de aula e de outras estratégias de mediação didática. O desafio é exigente, complexo e diversificado.

Cabe ressaltar que Dubar (2012, p. 354) afirmou que "as atividades que possibilitam a socialização, implicando construção de si e reconhecimento do outro" para delinear a identidade de um profissional, não formulam consensos entre os pesquisadores que se debruçam em investigar essas questões. O autor alerta que o debate é constante e a tensão duradoura, entre as categorias de atividades de trabalho, natureza profissional, organização, remuneração e construção social. Também nos esclarece: tanto em correntes mais conservadoras sobre a profissionalidade, como aquelas interacionistas, não se entra em acordo sobre quais são as características que efetivam trabalho-emprego-identidade.

Para tanto, o princípio identitário é fundamentalmente parte da profissionalidade, a confusão nesse princípio obscurece muitos aspectos da ação dos profissionais: a complexidade da autoformação e o reflexo desta no cotidiano da prática profissional, e ainda a ampla gama de fatores que cercam as pessoas na atualidade traz inúmeros desafios aos estudos sobre a questão.

As profissões são reconhecimentos humanos-sociais mediante a dimensão que se configura nas identidades profissionais, permitindo o reconhecimento mediante as funções e significados das atividades elaboradas ao longo da vida, em processos educativos formais e não formais, de emprego, de carreira, de trajetória de vida da pessoa. Tais identidades profissionais são construídas e organizadas tanto em dimensões coletivas, em seus exercícios, como em elaborações pessoais de escolhas (conscientes ou inconscientes), mas que valoram o reconhecimento dos membros-profissionais das profissões organizadas em diferentes conjunturas socioculturais, a explicação que nos fez Dubar (2012).

Trazendo do profissional que se trata esta pesquisa, não será simplesmente a legitimidade conferida pela legislação que trará o sentido identitário ao coordenador pedagógico, tão pouco bastaria a definição etimológica das palavras que o designa. Porém a relevância de refletir sobre a identidade desse profissional perpassa por aspectos variantes e mutantes, historicamente elaborados, mediante o desafio de atuar num espaço de cunho social da maior relevância, produtor e reprodutor da cultura, com saberes desafiadores, mediados pela inconstância posta na atualidade.

Em qualquer profissão há exigências sociais de permanências e rupturas; atribuir valor ao exercício profissional, em uma sociedade marcadamente regulada pelo trabalho, a mensuração de quanto "vale o labor", atrelam aspectos organizativos tanto quanto qualitativos.

Os aspectos de escolarização e o reconhecimento formalizado ao final de cada etapa escolar, têm sido os de maior relevância para identificar e reconhecer um profissional, atrelam-se a esse aspecto as características principalmente de remuneração, acesso e elaboração da carreira.

Consubstancialmente, a sociedade do tempo presente evoca elementos até então tidos como secundários. O chamamento para a continuidade e o aperfeiçoamento, bem como a necessidade da hiperespecialização se tornaram pungente, fragilizando o sentimento de todos profissionais trabalhadores em relação às remunerações, aos acessos, aos reconhecimentos e consequentemente a suas identidades.

Ter identidade profissional passa por aspectos sociais e, indelevelmente, pelos aspectos pessoais de sua formulação, ou seja, como o profissional se vê mediante suas escolhas, expectativas sobre a profissão, os sucessos e insucessos, as frustrações, o reconhecimento social, enfim, faz parte da sua história de vida.

Diferentes pesquisadores das áreas do conhecimento humano formularam conceitos sobre o que seja a identidade profissional, porém são esses autores que deixam claro em seus escritos o cenário dual, por vezes dicotômico e tensional de uma única definição sobre o tema, o único consenso possível é o de considerar todas as variáveis e multifaces que compõem uma carreira profissional.

Ser profissional, assim, delimita aspectos que não são formulados apenas na aquisição dos conhecimentos técnicos, estes são evidentemente fundamentos, mas ser profissional requer praticamente a peregrinação pessoal em elaborar elementos caracterizados do fazer-profissional. Requer ao longo de uma jornada de vida, de projeção, de transformação, e, cada vez mais, de não acúmulo de saberes somente científicos, perpassa pela carreira de qualquer profissional uma cultura organizada por "atos específicos, codificados, controlados" socialmente (Dubar, 2012, p. 357). Para tanto, "embora se deva falar de saberes profissionais, trata-se de mistos de teorias aplicadas e de práticas reflexivas, indissociáveis de situações de trabalho e de ações experimentadas ao longo de um percurso de formação qualificante" (Dubar, 2012, p. 357).

Essas formulações do autor ratificam aspectos formalizados da profissão do coordenador pedagógico: diante de diferentes formas de egresso, em sua formação inicial, acessa os conhecimentos técnicos num emaranhado de teorias educacionais; confronta-se com a realidade de sua atuação em estágios de práticas reflexivas; vai aos poucos compreendendo as (in)dissociabilidades entre a formação, a prática, a realidade, a reflexão; experimenta ações de sucessos e insucessos; realiza um percurso de qualificação mediante a reconhecimentos sociais legais e minimamente de cunho ético-moral. Em convergência ao questionamento feito por Placco, Almeida e Souza (2011, p. 66) ao que se refere também nossa pesquisa:

> Vê-se, portanto, que ao se referirem ao que é necessário ao profissional para que exerça a coordenação pedagógica, aparecem características super dimensionadas, semelhantes às múltiplas atribuições que declaram ser suas [...]. Ficamos nos perguntando como é possível um profissional ter todos esses aspectos desenvolvidos e que formação inicial ou continuada daria conta de desenvolver todos eles. Fato é que esse modo de pensar sobre o que se deve ter para exercer uma atividade profissional, o qual resulta, muito provavelmente, das múltiplas e por vezes desviantes funções que o CP [referindo-se ao coordenador pedagógico] assume, não

favorece a construção de uma identidade profissional que tenha as funções específicas da coordenação pedagógica como principais adesões.

Cumpre assim o argumento que a ação profissional faz parte da vida ativa da aprendizagem do/no trabalho. Dubar (2012) esclarece que o aspecto controverso e independe da titularidade e/ou prestígio da profissionalidade na ação social, também considera que:

> [...] é indissociável do direito ao trabalho que faz parte – ainda que não seja aplicado totalmente em nenhum lugar – dos direitos fundamentais mais modernos. Tratar-se de aprender por e nesse trabalho, que deve ser de qualidade, ou seja, deve possibilitar um engajamento subjetivo (*commitment*) da pessoa em questão e, com isso, abrir futuro para ela. Situar assim o trabalho no centro social e das existências individuais constitui uma característica essencial da modernidade que nenhuma profecia sobre o "fim do trabalho" conseguiu destruir. (Dubar, 2012, p. 364)

Nesse sentido, a subjetividade da profissionalidade da ação de trabalho do coordenador pedagógico perpassa a constituição de sua identidade frente aos aspectos inerentes de suas funções. Na atualidade é desafiado: pelas mobilidades presentes, fomentadas pelas redes de aprendizagem e conhecimentos disseminadas de forma ampla; pelos acessos variáveis, a multidimensionalidade constante que aloca elementos imensuráveis, tanto a formação inicial como a contínua tornam-se prementes.

Se os aspectos formais de constituição de um profissional são fundantes para sua primária identidade, o reconhecimento social de Ser-profissional evolui na trajetória das ações como profissional, na certificação escolar se confere o oficial ingresso no espaço de trabalho, porém é na relação sociocultural que esse profissional vai constituindo suas referências de identidade e (re)elaborando constantemente tal referência.

Fundante a isso, a evolução de qualquer profissão traz subjacente um mérito de cunho pessoal, que se realiza coletivamente, atrelado aos aspectos dos paradigmas socioculturais, regulados pelas demandas político-econômicas e com elementos de perspectivas (ou não) de sucesso na carreira. Valentemente, o coordenador pedagógico reconhece em si sua importância para a sociedade, como profissional da educação, sendo articulador da prática pedagógica, em seus espaços de atuação, em diferentes níveis e contextos (Matos; Ferreira, 2013); mas subjetivamente não percebe os valores que agrega frente à responsabilização que lhe é imputada pela mesma sociedade que o certifica para a sua atuação.

Isso se refere a uma tarefa que dimensiona uma prática honrosa em discursos e argumentos em esferas não vinculadas às suas vivências, o profissional coordenador pedagógico é alcunha de segmentos sociais que mediatizam e lhes atribuem valores, muitas vezes, não reais; subjugam-se sonhos, criam-se expectativas e prognósticos utilizando-se dessa profissão para interesses superficiais; assim vinculam à construção identitária deste a sensação de certa elaboração não própria, extrínseca a sua profissionalidade.

A construção da **identidade** profissional passa, portanto, pela pessoa, como ela se vê frente à atuação em sua carreira profissional, ao se tomar essa possibilidade por outrem, a sensação de insegurança e incapacidade, ou o distanciamento entre o real e a utopia criada a seu respeito, não colaboram efetivamente com a percepção criadora do profissional.

A nomeação da profissão faz a parte da primeira atribuição identitária, nesta pesquisa: o coordenador pedagógico. Porém, quem esse profissional é, como ele se vê, quais são seus valores, como dimensiona seu cotidiano é elaborado por si, na prática coletiva, na relação interposta, no processo que se vincula na/da escolha socioprofissional.

Ao mesmo tempo desse argumento, forma-se um cenário crítico, no qual Clara Santos (2005, p. 123) considerou:

> A identidade, enquanto característica singular de um indivíduo que o distingue do outro, implica paradoxalmente, uma dualidade: a identidade pessoal (ou a identidade para si) e a identidade para os outros. Esta dualidade não pode ser quebrada, uma vez que a identidade pessoal tem de ser reconhecida e confirmada pelos outros. Por outro lado, este processo não está estável, nem linear. Pelo contrário, apresenta-se complexo e dinâmico, na medida em que, em primeiro lugar, cada um de nós pode recusar uma identificação e se definir de outra forma e, por outro lado, sendo um processo construído socialmente, muda de acordo com as mutações sociais dos grupos de referência e de pertença a que estamos ligados, conforme estes alteram as suas expectativas, valores influentes e configurações identitárias.

Podemos refletir sobre o profissional-coordenador pedagógico: sua identidade se forma na relação de como ele reconhece a sua profissão, porém é na ação desta que significará o sentido da sua identidade. A ação, portanto, constitui um dos pilares da sua autoidentidade, trazendo em evidência seu perfil, ou seja, como seus pares o veem, como o reconhecem, a que valores sociais atribuem a existência da profissão.

Ainda na perspectiva de Clara Santos (2005), há uma linguagem profissional comum que postula referenciais de um grupo de profissionais, tal linguagem exerce certo limite social entre as diferentes profissões. É manifestada nos diferentes campos de atuação, engloba regras e conjuntos de conhecimentos pertinentes e vincula um "código interno" que permite o desenvolvimento identitário. Para tanto, verifica-se que o reconhecimento social da profissionalidade é especificada nos contextos de atuação dos grupos que formam as profissões, são ao mesmo tempo determinantes e determinadas pelos atores que significam (ou não) as ações sociais da profissão, em fundamento, Clara Santos (2005, p. 132) também afirma:

> A este nível, o reconhecimento social é elaborado na acção [sic] e na comunicação profissional e esferas são especificadas pelos contextos de intervenção pelos actores [sic] significantes e pelos objetos [sic] da prática profissional. Isto significa, portanto, que uma parte importante da identidade profissional se constrói pela experiência, isto é, no exercício concreto da prática profissional em interacção [sic] permanente com outros profissionais e forjada na diversidade de 'acordos' e 'desacordos' entre a identidade virtual (proposta ou imposta pelo outro) e a identidade real, interiorizada pelo indivíduo.

O que fica evidente é que a **identidade** profissional é base para uma ação intencional e elaborada, é parte de ser para o agir, é elemento do pensar e do refletir e, ainda, a identidade profissional é mutante de acordo com as situações pessoais e de cotidiano, vão se configurando no ínterim do indivíduo, ou seja, a identidade forma-se continuamente e a qualquer momento das ações a pessoa pode fazer uma escolha, uma opção ou ainda não as realizar, conferindo estagnação.

Nos elementos caracterizadores da percepção do indivíduo sobre si e a formação da sua identidade, perpassa a aprovação do meio, de forma evidente, porém o quanto os fatores potencializadores externos o levam a sua própria percepção, motiva-nos a pensar que as atribuições de fatores externos são importantes, mas para que o Eu-profissional se veja como profissional não se pode analisar esses fatores externos independentemente de como eles se inter-relacionam com fatores internos (da sua prática — espaços e atribuições da função), que nem sempre (ou quase nunca) são mensuráveis, palpáveis e lineares.

É no decorrer da carreira que se faz o profissional Ser quem ele é, ou seja, como é seu perfil, como o veem, quais são suas expectativas, quais são seus ideais educacionais, quais suas concepções de ser humano, de sociedade, entre outros elementos. São aspectos prementes na discussão da/na formação continuada que acabam por envolver a todos que convivem nos espaços escolares, são mediados pela inspiração em Nóvoa (1995) ao atribuir sentido profissional à pessoa, a sua história e a sua vida.

Evidentemente os elementos que interferem na prática profissional do coordenador pedagógico que surgem das políticas educacionais; da organização burocrática escolar; das concepções pedagógicas; da historicidade; das relações humanas; da formação inicial; dos acessos à carreira; das especificidades das funções dos diferentes outros profissionais atuantes na escola — são elementos da constituição contínua da profissionalidade, contributos à *performance* identitária, determinantes nas escolhas, concepções e opções nas tomadas de decisões entre o Ser e o Agir.

Porém há algo que movimenta o profissional coordenador pedagógico para além dessas questões, que são evidenciadas na maioria das pesquisas como **identitário**, e o quanto dessa identidade — de como ele se vê profissional — ciclicamente o faz profissional e sobrepuja suas escolhas nas permanências, resistências, continuidades e descontinuidades.

Há algo tanto de belo como de encantador nessa profissão. Há algo de prazeroso e doloroso nesse fazer, há algo de instigante e de dormência, há algo além do que se evidencia e o que realmente se quer dizer.

O olhar da pesquisa qualitativa permite na análise das colocações feitas por esses profissionais vislumbrar tais aspectos. São colocações que mostram no processo de formação da **identidade**, uma tensão clara entre a busca pessoal, a necessidade real e o ideário educacional.

Nessa relação é vivenciado o que Placco (1994, p. 19) chama de "jogo sutil de presença/distanciamento", que ao mesmo tempo, ao se negar algumas relações significam e unem outras, num movimento de interação e sincronicidade, em diferentes momentos da prática, os quais estão "interagindo em uma estrutura dinâmica em que há reafirmação, negação e superação" (Placco, 1994, p. 20).

Esse pensamento é convergente na afirmação feita pela PF5:

"Porque se eu não quiser, pouco o pedagogo vai conseguir fazer, isso, e a gente aqui, é o que a gente mais quer, a gente quer o tempo todo, porque a gente é desafiado o tempo todo".

E ainda pela PF2:

"Ser pedagogo hoje em dia é você conseguir fazer essa reflexão, com foco nessa união da teoria com a prática, você levar o outro também a aprender. Eu acho que esse é o maior desafio sabe? Você pega a pedagoga ali que está fazendo, que tem uma teoria diferente, e busca levar ela a fazer essa reflexão, acho que esse é o maior desafio. Mas a maior glória quando você vê o resultado, é de encher os olhos, e você pensa: hoje ganhei meu dia."

Fica claro que os pedagogos-formadores trazem para sua relação **identitária** o processo formador, ou seja, como se vinculasse ao seu DNA o sucesso ou não da sua prática, de como ele é e como ele age. Assim sendo, quando a profissional (PF5) coloca que *"se eu não quiser"* o outro profissional não conseguirá agir, imprime uma característica pessoal entre o Ser-Agir, a qual Morin (1996) chama de dimensão paradoxal do que se evidencia no Ser, porém ao mesmo tempo o torna não evidente.

O paradoxo que se forma pela não evidência imprime uma característica pessoal de poder na relação quando o coordenador pedagógico está no cotidiano de sua ação. Essa característica de **identidade** interfere diretamente nos sucessos ou insucessos da ação técnica profissional subjazendo ao desejo pessoal. Sendo o ser humano dotado de inúmeros comportamentos sazonais, dificilmente há controle sobre suas vontades e ao se estabelecer essa relação de poderes traz à baila discussões entre autonomia, intencionalidade, desejos e necessidades pessoais/individuais, que nesses momentos (da ação profissional) deveriam estar menos evidentes nas relações de sua prática.

Na sensorialidade manifestada, a intencionalidade pedagógica torna-se menos presente. Por mais que saibamos da importância dos valores pessoais atualmente reconfigurando os fazeres profissionais, não podemos nos distanciar da intencionalidade pedagógica sob a pena de não qualificar o processo ensino-aprendizagem, nesse aspecto se manifestam as palavras de Freire (1996, p. 26; 27) sobre a exigência da "rigorosidade metódica" se opondo ao discurso conservador do "conhecimento desconectado do concreto" à necessidade dos educadores assumirem no "tratamento do objeto ou do conteúdo, [até então] superficialmente feito, mas se alongar à produção das condições em que aprender criticamente é possível" (Freire, 1996, p. 26).

A profissional (PF5) sente-se desafiada continuamente na efetivação do que consegue realizar, compreendemos no sentido explícito da participante que seja uma interferência não intencional da prática, pois, ao mesmo tempo que chama para si própria o sucesso de sua ação profissional, descompromissa o profissional em formação — o outro pedagogo quando da sua necessária ação formativa. O sentimento de domínio que o responsabiliza ao mesmo tempo culpabiliza o pedagogo-formador. Evidência indicada também na fala da PF2, que atribui ao sucesso de seu trabalho profissional o ato de *"conseguir levar"* à mudança, a sua pessoalidade se faz presente e dimensiona sua identidade do fazer acontecer, como algo majestoso e glorificado em seu cotidiano.

É nessa relação dual e paradoxal, a reflexão sistêmica na qual Morin (1996) nos convida a pensar, criticamente, porém não determinantemente. O autor lança em dúvida a noção de sujeito, questionando tanto o local em que se encontra, o que é, em que se baseia a aparência ilusória da realidade. Assim sendo, a subjetividade faz-se presente! Em se tratando de espaço escolar, esse fator é extremamente relevante na configuração do papel identitário dos formadores que ali atuam. Porém, não podemos confundir que a subjetividade inerente de ser Ser-humano é também característica que nos coloca à mercê da responsabilidade técnica-profissional necessária para o sucesso de nossas práticas.

Em consonância com esse princípio teórico de Morin (1996), Placco (1994, p. 23) fala da sincronicidade entre a consciência e a ação do consciente, ou seja, ao afirmar que as características relevantes do educador formador consciente são:

> - possibilidade (capacidade) de ler a realidade, de conhecê-la, de interpretá-la;
> - intencionalidade em *suas* ações, capacidade de colocar *seus* objetivos com clareza e ética;
> - capacidade de compreender o que acontece no fenômeno educação, seus determinantes históricos, suas relações com a sociedade, com a vida dos alunos e com a *sua própria*, para que possa adequar sua ação de intermediação para a formação do tipo de homem intentado;
> - capacidade de conhecer e transformar a atividade e a realidade;
> - capacidade de refletir a realidade objetiva e o *seu próprio ser*, utilizando um fim determinado, em face da realidade;
> - o seu conhecimento da realidade possibilita-lhe avaliá-la de acordo com *seu* conjunto de valores, ideias e crenças.

A autora indica a importância da relação entre a subjetividade e a empregabilidade do Eu na ação, como critérios dos profissionais da educação que agem de forma intencionalizada, o que Morin (1996) vai evocar à reflexão para o distanciamento necessário entre o determinismo e a subjetividade. Alerta-nos o autor que se virmos o outro e a nós mesmos pelo viés determinista sem considerar a subjetividade, fadadamente não conseguiremos formular a noção do sujeito para a ação, separaremos o sujeito biológico-lógico do subjetivo-ontológico, comprometendo a elaboração do sujeito sobre si.

Referendando: *"essa noção de sujeito nos obriga a associar noções antagônicas: a exclusão e a inclusão, o seu, o ele e o ser"* (MORIN, 1996, p. 55). Nesse pensamento Complexo, pensar o sujeito e sua constituição requer ter em mente o paradigma que permeia nossa existência de uma estrutura organizativa cadenciada e organizada nos padrões conservadores, porém mediante os desafios do tempo presente da atuação profissional do coordenador pedagógico, se não considerarmos os pressupostos imanentes da teoria da Complexidade não consideraremos os princípios formadores efetivos da construção do sujeito, como diz o autor: "é impossível pensar o sujeito e assim mesmo pensar as ambivalências, as incertezas e as insuficiências que há neste conceito, reconhecendo ao mesmo tempo, seu caráter central e periférico, significante e insignificante" (Morin, 1996, p. 55).

Ao delinear essa afirmação efetivamente pode-se ampliar a análise sobre a identidade do coordenador pedagógico, que se sente ao mesmo tempo eficiente e insuficiente, que emprega significado em seu trabalho mediante a construção pessoal de quem ele é, que discute seu papel mediante elementos determinantes adornados dos poderes pessoais de querer agir.

Esse argumento se manifestou no decorrer da pesquisa, em destaque as palavras da PF4 dizendo sobre ser pedagoga-formadora: *"Eu acho que é acreditar no seu trabalho, é acreditar, que você pode fazer a diferença sempre"*. E ainda sobre sua construção pessoal, a mesma profissional reagiu:

> *"Para mim significa ser aprendiz, significa ser pesquisadora, significa estar estudando todo o tempo, significa você trocar, não existe uma educação solitária, como fala Paulo Freire, significa trabalhar em grupo, significa aprender muito".*

Ao mesmo tempo que se evocam elementos da relação social, fatores intrínsecos da personalidade indentitária são colocados, no sujeito-eu, na crença, no poder fazer, no ser aprendiz, na continuidade premente do estudo constante, ou seja, compreendemos suas colocações no sentido do que afirmou: se como profissional não me autodesenvolver, não conseguirei desenvolver meu trabalho na relação com outro profissional-par, com o outro pedagogo, tomo para minha pessoalidade a formação e atuação e estabeleço na relação — esse pessoal — como fundante para dar sentindo ao Ser profissional-pedagogo.

A tensão que se forma é: a subjetividade precisa ser considerada, porém o distanciamento pessoal entre empregar a força subjetiva que atribui poder à ação, aliado aos elementos pessoais subjetivadores, trazem fragilidade ao papel identitário do profissional.

4.1.4 A Formação Continuada e a Ação Supervisora do Coordenador Pedagógico

Em questão: a fragilização da identidade profissional nas ações dos coordenadores pedagógicos traz à discussão a **supervisão** como uma prática histórica veiculada ao dia a dia desses profissionais da educação.

Ação esta percebida nas desgravações das pedagogas-formadoras em nossa entrevista para compor esta obra.

As participantes adjetivaram a prática supervisora como sendo: a técnica em relação ao pedagógico, a responsabilização pelos objetivos educacionais dos espaços escolares, a coerência unicista da atuação docente, a melhoria do ensino-aprendizagem, a formulação da eficiência e eficácia da educação.

Aspectos que demonstraram a relevância da atuação desse profissional, porém em consideração aos pressupostos educacionais da atualidade, caberá a reflexão nesse sentido, na busca pela compreensão em ressignificar a ação do coordenador pedagogo para além do ato supervisor, controlador, fiscalizador ou garantidor de unidades e permanências no que tange ao seu papel como formador. Concepções de linearidade, constância, imutabilidade e a verticalidade de propostas de formação continuada não encontram mais sentido no cotidiano daqueles que atuam nos espaços escolares.

Há um paradoxo que permeou as participações das pedagogas-formadoras no decorrer da pesquisa, pois ao mesmo tempo que deliberam ações de formação em sentidos e práticas de referências com significado às propostas, transparecem vivências outorgadas pelo processo histórico de sua inserção como profissional pedagógico, como é a questão ligada ao exercício **supervisor** da prática do coordenador pedagógico.

É na participação ativa proporcionada no aporte da pesquisa qualitativa que tensionamos as participações como falas operantes, numa perspectiva compreensiva (não passiva!) do que seja a ação do coordenador pedagógico como ator formador em nosso cenário investigativo, na desejosa contribuição na discussão sobre o cotidiano desse profissional da educação. Para tanto, o argumento da PF6:

> *"A gente faz o trabalho de supervisão, é que o nome ainda vem de muito tempo, mas que significa o que, ir no campo perceber como nosso profissional tem articulado esses saberes, ou seja, esses conhecimentos na prática. Então do que me ajuda aprofundar uma área de formação se isso não consigo levar e atuar com o meu profissional? Então a gente garante o quê? Que o conhecimento chegue na unidade pela prática do nosso pedagogo, mas como ele pensou em fazer isso como profissional, porque como nós temos uma rotina, eles também têm e aí eles precisam articular como os profissionais. Cabe entender por que na verdade o pedagogo principalmente no CMEI é responsável por tudo o que é informação. Eu preciso que este processo seja formação, acho que tem uma diferença muito grande, pois eu posso apenas informar, porque eu não trabalharia a formação, pois só quando eu entendo o princípio, eu acredito que isso vai sim modificar minha prática, isso vai sim me ajudar a alcançar um ensino qualificado. Então a gente fortalece o trabalho deles".*

Fica evidenciado no contingente da profissional o perfil exposto: a questão do nome *"trabalho de supervisão"*; a tensão administrativa externa à inferência interna (NRE – Núcleo Regional de Educação e espaço escolar); o papel de formador, a angústia de se *"garantir"* o sucesso do conhecimento; o contexto e suas especificidades — *"rotina"* —, que são diferentes nos espaços e instâncias de atuação (NRE e CMEI – Centro Municipal de Educação Infantil); a atribuição ao profissional — pedagogo — que está no CMEI como sendo o responsável pelas ocorrências nesse espaço e a tensão entre informação — *"repasse"* — e a formação continuada como dimensão de mudanças.

Para além do aspecto de ser — ou não — supervisor, ficam demonstrados a efervescência desse trabalho e o conturbado contexto da ação dessa profissional, denotando a situação em seu cotidiano como sendo algo que não consegue ter clareza e atingir a objetividade desejosa do seu trabalho.

Compreendemos, nas colocações de Placco, Souza e Almeida (2011, p. 6), que o "perder de vista qual o seu papel na formação do aluno, no coletivo da escola, na função mediadora pedagógica com os professores", desqualifica os significados que se fazem em relação ao que esse profissional faz e revê na sua própria prática, o que é significativo para todos os atores da escola, sob diferentes contextos, demandas e necessidades.

A PF1 contribui com sua fala sobre sua ação cotidiana deixando transparecer o foco da prática supervisora que é realizada nos encontros de formação, a saber:

"A minha atuação como pedagoga no dia a dia é estudo, planejamento, supervisão, então demanda um tempo para eu estar me preparando para isso. Sempre na formação a gente deixa uma ponta, uma tarefa para que lá na supervisão a gente possa acompanhar, e lá na supervisão que a gente retoma. Então eu mando a minha pauta é essa; pensei da gente conversar isso e isso. Vocês têm alguma coisa para conversar além disso que eu aponto? Às vezes sim, outras vezes não, é isso que a gente precisava, por quê? Com a prática a gente vai aguçando o olhar, os ouvidos, a gente vai pegando uma sensibilidade e percebendo a necessidade daquela instituição. Então ok! Vamos lá conversamos sobre o tema... passo de sala em sala, conheço os profissionais pelo nome. Então a gente conversa, entro na sala vejo alguma coisa, às vezes eles têm a necessidade de falar para mim... 'olha, você viu o que eu fiz aqui?', 'que bacana!'. A gente acolhe. Às vezes tem alguns equívocos. Mas não retomamos na hora com o profissional, que não é o momento. Retomamos com quem? Com o pedagogo! Aí a gente retoma ali, vocês observaram o que está acontecendo? O que você observou naquela prática que poderia ser melhorada?"

Essa profissional tem clareza das relações que estabelece no sentido de respeitar os profissionais que estão no espaço escolar; reconhece a importância do seu planejamento como pedagoga-formadora; estabelece a sua organização da prática na ótica do ir-e-vir mediante o visualizado e percebido de sucessos e fracassos; abre espaço para a participação em seu planejamento e vincula que a continuidade e o tempo histórico profissional ampliam os olhares e percepções; também se coloca numa postura terapêutica quando faz a supervisão, acolhendo os profissionais e retrata que os questionamentos são a motivação para a reflexão na/da prática dos pedagogos nas escolas.

Nesses fazeres da profissional, ficou evidenciada a ação supervisora de verificação do contexto escolar, claramente se percebe na sua fala a hierarquização entre o seu papel, o pedagogo e o profissional da sala de aula. A participante procura demonstrar abertura e o envolvimento de todos, porém caracteriza a retomada dos *"equívocos"* como sendo objeto de seu trabalho nas conversas com os pedagogos; menciona o respeito no decorrer das verificações dos trabalhos pedagógicos e na relação do profissional que o faz, por outro lado, coloca o pedagogo atuante no espaço escolar como verificador dessas questões, adjetivando essa atuação nas *"conversas, retomadas, observações"* e questionamentos feitos. Traz também uma dimensão terapêutica para o seu trabalho ao mencionar que *"precisa acolher"* e mediante a *"necessidade de falar para mim"* que os profissionais têm, a participante mostra-se aberta e ouvinte.

A mesma dimensão foi a trazida pela profissional PF3, mostrando-nos que a ação supervisora ocorre na estrutura hierárquica da organização da rede a qual pertence, na qual também se sente acolhida para *"lidar melhor com situações"* de supervisão:

> *"Quando vamos fazer uma supervisão com uma pedagoga da unidade e a gente está levantando alguns pontos, às vezes, as pessoas se desestruturam no sentido de parecer que a gente vai fazer uma orientação pedagógica de trabalho. Mas, de repente, se ela não entender uma orientação aquilo parece mais uma afronta. É pela experiência até que nós enquanto pedagoga temos supervisão também de departamento, a gente lida melhor com situações de que — 'puxa, não é dessa maneira, que deveria ter sido feito'".*

Para além das questões, percebemos a permanência histórica do ato supervisivo, como denomina Alarcão (2001), a superioridade nas verificações que o ato contém e a verticalização dos profissionais que fazem o trabalho pedagógico escolar, Pimenta e Lima (2012) reconhecem que qualquer profissão tem uma dimensão de/no agir técnico, há execuções próprias que demandam esse conhecimento; os profissionais da educação, pedagogos possuem tais habilitações, porém "as habilidades não são suficientes para a resolução de problemas com os quais defrontam" (Pimenta; Lima, 2012, p. 136). A prática pela prática, o fazer pelo fazer, a ação terapêutica e o julgamento equivocado ou pertinente não são suficientes quando das "rotinas necessárias de intervenção", ou seja, o que as autoras reivindicam é o que se postula numa formação continuada que considere a priori as ocorrências da/na prática, porém problematize: "a crítica da realidade existente, numa perspectiva de encaminhar propostas e soluções aos problemas estruturais, sociais, políticos e econômicos dos sistemas de ensino e seus reflexos nos espaços escolares e na ação de seus profissionais [...]" (Pimenta; Lima, 2012, p. 138).

Para a profissional PF2, a sua prática perpassa por uma ação detalhada que nos coloca, na leitura, em situação quase real no espaço em que atua, pela sua fala dimensionamos o dia a dia dessa pedagoga-formadora:

> *"Então ter essa questão de tempo — que muitas vezes — a gente acaba fazendo errado e a demanda acaba consumindo um pouco a gente, essa é uma dificuldade que eu acho grande: o tempo. Então esse tempo de estudo tem que correr atrás, fazer em outros momentos, e daí a gente organiza a informação, apresenta para elas e depois temos um período de supervisão. A gente vai em cada lugar e então faz uma 'geral' com o grupo, pois há necessidade. Nesse ano, que continuamos com o tema brincar e foi condutor, então a gente vê essa questão e daí na unidade vai trabalhar a especificidade da unidade, com as dificuldades e as demandas. Mas focaliza esse brincar de acordo com o interesse daquela necessidade da unidade. Então a gente vai in loco, fica em uma média de quatro horas com a pedagoga, trabalhando, para isso monta uma pauta antecipada, encaminha para ela. Como é enviado antecipadamente, elas podem estar acrescentando interesses no tema. Muitas vezes, informam que 'vai ter planejamento' assim, a gente vai chegar lá até pegar o planejamento para ver e já foi meio período, ou às vezes não tem tempo de conversar com as meninas e ver as dificuldades. Então a gente chega lá elas já estão com tudo organizado, já sabem o que querem discutir, então a gente pede vídeos para elas filmarem aquilo que a gente vai trabalhar. Então já vou preparada com o material, porque não adianta eu dar a resposta para elas, eu tenho que fazer elas refletirem sobre aquilo. Para tanto, monto um questionamento em cima daquele vídeo para aprimorar o olhar reflexivo delas e depois com os educadores".*

Nessa participação há a preocupação com a organização e planejamento da profissional como forma de se sentir segura e saber como conduzir sua ação de *supervisão*. Evidencia como sendo importante sua presença no espaço escolar (*in loco*), a eleição prévia de materiais que conduzirão sua proposta de formação e a oportunidade da participação da profissional que atua nesse espaço; tensiona a questão do tempo tanto em sua organização pessoal como no encontro, e se preocupa em partir de situações da prática para a teorização. Para a profissional, *"estar preparada"* é muito importante e também são configuradas as questões da concepção tecnicista de formação de *"aprimoramento"* e hierarquização: *"olhar dela* (da pedagoga do Centro Municipal de Educação Infantil – CMEI) – *ela dar conta e depois com os educadores[51] e com os professores"*, permanecem o aspecto histórico de replicação da prática educativa escolar.

A pedagoga-formadora PF4 evidencia a participação do diretor dos Centros Municipais da Educação Infantil (CMEIs) nos momentos de **supervisão**, destacando que:

> *"Os diretores estão envolvidos, eles participam da formação, de uma formação, que tem uma ótica voltada para o pedagogo, então nós fazemos duas formações, falando de pedagogo e diretor, tem outras que escolhem nos CMEIs. Fazemos uma só com pedagoga e uma de pedagoga e diretora, e a diretora também acompanha o momento de supervisão, onde a gente articula essa teoria e prática, ela também acompanha as visitas nas salas, então é bem bacana, tem uma participação bem efetiva".*

A participação é o grande foco dessa profissional, sente que sua prática supervisora é favorecida pela anuência da presença da diretora em um de seus encontros, evidencia que faz duas supervisões e que uma se volta para o pedagogo e outra é acrescida pela presença do profissional da gestão do CMEI. O fato dessa profissional *"acompanhar"* as visitas que faz nas salas de aula, transparece ser recompensador em creditar sua presença de forma supervisora, atribui tal participação como sendo a efetividade e garantia do envolvimento da gestão que forma esse espaço escolar. Vieira (2009, p. 209) adverte sobre o paradoxo dessa ação:

> Os efeitos deste paradoxo são acentuados pela assimetria experiencial e estatutária dos participantes, e ainda pela tensão latente entre apoio e avaliação no exercício das funções supervisivas. Tudo isso pode inibir uma relação de sinceridade ou fomentar atitudes de conformismo acrítico

---

[51] A profissional mantém em sua fala a nomenclatura diferenciada para as carreiras dos profissionais (educador/professor) que atuam nos Centros Municipais de Educação Infantil (CMEIs). Legalmente houve, em 2014, a alteração do "nome na carreira" desses profissionais pela Lei 14.581/14, os educadores passaram a ser denominados "professores da Educação Infantil". Os denominados "professores" pela profissional, são nos termos da Lei 14.544/14, profissionais de carreira Docência I. No dia a dia dos espaços escolares desse município são os chamados "professores".

ou camaleônico [sic] como estratégia de sobrevivência, o que afecta [sic], necessariamente, o potencial emancipatório da formação.

Esse paradoxo pode ser percebido na concepção apresentada pela PF7, alegando que é no momento de *supervisão* que se sente realizada como profissional:

> *"Eu vejo que assim que eu dei uma orientação, uma sugestão para as educadoras, para as professoras e agora no núcleo para as pedagogas e que elas colocam em prática aquilo que sugeri e depois vem com aquele retorno de 'nossa realmente aquilo que você falou deu certo, melhorou muito, as crianças agora fazem diferente'. Então é ali que eu me realizo, pois na unidade eu tinha mais esse contato direto com as meninas, então eu via mais resultado. No Núcleo a gente já depende um pouquinho mais que elas passem para gente e mostrem e depois no momento da supervisão é um momento que eu consigo me realizar, pois é a hora que eu vejo a teoria na prática mesmo".*

Na fala dessa profissional é evocada a questão supervisora como o momento de ver o que foi feito, fica evidenciado que chegando no espaço (*Unidade*) escolar é *"mostrado"* para ela o que está sendo feito pelos profissionais desse espaço. E é nesse momento que ela se percebe feliz e realizada, pois no seu trabalho do *"núcleo"* ela não percebe a ligação com a realidade *"lá da prática"*, mas na supervisão verifica e se realiza.

Num contexto histórico, a **supervisão** "foi imposta à educação brasileira como necessidade de modernização e de assistência técnica, a fim de garantir a qualidade de ensino", afirmou Rangel (2001, p. 76).

Em contexto histórico atual, o pedagogo-formador postula outro patamar no exercício da sua função, intrigando-nos tal e qual a Placco, Almeida e Souza (2011, p. 116):

> As dificuldades enfrentadas por este profissional, como a remuneração, a grande quantidade de tarefas, o pouco tempo para realizá-las e a falta de formação específica nos levam a questionar o que o manteria na coordenação pedagógica, com satisfação. Entretanto, parece que os benefícios da carreira, sobretudo em relação a questões afetivas e relacionais, sustentam e promovem a identificação com a função. De modo contraditório, no entanto, tal adesão também incorpora os demais atributos, como: profissional mal remunerado, com condições de trabalho inadequadas e com demanda de trabalho que ultrapassa suas reais possibilidades de ação.

Na ambivalência dessas questões, as ações do coordenador pedagógico estiveram sobre os olhares da busca constante do conhecimento, seus significados e as relações entre o aprendido e a aplicabilidade do mesmo no dia a dia escolar. Fatores caracterizadores da profissionalidade dos coordenadores pedagógicos perpassam por influências históricas, culturais, sociais em significado para o cotidiano de sua prática.

Sua ação profissional advém da acepção que esse profissional emprega quando da sua inserção no trabalho, os conflitos mediante a formação que o inicia, as emergências da prática, as ações de sucesso e insucesso por ele desenvolvidas, as mudanças decorrentes de novos conhecimentos, o emergencial e o permanente.

Entre as mudanças percebidas e sentidas, vão se configurando o sentido e o significado da atuação profissional. O vínculo perpassa da legitimação legal em exercer a profissão para o movimento pessoal nas perspectivas das necessidades, da realização dos sonhos, da utopia da transformação sociocultural, fatores que dimensionam nossa prática como profissionais da educação, elementos que dimensionam a busca consciente e emergente do "espírito humano, capaz de agir reflexivamente sobre si mesmo, sobre suas ideias, sobre seus pensamentos" (Morin, 2001, p. 35).

Para tanto, esse movimento é percebido e organizado de diferentes maneiras e tempos, na dinâmica da atuação profissional, na regularidade que se inicia, muitas vezes, de forma verticalizada institucional, em cumprimento a metas preestabelecidas, de forma extrínseca às pessoas. Em outros momentos, são os próprios profissionais que compreendem e iniciam suas buscas em direção à continuidade de suas formações, numa ação imbricada pela necessidade, muitas vezes, de resoluções das emergências de demanda.

Na atualidade, está posto: não se pode conceber uma ação profissional, em qualquer área de atuação, sem a pesquisa e a formação permanente da/na prática. É fato que o conhecimento avança e se emprega na modificabilidade das práticas sociais, das mudanças culturais, no próprio ir-e-vir humano, saberes são construídos e reconstruídos, são modificados, há variações de possibilidades de intervenção profissional na concomitância da sua atuação. Muitas vezes, a emergência traduz-se em urgência na busca por respostas que até então não se sabia ou se empregavam técnicas já desprezadas pelo avanço da ciência.

No espaço-escola em que a atuação do profissional coordenador pedagógico, que é formador, constitui-se não apenas em "locais onde se tem a responsabilidade de mediar os valores decorrentes das experiências de vida dos alunos, existem num quadro de valores e em contextos socioeconômicos competitivos para os quais também contribuem" (Day, 2001, 297) todos os atores que se fazem presentes direta ou indiretamente. E é nesse cenário que o pensamento complexo transdisciplinar é crucial, em sua possibilidade de perscrutar as brechas possíveis da realidade, do diálogo, da criação, do tempo e o ato da aprendizagem, como disseram Brandão e Magalhães (2012, p. 41-42), é uma educação que está:

> Atenta a realizar-se como uma permanente oficina de experiências interativas de criação compartilhada de saberes. Uma oficina de criação, reflexão e atividade postas em diálogo, ali onde o valor dos sentimentos, das instituições e da inteireza interativa de cada pessoa e de cada grupo da comunidade aprendente devem ser substantivamente levados em conta.

Na difusão das nomenclaturas para definir quem é o coordenador pedagógico, no contexto em que se manifesta seu trabalho, na extensão diária dos afazeres, na dualidade pedagógica, burocrática e administrativa que opera sua prática, tenhamos em reflexão que os princípios que "unem" são também "princípios complementares e interdependentes", como indicou Morin (2008, p. 93), e no dia a dia, na ação do coordenador pedagógico é preciso que pensemos a viabilidade plausível desse processo, sob a pena de continuarmos nas elaborações acadêmicas distanciadas da realidade.

Na ação evidente do coordenador pedagógico como ator de práticas da formação continuada, o pensar Complexo favorece a transformação para compreensão numa prática-ação diária transdisciplinar, que prioriza, como alerta Moraes e Navas (2015), o conhecimento aberto de uma educação que nutre a pluralidade e a multiculturalidade, desafios presentes a todos os educadores na atualidade.

5

CONTRIBUIÇÕES FINAIS

> *A liberdade exige uma permanente busca;*
> *busca permanente que só existe na responsabilidade de quem a faz;*
> *a liberdade é condição indispensável em que estão inscritos os homens*
> *como seres inconclusos.*
> (Paulo Freire, 2005)

As contribuições decorrentes desta obra vinculam-se à realização da pesquisa em Educação, numa abordagem qualitativa, que envolveram elementos do cotidiano dos coordenadores pedagógicos, em especial, nos processos de formação continuada, na atuação profissional com seus pares coordenadores pedagógicos, sob a ótica da Complexidade, no cenário da Educação Infantil.

A intenção foi gerar uma pesquisa que permitisse a reflexividade no desenvolvimento do processo investigativo do conhecimento, assim envolveu a interlocução entre as "vozes" das participantes, fundamentada em referenciais teóricos e na análise das contribuições das participantes que se propuseram a dar sentido na transposição da linguagem quando da escrita da tese que deu origem a este livro. Sentido esse que se assume na prática social e para além dessa prática, sentido de desenvolvimento da profissionalidade do coordenador pedagógico por uma ação que se efetiva na formação continuada.

Consideramos que não finalizamos este trabalho, porém abrimos o debate para pensarmos além da análise, descrição e compreensão, fomentado pelos elementos da estratégia de pesquisa que escolhemos — estudo de caso — e na análise interpretativa do conteúdo, tendo como escopo teórico o pensar da Complexidade, bem como as referências oriundas da coleta dos dados, os quais nos mostraram a riqueza do contexto e a contribuição da reflexão do conhecimento em Educação.

Assim, consideramos a transitoriedade temporal, de efeito e causa nas afirmações feitas no decorrer desta obra; hoje, neste tempo histórico sociocultural, no qual nos inserimos e vivemos, são subjacentes às manifestações polissêmicas e revestidas das inúmeras alternâncias dos comportamentos humanos, e para além do nosso objeto investigativo, percebemo-nos advertidos como pesquisadores no sentido que as narrativas de hoje são compreensíveis no agora, porém distanciam-se das certezas e finitudes.

O caminho da acomodação é sedutor, porém é preciso a opção consciente pela pesquisa, que traz à tona os aspectos modais, mutacionais, cíclicos, reversíveis, inconstantes, inseparáveis e múltiplos frente às demandas do tempo presente e conhecimentos em educação.

Ao pensarmos a Complexidade com base nos estudos de Edgar Morin (1921- em vida), revelou-se uma perspectiva educacional que evidencia a autonomia dos profissionais mediante a compreensão do contexto sociocultural. O significado que assumem os atos educativos no cotidiano, nos espaços escolares, advém muito mais das expectativas pessoais em fazer esse cotidiano para além de pressupostos emanados de conhecimentos outrora endurecidos pelos mecanismos históricos de repasses das informações, dados, teorias ou fórmulas de intervenções pedagógicas.

O pensar a Complexidade, para os profissionais da educação, coloca-nos em vistas que a liberdade operante é a do pensamento, pois o pensamento é recorrente de uma história, de um desejo e do querer, das pessoalidades vinculares entre os Seres-humanos. A vida, a esperança e o porvir são os poderes que movimentam em e nos indivíduos às imposições dos sistemas educacionais oligárquicos e castradores do Ser-agir ou o desafio de buscar paradigmas inovadores para enxergar a realidade e provocar nela as transformações.

O pensar a Complexidade, para os profissionais da educação, evoca a incerteza como forma e oportunidade de se negociar a ação, reconhece a crise da humanidade, a desesperança e o sofrimento como promotores não somente de luta, mas de colaboração para a transformação. Tal transformação é pressionada pela inseparabilidade de se ensinar e aprender, fundamentos da escola, objetos do seu trabalho, porém nessa inseparabilidade há o aspecto sociocultural em destaque que é ao mesmo tempo cientificista (manifestado nas práticas escolares disciplinares), mas em descontrole no caos manifestado nos valores básicos da vida, evocando uma nova prática transdisciplinar (Morin, 2015).

No que tange à transdisciplinaridade, para os profissionais da educação, o pensar Complexo como seu escopo teórico, relaciona a qualidade como elemento desejoso da vida, qualidade esta que nos permite a Educação. Educação na qual perpassam os aspectos da bondade, da solidariedade, de colocar-se a favor do próximo, compreensiva, mútua e real, posicional, de sabermos quem somos, o que estamos fazendo, de onde viemos e para qual lugar vamos e inferimos no ir-e-vir e no devir do outro: Ser humano e em desenvolver visão planetária.

O que queremos afirmar é que a égide da ação dos profissionais da educação perpassa fatores e princípios além dos programas escolares, das disciplinas ou currículos que orientam nosso trabalho, há conflitos que interferem, que mutacionam, que movimentam a vida além da escola, porém, cada vez mais, na escola, há as mais diversas demandas por práticas coerentes entre o conhecer o Ser, entre o pensar e o agir, entre o imaginário e o real, entre o social e o cultural.

Na escola, não bastam os aspectos de prevenção ou formação para saber como fazer, tais aspectos são basilares, estão postos e sabe-se de sua importância no que tange ao sentido da escola. Na emergência da ação educativa, para além de tais aspectos científicos que nos permitiram e nos permitem avançar na evolução humana racional, faz-se premente considerar outras experiências, outras inferências se queremos não apenas sobreviver, mas viver em pertinência, afastar-nos da cegueira ilusionista da certeza-certa, dos engendramentos dos sistemas políticos e econômicos, da linearidade causal, da regulação autodestrutiva humana.

Nos aproximamos, nessas reflexões, das respostas para o **problema** deste trabalho: *como os processos de formação continuada sob a ótica da Complexidade realizados por coordenadores pedagógicos, podem contribuir com o cotidiano desses profissionais da Educação em ações que se efetivem na Educação Infantil?*

Na busca pelas respostas, objetivou-se, de forma geral: *analisar reflexivamente os processos de concepção e desenvolvimento do cotidiano do coordenador pedagógico em ações de formação continuada, sob a luz da Complexidade, visionando práticas formadoras na Educação Infantil.*

O desdobramento do objetivo geral, nos objetivos específicos nos levou a considerar que ao que se refere o **objeto** desta obra que focaliza o *cotidiano dos coordenadores pedagógicos, em especial, nos processos de formação continuada, na atuação profissional com seus pares coordenadores pedagógicos, na busca de possíveis pressupostos do paradigma da Complexidade, no cenário da Educação Infantil,* permitindo gerar percepções que compartilhamos com os interlocutores nesse processo.

No que se refere aos aspectos legais do exercício profissional, identificamos que a legislação, em nível federal, abre espaço para as mais diferentes interpretações nas outras instâncias legais dos legisladores estaduais e municipais. Há na instância federal a menção da formação inicial Licenciatura em Pedagogia como sendo o primeiro acesso social legítimo da atuação do profissional coordenador pedagógico, porém são os posteriores legisladores como mantenedores das redes de ensino que delimitam e fornecem a diretriz da atuação desse profissional da educação.

Identificamos a pluridimensão de atuação do coordenador pedagógico iniciando pela identidade vincular da nomenclatura que o designa como profissional, essa questão tangencia sua legitimação de profissionalidade, trazendo desconforto ao quanto seu reconhecimento entre os pares, vinculando-o em poder pelo acesso de concurso ou arranjo político, porém o distancia em reconhecimento na implicação da identidade-nominal.

Identificamos que as inúmeras atribuições (*tarefas típicas*) do coordenador pedagógico o colocam em exaustão pessoal e emocional, comprometendo a assertividade de sua ação como articulador pedagógico em espaços educacionais.

Identificamos que os profissionais envolvidos nesta pesquisa possuem amplo conhecimento das necessidades e especificidades da Educação Infantil, etapa da educação no qual atuam, designam a essa atuação seus esforços e permanentes preocupações a fim de atender as questões emergenciais de uma formação dos outros profissionais que também atuam nesse nível de ensino.

Identificamos que os coordenadores pedagógicos possuem alto vínculo de compromisso e comprometimento com esse nível de formação, buscam incansavelmente fomentar práticas educativas que de forma efetiva desenvolvam e ampliem a formação das crianças da Educação Infantil e dos profissionais que ali atuam.

Identificamos que os coordenadores pedagógicos reconhecem e intencionalizam a formação continuada como meio de reflexão na/para a prática inovadora nos espaços escolares.

Percebemos que os coordenadores pedagógicos atribuem a si o sucesso ou fracasso da formação continuada, pois reconhecem sua função central como profissional responsável por essa formação.

Assim, a análise reflexiva desses aspectos nos leva a compreender, sob a luz do pensamento Complexo, que os coordenadores pedagógicos em ações de formação continuada dimensionam o seu cotidiano em articulação com a especificidade da Educação Infantil, considerando quais são os *porquês/para quem/para quê/como* atuam em ações de formação contínua que favoreçam o *conhecimento*, o *pensamento*, a *concepção* e a *organização* de tais ações.

Nesse sentido, caracterizamos que as ações praticadas pelos coordenadores pedagógicos de *estudo-pesquisa*, vínculo, *identidade* e *supervisão* permitem a problematização dos pontos norteadores para a formação continuada e a suas práticas cotidianas, as quais têm no coordenador pedagógico, profissional da educação, o principal articulador desse processo.

Relacionamos essas ações de inferência à prática, mediante as definições sobre a formação continuada e compreendemos que nos aproximamos em responder à problemática da pesquisa, ao postularmos que as ações de formação continuada realizadas pelos coordenadores pedagógicos são tensionadas pelas variáveis da análise dos dados da pesquisa sobre o que é formação continuada, para tanto *conhecimento, pensamento, concepção, organização*, relacionam-se ao escopo teórico do pensar Complexo numa perspectiva transdisciplinar da ação.

Refletimos criticamente mediante a análise da pesquisa na tensão formada entre as afirmações que centralizam a formação continuada como principal trabalho do coordenador pedagógico e as definições de como essa prática ocorre na ação efetiva do cotidiano.

Percebemos que as definições teóricas sobre a formação continuada se distanciaram da narrativa em referência à prática, evidenciando a tensão entre teoria conceitual e prática profissional.

O Quadro 15 organiza a análise dos dados da pesquisa em síntese:

Quadro 15 – Síntese da Análise da Pesquisa

Princípios da formação continuada	Ações de formação continuada	Questões da formação continuada	Paradigmas da formação continuada	
CONHECIMENTO	**Transita** - pesquisa - vínculo - identidade - supervisão	O porquê	**DA FORMAÇÃO** - prescritiva - informativa - sem vínculo com a realidade	PRESCRITIVA
			PARA FORMAÇÃO - contexto - interligação - legitimação - profissionalidade	EM CONTEXTO

Princípios da formação continuada	Ações de formação continuada	Questões da formação continuada	Paradigmas da formação continuada	
PENSA-MENTO	**Permeia** - pesquisa - vínculo - identidade - supervisão	Quem?	DA FORMAÇÃO - linearidade - de manutenção - repasse	LINEAR
			PARA FORMAÇÃO - interligação - parceria - relacional - vívida	ABERTA
CONCEPÇÃO	**Assume** - pesquisa - vínculo - identidade - supervisão	Para quê?	DA FORMAÇÃO - distanciamento - sem sentido - descontinuidade	EXTRÍNSECA
			PARA FORMAÇÃO - mobilização - autoformação - pessoalidade	INTRÍNSECA
ORGANIZA-ÇÃO	**Propõe** - pesquisa - vínculo - identidade - supervisão	Como?	DA FORMAÇÃO - reducionista - sazonalidade - desvinculativa - verticalizada	ESPORÁDICA
			PARA FORMAÇÃO - *práxis* - transformadora - contextual - multidimensional	INTENCIONAL

Fonte: a autora (2015)

A reflexão proporcionada pela pesquisa e organizada no Quadro 15, demonstra a necessidade de pensarmos a formação continuada como sendo a principal ação dos coordenadores pedagógicos, em práticas organizadas a partir dos princípios de *conhecimento, pensamento, concepção* e *ação*.

Tais ações se vinculam ao cotidiano das práticas formadores entre as possibilidades de *transitar, permear, assumir* e *propor* diferenciadas realizações que postulam a *pesquisa*, o *vínculo*, a *identidade*, a *supervisão* do coordenador pedagógico como profissional formador.

A tensão denota-se nos eixos de sentido à prática formadora contínua: *por que* se faz formação; *a quem* se propõe tal formação; *para que* se mobilizam as ações formativas; *como* a formação continuada se transpõe à prática do dia a dia escolar.

Tal tensão incorre na necessidade de se conjecturar as questões sob o viés de um novo pensar teórico que permita aos profissionais refletirem mediante questões balizadas pelo paradigma conceitual cartesiano, reprodutivista, da formação *prescritiva, linear, extrínseca* e *esporádica*, para a corrente transdisciplinar, mediante o pensamento Complexo pautando uma formação continuada *em contexto, aberta, intrínseca* e *intencional*.

Para tanto se faz necessário considerar a realidade do tempo presente, da inseparabilidade dos desejos e expectativas humanas frente à imposição da sobrevivência, a angústia da incerteza, as tramas que envolvem a existência de ser e estar, no agir sociocultural, na evolução científica tecnológica, inúmeras variâncias que complexificam as relações, as necessidades, os sonhos, a profissionalidade, os sistemas e os intentos humanos de entendimento sobre as causalidades de efeitos não previsíveis, e ainda: "a complexidade [...] não perde de vista a realidade dos fenômenos que constitui o nosso mundo, que não separa sujeito e objeto e não exclui o espírito humano, o sujeito, a cultura e a sociedade" (Moraes, 2012, p. 73).

Nesse cenário, a ação do coordenador pedagógico precisa ser de posicionamento na relação que se faz entre o compromisso e o comprometimento como formador. O compromisso no que tange a sua escolha em ser coordenador pedagógico e formador e o comprometimento na atuação da sua prática, frente às demandas socioculturais que fomentam o sentido de se fazer educação, e, ainda, como afirmou Placco, Almeida e Souza (2015, p. 10):

> [...] constitui continuamente sua identidade profissional e a análise desse movimento identitário permite uma melhor compreensão de como faz face aos desafios da profissão e

supera a tensão entre as atribuições que lhe são feitas e as identificações/não identificações que assume em relação a essas atribuições.

Essa ação percorre o nosso cotidiano entre a ordenação e as certezas historicamente constituídas, as quais nos garantiam a resistência frente às mudanças, que se tornaram lentas e previsíveis de outro momento educacional vivido. Na atualidade, as sociedades, as diversidades culturais, a inseparabilidade da subjetividade e sua constante evocação pelas pessoas em tomadas de decisão incorrem e realocam os papéis do ser humano em sua constituição planetária (Morin, 2015) e, consequentemente, aos profissionais atuantes na educação.

Ao pensarmos a formação continuada, falamos de conhecimento, porém questionamos qual o sentido desse conhecimento, como afirma Morin (2015, p. 17), "superabundância dos saberes". O conhecimento, para o autor, encontra-se em todos os lugares, porém não se ensina "o que é conhecimento". Para tanto, "ensinar o conhecimento do conhecimento" (Morin, 2015, p. 18), é ir além do calcular, do ler e escrever, de saber aplicar uma teoria como educador na sala de aula, na gestão escolar, é distanciar-se do "erro e da ilusão" (Morin, 2005), erros e ilusões que se cadenciam nas práticas formadoras lineares, prescritivas, extrínsecas às pessoas, organizadas de forma esporádica, com baixo vínculo à realidade exposta, vivida e percebida.

Pensar o conhecimento formador, mediante o contexto, é transitar entre a abertura possibilitadora da transdisciplinaridade interligando e problematizando o sentido real, sentido que mobiliza a pessoa, o Ser, o agir, o pensar e a "incerteza do viver" (Morin, 2015, p. 45). O conhecimento formador, que se vê na prática educativa diante dos "perigos da ilusão e do erro, das incompreensões mútuas e múltiplas, das decisões arbitrárias pela incapacidade de conceber os riscos e as incertezas" (Morin, 2015, p. 51).

E é nessa abertura transdisciplinar que se permeia o pensamento do profissional que tem atribuído à sua ação a formação continuada, o pensamento que é tecido de forma inseparável do indivíduo e do seu contexto, de sua história e de sua vida, os quais nos ajudam a pensar para compreender, pensar para agir, pensar para transformar, pensar numa "cabeça bem-feita"! (Morin, 2008).

Para tanto, a reconexão dos saberes das experiências humanas e dos saberes formais científicos, nos espaços formadores, são mobilizadores à formação continuada se entendermos que a transdisciplinaridade constitui-se em possibilidade do pensar Complexo (Moraes, 2012) articulado às nossas práticas como coordenadores pedagógicos, de "abertura, de conhecimento e do desenvolvimento humano" (Moraes, 2012, p. 75).

A base da formação continuada numa corrente transdisciplinar, mediante o pensamento Complexo, advém dos princípios caracterizadores de uma proposta de formação, os quais necessitam indicar a epistemologia da construção do conhecimento, como nos alerta Moraes (2012) para ir além dos limites preestabelecidos. Requer também a manifestação do querer abrir-se, portanto o coordenador pedagógico necessita saber que se a abertura para além do exposto e visto é princípio transdisciplinar, ele, como profissional, precisa estar disposto a essa abertura.

Essa abertura se manifesta na explicação de Moraes (2012, p. 77) sobre a epistemologia da Complexidade:

> A epistemologia da complexidade, nutrida pelos operadores cognitivos de um pensar complexo e transdisciplinar, ajuda-nos a trabalhar as relações sujeito/objeto, o diálogo entre as disciplinas, compreendendo melhor a dinâmica operacional ocorrente e influenciando os aspectos metodológicos, [...] permeando nossas reflexões e ações cotidianas. Assim, fica mais fácil resolver os conflitos, compreender as divergências e reconhecer as diferentes maneiras de interpretação da realidade, percebendo melhor os problemas e o encontro de suas soluções. Dessa forma, a epistemologia da complexidade, como elemento constitutivo da matriz geradora da transdisciplinaridade, informa-nos que ela é produto de uma dinâmica que envolve a articulação do que acontece nos níveis da realidade e nos níveis de percepção dos sujeitos, [...], a passagem do conhecimento de um nível de realidade a outro, bem como da complexidade estrutural que une os diferentes níveis e que nos revela que toda identidade de um sistema complexo está sempre em um processo de vir-a-ser. É algo inacabado, sempre aberto, em evolução, em mutação e transformação.

O coordenador pedagógico como formador encontra-se nessa afirmação, quando em seu cotidiano se vê embricado entre a compreensão da realidade e os desafios que emergem da organização pedagógica do espaço escolar e todas as atribuições de sua profissionalidade. A resolução de conflitos e a percepção além do exposto e posto, são requeridas em uma dinâmica mutante e inacabada. A tensão entre os aspectos da ordem burocrática e os diferentes níveis da realidade, promovem sua ação diária em situações em que a articulação, a percepção, a abertura, a transformação são requeridas.

As propostas de formação continuada envolvem o reconhecimento da sua importância e possibilita transcender a histórica disciplinar escolar, para então modificar o pensar e agir educativo numa ótica transdisciplinar. Essa transição entre organizar a ação para a transformação, evoca e realoca o papel e perfil dos coordenadores pedagógicos.

A inovação de uma ação formadora incorre numa atividade reflexiva operante, que o vincule como profissional da Educação em sua identidade, que considere as diferentes perspectivas formadoras em consonância com os anseios, necessidades, sonhos, projetos, perspectivas da multidimensão dessa formação, primeiramente humana e, consequentemente, profissional.

A Figura 7 objetiva sintetizar a ideia de nossa obra, em resposta à problemática da pesquisa:

Figura 7 – Síntese da Tese

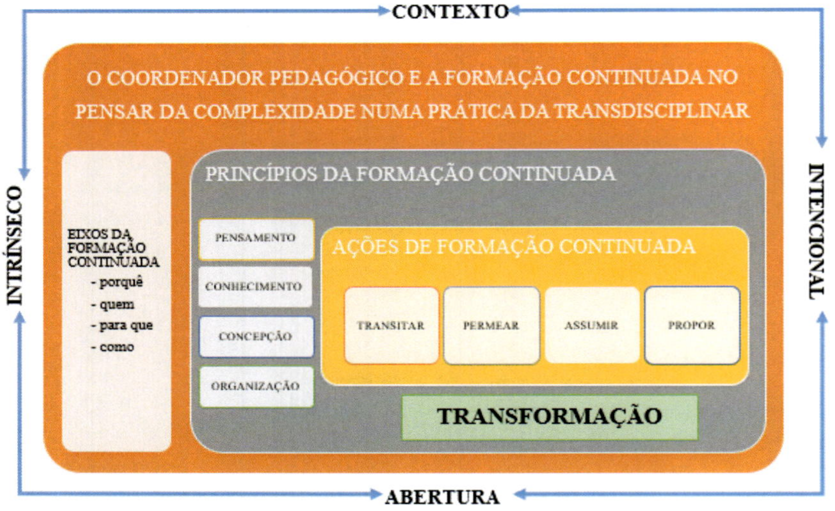

Fonte: a autora (2015)

A Figura 7 evidenciou a síntese da tese em questão: o profissional coordenador pedagógico, que possa *transitar, permear, assumir* e *propor* as ações de formação continuada, mediante os princípios advindos do pensar Complexo numa prática transdisciplinar de *pensamento, conhecimento, concepção* e *organização*, considerando o *contexto*, a *abertura*, o *intrínseco* e o *intencional* em sentido e significado para a **transformação** frente ao *porquê*, *quem, para quê, como* se faz formação contínua em Educação, no entendimento e na ação, na reforma constante e permanentemente do pensar-agir, na compreensão que advoga Behrens (2015, p. 31):

> O entendimento da complexidade em um mundo repleto de incertezas, contradições, paradoxos, conflitos e desafios permite alertar que reconhecer a complexidade significa renunciar a visão estanque e reducionista de ver e conviver no universo. Significa aceitar o questionamento intermitente dos problemas e das suas possíveis soluções. Na realidade, busca aceitar a mudança periódica de paradigma, uma transformação na maneira de pensar, de se relacionar e de agir para investigar e integrar novas perspectivas.

E para nossa continuidade, o desafio instigante e sempre pertinente de Morin (2015, p. 179), ao realocar o papel do educador no pensar Complexo, o qual deve "guiar a revolução pedagógica e do pensamento":

> Quem, a não ser esse regente de orquestra, poderia ensinar concretamente as armadilhas do erro, da ilusão, do conhecimento redutor ou mutilado, em um diálogo permanente com o aluno? Quem, a não ser ele, sem ser nessa troca compreensiva, poderia ensinar a compreensão humana? Quem, a não ser ele, poderia concretamente incitar, encorajar, estimular o aluno a enfrentar as incertezas? Quem, a não ser ele, em seu humanismo ativo, poderia incitar o aluno a ser humano? Quem, a não ser esse regente de orquestra, [...], poderia fazer compreender a natureza multicultural [...]?

A proposição de Morin (2015) leva-nos a indagar: *quem?* E o processo investigativo nesta obra permite convocar e desafiar os atores envolvidos para **transformar** a Educação, ou seja,

Eu! Você! Nós! Como Educadores!

REFERÊNCIAS

ALARCÃO, Isabel. Do olhar supervisivo ao olhar sobre a supervisão. *In*: RANGEL, Mary (org.); LIMA, Elma Corrêa de; ALARCÃO, Isabel; FERREIRA, Naura Syria Carapeto. **Supervisão pedagógica**: princípios e práticas. São Paulo: Papirus, 2001.

ALMEIDA, Laurinda Ramalho de. Um dia na vida de um coordenador pedagógico de escola pública. *In*: PLACCO, Vera Maria Nigro de Souza; ALMEIDA, Laurinda Ramalho de. **O coordenador pedagógico e o cotidiano da escola**. São Paulo: Loyola, 2008.

AMADO, João (coord.). **Investigação qualitativa em educação**. Coimbra: Imprensa da Universidade de Coimbra, 2013.

AMADO, João; FREIRE, Isabel. Estudo de caso na investigação em educação. *In*: AMADO, João (coord.). **Investigação qualitativa em educação**. Coimbra: Imprensa da Universidade de Coimbra, 2013. p. 121-143.

AMADO, João; COSTA, António Pedro; CRUSOÉ, Nilma. A técnica da análise do conteúdo. *In*: AMADO, João (coord.). **Investigação qualitativa em educação**. Coimbra: Imprensa da Universidade de Coimbra, 2013.

AMARAL, Ana Lúcia. Os espaços e os tempos de aprender e ensinar. *In*: LIBÂNEO, José Carlos; ALVES, Nilda (org.). **Temas de pedagogia**: diálogos entre didática e currículo. São Paulo: Cortez, 2012.

ANTÔNIO, Severino. **Uma nova escuta poética da educação e do conhecimento**: diálogos com Prigogine, Morin e outras vozes. São Paulo: Paulus, 2009.

BATALLOSO, Juan Miguel. Educação e condição humana. *In*: MORAES, Maria Cândida; ALMEIDA, Maria da Conceição (org.). **Os sete saberes necessários à educação do presente**: por uma educação transformadora. Rio de Janeiro: WAK, 2012.

BEHRENS, Marilda Aparecida. **Formação continuada dos professores e a prática pedagógica**. Curitiba: Champagnat, 1996.

BEHRENS, Marilda Aparecida. **O paradigma emergente e a prática pedagógica**. Petrópolis: Vozes, 2005.

BEHRENS, Marilda Aparecida. Docência universitária no paradigma da complexidade: caminho para a visão transdisciplinar. *In*: SOUZA, Ruth Catarina Cerqueira

Ribeiro de; MAGALHÃES, Solange Martins Oliveira. **Formação de professores**: elos da dimensão complexa e transdisciplinar. Goiânia: PUC Goiás, 2012.

BEHRENS, Marilda Aparecida. Contributos de Edgar Morin e Paulo Freire no paradigma da complexidade. *In*: BEHRENS, Marilda Aparecida; ENS, Romilda Teodora (org.). **Complexidade e transdisciplinaridade**: novas práticas teóricas e práticas para a formação de professores. Curitiba: Appris, 2015.

BORBA, Siomara. PABAEE (1956-1964): a americanização do ensino elementar? **Revista Brasileira de Educação**, Rio de Janeiro, n. 24, p. 194-196, dez. 2003. Disponível em: http://www.scielo.br/scielo.php?script=sci_arttext&pid=S1413-24782003000300015&lng=en&nrm=iso. Acesso em: 9 jul. 2015.

BRANDÃO, Carlos Rodrigues. Da travessura ao transpessoal, do transgressivo ao transdisciplinar: fragmentos de um percurso entre a vida e a academia. *In*: SOUZA, Ruth Catarina Cerqueira Ribeiro de; MAGALHÃES, Solange Martins Oliveira. **Formação de professores**: elos da dimensão complexa e transdisciplinar. Goiânia: PUC Goiás, 2012.

BRANDÃO, Carlos Rodrigues; MAGALHÃES, Solange Martins Oliveira. O manifesto da transdisciplinaridade e uma educação dirigida à harmonia entre nós e a vida: cópia e comentários da carta de transdisciplinaridade adotada no Primeiro Congresso Mundial da Transdisciplinaridade. *In*: SOUZA, Ruth Catarina Cerqueira Ribeiro de; MAGALHÃES, Solange Martins Oliveira. **Formação de professores**: elos da dimensão complexa e transdisciplinar. Goiânia: PUC Goiás, 2012.

BRASIL. **Supervisão pedagógica e orientação educacional:** fatores da melhoria da qualidade do ensino. Ministério da Educação e da Cultura. Departamento de Ensino Médio. Brasília, 1977. Disponível em: http://www.dominiopublico.gov.br/download/texto/me002150.pdf. Acesso em: 15 de jul. 2015.

BRASIL. [Constituição (1988)]. **Constituição da República Federativa do Brasil de 1988.** Brasília, DF: Presidência da República. Disponível em: https://www.planalto.gov.br/ccivil_03/Constituicao/Constituicao.htm. Acesso em: 15 jun. 2015.

BRASIL. Lei n. 9394, de 20 de dezembro de 1996. Estabelece as diretrizes e bases da educação nacional. **Diário Oficial da República Federativa do Brasil**. Brasília, 20 dez. 1996.

BRASIL. BRASIL. **Lei n. 11.301, de 10 de maio de 2006.** Altera o art. 67 da Lei nº 9.394, de 20 de dezembro de 1996, incluindo, para os efeitos do disposto no § 5º do art. 40 e no § 8º do art. 201 da Constituição Federal, definição de funções de magistério. Brasília, DF: Presidência da República, 2006a. Disponível em: http://www.planalto.gov.br/ccivil_03/_Ato2004-2006/2006/Lei/L11301.htm. Acesso em: 6 jul. 2015.

BRASIL. Ministério de Educação e Cultura – MEC. Resolução do Conselho Nacional de Educação. Resolução do CNE/CP n. 1 de 15 de maio de 2006. Institui as Diretrizes Curriculares Nacionais do Curso de Pedagogia. **Diário Oficial da União**, Brasília, 16 de maio de 2006b, Seção 1, p. 11. Disponível em: http://portal.mec.gov.br/cne/arquivos/pdf/rcp01_06.pdf. Acesso em: 6 jul. 2015.

BRASIL. Ministério da Educação. **Diretrizes Curriculares Nacionais Gerais da Educação Básica**. Secretaria de Educação Básica. Diretoria de Currículos e Educação Integral. Brasília: MEC/SEB/DICEI, 2013.

BRASIL. Ministério de Educação e Cultura – MEC. **Supervisão Pedagógica e orientação educacional**: fatores da melhoria da qualidade de ensino. Disponível em: http://www.dominiopublico.gov.br/download/texto/me002553.pdf. Acesso em: 9 jul. 2015.

BRASIL. **Diretrizes Curriculares Nacionais para a Educação Infantil**. Disponível em: http://portal.mec.gov.br/index.php?option=com_docman&view=download&alias=9769-diretrizescurriculares-2012&category_slug=janeiro-2012-pdf&Itemid=30192. Acesso em: 26 jul. 2015.

BRIGHOUSE, Tim; WOODS, David. **Como fazer uma boa escola?** Porto Alegre: Artmed, 2010.

CAMPOS, Maria Malta. A formação de profissionais de educação infantil no contexto das reformas educacionais brasileiras. *In*: OLIVEIRA-FORMOSINHO, Júlia; KISHIMOTO, Tizuko Morchida (org.). **Formação em contexto**: uma estratégia de integração. São Paulo: Pioneira Thomson Learning, 2002.

CANÁRIO, Rui. **Educação de adultos**: um campo e uma problemática. Lisboa: Educa, 1999.

CATANI, Denice Barbara; VICENTINI, Paula Perin. "Minha vida daria um romance": lembranças e esquecimentos, trabalho e profissão nas autobiografias de professores. *In*: MIGNOT, Ana Chrystina Venancio; CUNHA, Maria Teresa Santos (org.). **Práticas de Memória Docente**. São Paulo: Cortez, 2003.

CARVALHO, Edgard de Assis. Pensamento complexo e trajeto antropológico dos saberes. *In*: MORAES, Maria Cândida; ALMEIDA, Maria da Conceição (org.). **Os** sete saberes necessários à educação do presente: por uma educação transformadora. Rio de Janeiro: WAK, 2012.

CHRISTOV, Luiza Helena da Silva. Teoria e prática: o enriquecimento da própria experiência. *In*: PLACCO, Vera Maria Nigro de Souza (org.). **O coordenador pedagógico e a educação continuada**. São Paulo: Loyola, 2008.

CORTELLA, Mario Sergio. **A escola e o conhecimento**: fundamentos epistemológicos e políticos. São Paulo: Cortez, 2008.

COSME, Ariana. **Ser professor**: a acção docente como uma acção de interlocução qualificada. Porto: Legis/Livpsic, 2009.

COSME, Ariana; TRINDADE, Rui. **Aprender a aprender na escola**: por que? como? quando? Pinhais: Melo, 2011.

COSME, Ariana; TRINDADE, Rui. **Organização e gestão do trabalho pedagógico**: perspectivas, questões, desafios e respostas. Porto: Livpisc, 2013.

CURITIBA. **Caderno**: objetivos da aprendizagem – uma discussão permanente. Diretrizes Curriculares para a Educação Municipal de Curitiba. Curitiba: SME, 2012a. Disponível em: http:cidadedoconhecimento.org.br. Acesso em: 26 jul. 2015.

CURITIBA. Secretaria Municipal da Educação. Deliberação n. 02/2012, de 4 de setembro de 2012. Estabelece as normas e princípios para a educação infantil no Sistema Municipal de Ensino de Curitiba – SISMEN. 2012b. Disponível em: http://educacao.curitiba.pr.gov.br. Acesso em: 26 jul. 2015.

CURITIBA. Decreto n. 762, de 3 de julho de 2001. Aprova especificações, atribuições, tarefas típicas, requisitos e demais características do cargo da carreira de magistério público municipal. Disponível em: https://leismunicipais.com.br/a/pr/c/curitiba/decreto/2001/76/762/decreto-n-762-2001-aprova-especificacoes-atribuicoes-tarefas-tipicas-requisitos-e-demais-caracteristicas-do-cargo-da-carreira-de-magisterio-publico-municipal. Acesso em: 25 jul. 2015.

DAY, Christopher. **Desenvolvimento profissional de professores**: os desafios da aprendizagem permanente. Porto: Porto Editora, 2001.

D'AMBROSIO, Ubiratan. A prática transdisciplinar na universidade. *In*: SOUZA, Ruth Catarina Cerqueira Ribeiro de; MAGALHÃES, Solange Martins Oliveira. **Formação de professores**: elos da dimensão complexa e transdisciplinar. Goiânia: PUC Goiás, 2012.

DOMINGUES, Isaneide. O coordenador pedagógico e a formação contínua dos docentes na escola: algumas perspectivas. **Revista de Educação PUC-Campinas**, Campinas, v. 2, n. 18, p. 181-189, maio/ago. 2013. Disponível em: http://periodicos.puc-campinas.edu.br/seer/index.php/reveducacao/article/view/2027. Acesso em: 12 set. 2015.

DUBAR, Claude. A Construção de si pela atividade de trabalho: uma socialização profissional. **Caderno Pesquisa**, São Paulo, v. 42, n. 146, p. 351-367, ago. 2012. Disponível em: http://www.scielo.br/scielo.php?script=sci_arttext&pid=S0100-15742012000200003&lng=en&nrm=iso. Acesso em: 30 abr. 2015.

ESTEBAN, Maria Paz Sandín. **Pesquisa qualitativa em educação**: fundamentos e tradições. Porto Alegre: AMGH, 2010.

FLICK, Uwe. **Desenho da pesquisa qualitativa**. Porto Alegre: ARTMED, 2009.

FLICK, Uwe. **Introdução à pesquisa qualitativa**. Porto Alegre: ARTMED, 2009.

FLICK, Uwe. **Qualidade na pesquisa qualitativa**. Porto Alegre: ARTMED, 2009.

FLICK, Uwe. Entrevista episódica. *In*: BAUER, Martin W.; GASKELL, George (org.). **Pesquisa qualitativa com texto**: imagem e som: um manual prático. Rio de Janeiro: Vozes, 2012. p. 114-136.

FREIRE, Paulo. **Pedagogia do oprimido**. São Paulo: Paz e Terra, 1987.

FREIRE, Paulo. **Pedagogia da autonomia**: saberes necessários à prática educativa. São Paulo: Paz e Terra, 1996.

FREIRE, Paulo. **Pedagogia da indignação**: cartas pedagógicas e outros escritos. São Paulo: UNESP, 2000.

FREIRE, Paulo. Carta de Paulo Freire aos professores. **Estudos Avançados**, São Paulo, v. 15, n. 42, p. 259-268, ago. 2001. Disponível em: http://www.scielo.br/scielo.php?script=sci_arttext&pid=S0103-40142001000200013&lng=en&nrm=iso. Acesso em: 8 set. 2015.

FUSARI, José Cerchi. **Formação contínua de educadores**: um estudo de representações de coordenadores pedagógicos da secretaria municipal de educação de São Paulo (SMESP). 200 f. Tese (Doutorado em Educação) – Universidade de São Paulo, São Paulo, 1997.

GADOTTI, Moacir. **Qualidade na educação**: uma nova abordagem. Disponível em: http://www.pmf.sc.gov.br/arquivos/arquivos/pdf/14_02_2013_16.22.16.85d3681692786726aa2c7daa4389040f.pdf. Acesso em: 1 jun. 2015.

GAMBOA, Silvio Sánchez. **Pesquisa em educação**: métodos e epistemologias. Chapecó: ARGOS, 2007.

GANZELI, Pedro. **Supervisão e coordenação da escola pública**: a construção do trabalho integrado. Disponível em: https://www.anpae.org.br/simposio2009/277.pdf. Acesso em: 9 jul. 2015.

GARANHANI, Marynelma Camargo; NADOLNY, Lorena de Fátima. A docência na educação infantil: uma proposta de formação de professores no programa LICENCIAR e PIBID/CAPES na UFPR. *In*: ENS, Romilda Teodora; GARANHANI, Marynelma Camargo. **Sociologia da infância e a formação de professores**. Curitiba: Champagnat, 2013.

GARCIA, Carlos Marcelo. **Formação de professores para uma mudança educativa**. Porto: Porto Editora, 1999.

GARRIDO, Elsa. Espaço de formação continuada para o professor-coordenador. *In*: BRUNO, Eliane Bambini Gorgueira; ALMEIDA, Laurinda Ramalho de; CHRISTOV, Luiza Helena (org.). **O coordenador pedagógico e a formação docente**. São Paulo: Loyola, 2008.

GEGLIO, Paulo César. O papel do coordenador pedagógico na formação do professor em serviço. *In*: PLACCO, Vera Maria Nigro de Souza; ALMEIDA, Laurinda Ramalho de. **O coordenador pedagógico e o cotidiano da escola**. São Paulo: Loyola, 2008.

GIORDAN, André. As principais funções de regulação do corpo humano. *In*: MORIN, Edgar. **A religação dos saberes**: o desafio do século XXI. Rio de Janeiro: Bertrand Brasil, 2012.

GUERRA, Isabel Carvalho. **Pesquisa qualitativa e análise de conteúdo**: sentidos e formas de uso. Cascais: Princípia, 2012.

GUIMARÃES, Ana Archangelo; VILLELA, Fábio Camargo Bandeira. O professor-coordenador e as atividades de início de ano. *In*: BRUNO, Eliane Bambini Gorgueira; ALMEIDA, Laurinda Ramalho de; CHRISTOV, Luiza Helena (org.). **O coordenador pedagógico e a formação docente**. São Paulo: Loyola, 2008.

JUNGES, Kelen dos Santos. **Desenvolvimento profissional de professores universitários**: caminhos de uma formação pedagógica inovadora. 2013. 224 f. Tese (Doutorado em Educação) – Pontifícia Universidade Católica do Paraná, Escola de Educação e Humanidades, Curitiba, 2013.

LA TORRE, Saturnino de. Um olhar ecossistêmico e transdisciplinar sobre a educação: olhar o futuro com outra consciência. *In*: ZWIEREWCICZ, Marlene; LA TORRE, Saturnino de (org.). **Uma escola para o século XXI**: escolas criativas e resiliência na educação. Florianópolis: Insular, 2009.

LA TORRE, Saturnino de; PUJOL, Maria Antônia; MORAES, Maria Cândida (org.). **Documentos para transformar a educação**: um olhar complexo e transdisciplinar. Rio de Janeiro: WAK, 2013.

LAURINDO, Tania Regina. **Fora de lugar**: ação e reflexão na coordenação pedagógica em uma escola de sistema apostilado. 193 f. Tese (Doutorado em Educação) – Universidade Federal de São Carlos, São Carlos, 2012.

LEAL, Adriana Bergold; HENNING, Paula Corrêa. História, regulação e poder disciplinar no campo da supervisão escolar. **Educ. rev.** [online], v. 26, n. 2, p. 359-381, 2010. ISSN 0102-4698. Acesso em: 23 jun. 2015.

LEITE, Vania Finholdt Angelo. **A atuação da coordenação pedagógica em conjunto com os professores no processo de recontextualização da política oficial no 1º ano do ensino fundamental no município do Rio de Janeiro**. 243 f. Tese (Doutorado em Educação) – Pontifícia Universidade Católica do Rio de Janeiro, Rio de Janeiro, 2012.

LESSARD-HÉBERT, Michelle; GOYETTE, Gabriel; BOUTIN, Gérald. **Investigação qualitativa**: fundamentos e práticas. Lisboa: Instituto Piaget, 1990.

LIBÂNEO, José Carlos; OLIVEIRA, João Ferreira de; TOSCHI, Mirza Seabra. **Educação escolar**: políticas, estrutura e organização. São Paulo: Cortez, 2008.

LIBÂNEO, José Carlos. Identidade da pedagogia e identidade do pedagogo. *In*: BRABO, Tânia Suely Antonelli Marcelino; CORDEIRO, Ana Paula; MILANEZ, Simone Ghedini Costa (org.). **Formação da pedagoga e do pedagogo**: pressupostos e perspectivas. Marília: Oficina Universitária UNESP; São Paulo: Cultura Acadêmica, 2012.

LIBÂNEO, José Carlos. **O sistema de organização e gestão da escola**. Disponível em: https://acervodigital.unesp.br/bitstream/123456789/32/3/LDB-Gestao.pdf. Acesso em: 9 jul. 2015.

LINCOLN, Yvonna S.; GUBA, Egon G. Controvérsias paradigmáticas, contradições e confluências emergentes. *In*: DENZIN, Norman K.; LINCOLN, Yvonna S. *et al*. **O planejamento da pesquisa qualitativa**: teorias e abordagens. Porto Alegre: ARTMED, 2006. p. 169-217.

LIRA, Eleide Gomes Teixeira Torres. **A coordenação pedagógica e o processo de inclusão do aluno com necessidades educacionais e especiais**: um estudo de caso. 124 f. Dissertação (Mestrado Acadêmico em Educação) – Universidade Federal do Rio Grande do Norte, Natal, 2012.

LÜCK, Heloísa. Gestão educacional: estratégias e ação global e coletiva no ensino. *In*: FINGER, Almeri (org.). **Educação**: caminhos e perspectivas. Curitiba: Champagnat, 1996.

MARIN, Alda Junqueira. Educação Continuada: introdução a uma análise de termos e concepções. **Caderno Cedes**, Campinas, n. 36, 1995.

MATOS, Elizete Lúcia Moreira; FERREIRA, Jacques de Lima (org.). **Formação Pedagógica do Professor em Diferentes Níveis e Contextos**. Curitiba: Appris, 2013.

MATURANA, Humberto; VARELA, Franscisco. **A árvore do conhecimento**: as bases biológicas da compreensão humana. São Paulo: Pala Athenas, 2001.

MEDINA, Antonia da Silva. Supervisor escolar: parceiro político-pedagógico do professor. *In*: SILVA JUNIOR, Celestino Alves da; RANGEL, Mary (org.). **Nove olhares sobre a supervisão**. Campinas: Papirus, 1997.

MILANEZ, Elizabete Antunes. **Relação entre coordenação pedagógica e professores**: um estudo sobre o poder disciplinar na educação básica. 237 f. Dissertação (Mestrado Acadêmico em Educação) – Universidade do Extremo Sul Catarinense, Criciúma, 2011.

MINGARELI, Regina Celia Farias. **Políticas de formação continuada da rede municipal de educação de Rondonópolis – MT**. 137 f. Dissertação (Mestrado Acadêmico em Educação) – Universidade Federal de Mato Grosso, Cuiabá, 2011.

MORAES, Maria Cândida; ALMEIDA, Maria da Conceição de. **Os sete saberes necessários à educação do presente**: por uma educação transformadora. Rio de Janeiro: WAK, 2012.

MORAES, Maria Cândida. **Ecologia dos saberes**: complexidade, transdisciplinaridade e educação: novos fundamentos para iluminar novas práticas educacionais. São Paulo: Antakarana/WHH, 2008.

MORAES, Maria Cândida. Ecologia dos saberes: complexidade, transdisciplinaridade e educação no século XXI. *In*: CONGRESSO INTERNACIONAL DE TRANSDICIPLINARIEDAD, COMPLEJIDAD Y ECOFORMACIÓN, 5., 2012,

Barranquilla. Emergencia de una educación integral de calidad para la transformación social. **Anais** [...]. Barranquilla: Ediciones Universidad Simón Bolívar, 2012a.

MORAES, Maria Cândida. Relendo Paulo Freire a partir da complexidade e da transdisciplinaridade. *In*: VIEIRA, Adriano José Hertzog; BATALLOSO, Juan Miguel; MORAES, Maria Cândida (org.). **A esperança da pedagogia**: Paulo Freire – consciência e compromisso. Brasília: Liber Livros, 2012b.

MORAES, Maria Cândida. Transdisciplinaridade e educação. *In*: SOUZA, Ruth Catarina Cerqueira Ribeiro de; MAGALHÃES, Solange Martins Oliveira. **Formação de professores**: elos da dimensão complexa e transdisciplinar. Goiânia: PUC Goiás, 2012c.

MORAES, Maria Cândida. Educação e sustentabilidade: um olhar complexo e transdisciplinar. *In*: MORAES, Maria Cândida; SUANNO, João Henrique (org.). **O pensar complexo na educação**: sustentabilidade, transdisciplinaridade e criatividade. Rio de Janeiro: Wak, 2014.

MORAES, Maria Cândida; SUANNO, João Henrique (org.). **O pensar complexo na educação**: sustentabilidade, transdisciplinaridade e criatividade. Rio de Janeiro: Wak, 2014.

MORAES, Maria Cândida; NAVAS, Juan Miguel Batalloso. **Complexidade e transdisciplinaridade em educação**. São Paulo: Wak, 2015.

MORGADO, José Carlos. **O estudo de caso na investigação em educação**. Santo Tirso: De Facto Editores, 2012.

MORGADO, Nilce Macedo da Graça. **Coordenação pedagógica, cotidiano escolar e complexidade**. 112 f. Dissertação (Mestrado Acadêmico em Educação) – Universidade Católica de Brasília, Brasília, 2012.

MORIN, Edgar. **O método III**: o conhecimento do conhecimento. Sintra: Publicações Europa-América, 1986.

MORIN, Edgar. **O método V** - a humanidade da humanidade: identidade humana. Sintra: Publicações Europa-América, 2001.

MORIN, Edgar. **O método IV**: habitat, vida, costumes, organização. Porto Alegre: Sulina, 2005.

MORIN, Edgar. **Os sete saberes necessários à educação do futuro**. São Paulo: Cortez; Brasília: UNESCO, 2005.

MORIN, Edgar. **A cabeça bem-feita**: repensar a reforma, reformar o pensamento. Rio de Janeiro: Bertrand Brasil, 2008.

MORIN, Edgar. **O método I**: a natureza da natureza. Porto Alegre: Sulina, 2008.

MORIN, Edgar. **Introdução ao pensamento complexo**. Porto Alegre: Sulina, 2011.

MORIN, Edgar. **A religação dos saberes**: o desafio do século XXI. Rio de Janeiro: Bertrand Brasil, 2012.

MORIN, Edgar. **A via para o futuro da humanidade**. Rio de Janeiro: Bertrand Brasil, 2013.

MORIN, Edgar. **Ensinar a viver**: manifesto para mudar a educação. Porto Alegre: Sulina, 2015.

MOSS, Peter. Reconceitualizando a infância: crianças, instituições e profissionais. *In*: MACHADO, Maria Lucia de A. (org.). **Encontros e desencontros em educação infantil**. São Paulo: Cortez, 2005.

NAVAS, Maria Del Carmen Ortega. Desenvolvimento de competências e certificação. *In*: ZAYAS, Emilio López-Barajas (org.). **O paradigma da educação continuada**. Porto Alegre: Penso, 2012.

NÓVOA, António. Formação de professores e profissão docente. *In*: NÓVOA, António (org.). **Os professores e a sua formação**. Lisboa: Dom Quixote/Instituto de Inovação Educacional, 1995.

NÓVOA, António (org.). **Os professores e a sua formação**. Lisboa: Dom Quixote/Instituto de Inovação Educacional, 1995.

NÓVOA, António. **Professores**: imagens do futuro presente. Lisboa: EDUCA, 2009.

PÉREZ GÓMEZ, Ángel. O pensamento prático do professor: a formação do professor como profissional reflexivo. *In*: NÓVOA, António. **Professores**: imagens do futuro presente. Lisboa: EDUCA, 2009.

PÉREZ GOMÉZ, Ángel. **Educação na era digital**: a escola educativa. Porto Alegre: Penso, 2015.

PETRAGLIA, Izabel. Educação e complexidade – os sete saberes na prática pedagógica. *In*: MORAES, Maria Cândida; ALMEIDA, Maria da Conceição (org.). **Os sete saberes necessários à educação do presente**: por uma educação transformadora. Rio de Janeiro: WAK, 2012.

PIMENTA, Selma Garrido; LIMA, Maria Socorro Lucena. Estágio e docência – teoria e prática: diferentes concepções. *In*: BRABO, Tânia Suely Antonelli Marcelino; CORDEIRO, Ana Paula; MILANEZ, Simone Ghedini Costa (org.). **Formação da pedagoga e do pedagogo**: pressupostos e perspectivas. Marília: Oficina Universitária; São Paulo: Cultura Acadêmica, 2012.

PINEAU, Gaston; GALVANI, Pascal. Experiências de vida e formação docente: religando os saberes. *In*: MORAES, Maria Cândida; ALMEIDA, Maria da Conceição (org.). **Os sete saberes necessários à educação do presente**: por uma educação transformadora. Rio de Janeiro: WAK, 2012.

PLACCO, Vera Maria Nigro de Souza. **Formação e prática do educador e do orientador**: confrontos e questionamentos. Campinas: Papirus, 1994.

PLACCO, Vera Maria Nigro de Souza; SILVA, Sylvia Helena Souza da. Formação do professor: reflexões, desafios, perspectivas. *In*: BRUNO, Eliane Bambini Gorgueira; ALMEIDA, Laurinda Ramalho de; CHRISTOV, Luiza Helena (org.). **O coordenador pedagógico e a formação docente**. São Paulo: Loyola, 2008.

PLACCO, Vera Maria Nigro de Souza; ALMEIDA, Laurinda Ramalho; SOUZA, Vera Lucia Trevisan de (org.). **Relatório**: O coordenador pedagógico e formação de professores: intenções, tensões e contradições. São Paulo: Fundação Carlos Chagas/Fundação Victor Civita, 2011.

PLACCO, Vera Maria Nigro de Souza; ALMEIDA, Laurinda Ramalho; SOUZA, Vera Lucia Trevisan de. Retrato do coordenador pedagógico brasileiro: nuanças das funções articuladoras e transformadoras. *In*: PLACCO, Vera Maria Nigro de Souza; ALMEIDA, Laurinda Ramalho (org.). **O coordenador pedagógico no espaço escolar**: articulador, formador e transformador. São Paulo: Loyola, 2015.

PONCE, Branca Jurema. O tempo na construção da docência. *In*: ROMANOWSKI, Joana Paulin; MARTINS, Pura Lúcia; JUNQUEIRA, Sérgio Rogério A. (org.). **Conhecimento local e conhecimento universal**: pesquisa, didática e ação docente. Curitiba: Champagnat, 2004.

PRIGOGINE, Ilya. **O fim das certezas**: tempo, caos e as leis da natureza. São Paulo: UNESP, 2011.

RANGEL, Mary. O estudo como prática de supervisão. *In*: RANGEL, Mary (org.); LIMA, Elma Corrêa de; ALARCÃO, Isabel; FERREIRA, Naura Syria Carapeto. **Supervisão pedagógica**: princípios e práticas. São Paulo: Papirus, 2001.

RIBEIRO, Bruna. Indicadores da qualidade na educação infantil: potenciais e limites. **Revista de Educação PUC-Campinas**, Campinas, v. 1, n. 18, p. 65-74, jan./abr. 2013. Disponível em: https://periodicos.puc-campinas.edu.br/reveducacao/article/view/1899. Acesso em: 13 set. 2015.

RODRIGUES, Daniela Gureski; SAHEB, Daniele. A concepção de professores e educadores de educação infantil sobre o saber de Morin: ensinar a condição humana. **Revista Brasileira de Estudos Pedagógicos**, Brasília, v. 96, n. 242, p. 180-197, jan./abr. 2015. Disponível em: http://www.scielo.br/pdf/rbeped/v96n242/2176-6681-rbeped-96-242-00180.pdf. Acesso em: 13 set. 2015.

ROLLA, Luiza Coelho de Souza. **Liderança educacional**: um desafio para o supervisor escolar. 129 f. Dissertação (Mestrado Acadêmico em Educação) – Pontifícia Universidade Católica do Rio Grande do Sul, Porto Alegre, 2006.

ROMANOWSKI, Joana Paulin. **Formação e profissionalização docente**. Curitiba: IBPEX, 2007.

ROMANOWSKI, Joana Paulin. A aventura de formar professores. **Educar em Revista**, Curitiba, n. 50, p. 307-311, dez. 2013. Disponível em: http:// www.scielo.br/scielo.php?script=sci_arttext&pid=S0104=40602013000400020-&lng=pt&nrm-iso. Acesso em: 30 maio 2015.

ROSA SUANNO, Marilza Vanessa. Reorganização do trabalho docente na educação superior: inovações didáticas. *In*: ROSA SUANNO, Marilza Vanessa; PUIGGRÒS, Rajadell Núria (org.). **Didática e formação de professores**: perspectivas e inovações. Goiânia: CEPED/PUC Goiás, 2012.

ROSNAY, Joel de. Conceitos e operadores transversais. *In*: MORIN, Edgar. **A religação dos saberes**: o desafio do século XXI. Rio de Janeiro: Bertrand Brasil, 2012.

SAMIA, Mônica Martins (org.). **Coordenador pedagógico**: caminhos, desafios e aprendizagens para a prática educativa. Salvador: Secretaria Municipal de Educação, Cultura, Esporte e Lazer; Avante Educação e Mobilização Social, 2012.

SANTOS, Akiko. Complexidade e transdisciplinaridade em educação: cinco princípios para resgatar o elo perdido. *In*: SANTOS, Akiko; SOMMERMAN, Américo (org.). **Complexidade e transdisciplinaridade**: em busca da totalidade perdida. Porto Alegre: Sulina, 2009.

SANTOS, Boaventura de Sousa. **Um discurso sobre as ciências**. Porto: Afrontamento, 2010.

SANTOS, Clara. A construção social do conceito de identidade profissional. **Interações**, Coimbra, v. 5, n. 8, abr. 2005. Disponível em: http://www.interacoes-ismt. com/index.php/revista/article/view/145. Acesso em: 30 abr. 2015.

SCHEIBE, Leda. Didática e formação docente: formação inicial e profissionalização de professores para as séries iniciais. Tendências das atuais políticas nacionais. *In*: ROMANOWSKI, Joana Paulin; MARTINS, Pura Lúcia; JUNQUEIRA, Sérgio Rogério A. (org.). **Conhecimento local e conhecimento universal**: práticas sociais – aulas, saberes e políticas. Curitiba: Champagnat, 2004.

SCHÖN, Donald A. **Educando o profissional reflexivo**: um novo design para o ensino e a aprendizagem. Porto Alegre: Penso, 2003.

SCORSOLINI-COMIN, Fabio; INOCENTE, David Forli; MATIAS, Alberto Borges; SANTOS, Manuel Antonio. O supervisor educacional no contexto da educação a distância. **Revista Brasileira de Orientação Profissional**, São Paulo, v. 11, n. 2, dez. 2010. Disponível em: http://pepsic.bvsalud.org/scielo.php?script=sci_arttext&pid=S1679-33902010000200010&lng=pt&nrm=iso. Acesso em: 9 jul. 2015.

SEVERINO, Antônio Joaquim. **Metodologia do trabalho científico**. São Paulo: Cortez, 2003.

SOARES, Andrey Felipe. **Coordenação pedagógica**: ações, legislação, gestão e a necessidade de uma educação estética. 140 f. Dissertação (Mestrado Acadêmico em Educação) – Universidade do Vale do Itajaí, Itajaí, 2011.

SOLTOVSKI, Marli Tereza. **Pesquisa de oferta de atendimento no centro municipal de educação infantil no município de Curitiba – Paraná (2000 - 2010)**. 45 f. Monografia (Especialização em Políticas Educacionais) – Universidade Federal do Paraná, Curitiba, 2011.

SOUZA, Gizele de. A educação de crianças pequenas: a busca pela emancipação. *In*: SOUZA, Gizele de (org.). **A criança em perspectiva**: o olhar do mundo sobre o tempo infância. São Paulo: Cortez, 2007.

SOUZA, Ruth Catarina Cerqueira Ribeiro de. Formação de professores: tempos de vida, tempos de aprendizagem. *In*: SOUZA, Ruth Catarina Cerqueira Ribeiro de; MAGALHÃES, Solange Martins Oliveira. **Formação de professores**: elos da dimensão complexa e transdisciplinar. Goiânia: PUC Goiás, 2012.

SPROVIERI RIBEIRO, Maria Luísa. Possibilidades e tendências: a função supervisora na gestão democrática. *In*: SPROVIERI RIBEIRO, Maria Luísa. **As funções** do supervisor, do coordenador pedagógico e do orientador educacional: possibilidades e tendências. São Paulo: Gama Filho/UFG, [s. d.].

STAKE, Robert E. **A arte da investigação com estudos de caso**. Lisboa: Fundação Calouste Gulbenkian, 2012.

SUANNO, João Henrique. Criatividade na educação: entrevistas com quem investiga a criatividade. *In*: ROSA SUANNO, Marilza Vanessa; PUIGGRÒS, Rajadell Núria (org.). **Didática e formação de professores**: perspectivas e inovações. Goiânia: CEPED/PUCGoiás, 2012.

TARDIF, Maurice; LESSARD, Claude. **O trabalho docente**: elementos para uma teoria da docência como profissão de interações humanas. Petrópolis: Vozes, 2013.

TAVARES, Romero. Aprendizagem significativa, codificação dual e objetos de aprendizagem. **Revista Brasileira de Informática em Educação**, v. 2, n. 14, p. 4-15, 2010. Disponível em: http://www.fisica.ufpb.br/~romero/pdf/ReuniaoTrabalhosAcademicos.pdf. Acesso em: 18 set. 2015.

TORRES, Patrícia Lupion; BEHRENS, Marilda Aparecida. Complexidade, transdisciplinaridade e produção do conhecimento. *In*: TORRES, Patrícia Lupion (org.). **Complexidade**: redes e conexões na produção do conhecimento. Curitiba: SENAR-PR, 2014.

TORRES, Patricia Lupion; SIQUEIRA, Lília Maria Marques. Educação virtual nas universidades: as contribuições da aprendizagem colaborativa. **Revista Historia de La Educación Latinoamericana**, Colômbia, v. 14, n. 19, p. 175-204, jul./dez. 2012. Disponível em: http://www.redalyc.org/pdf/869/86926976009.pdf. Acesso em: 12 set. 2015.

TRINDADE, Rui. **Escola, poder e saber**: a relação pedagógica em debate. Porto: Livpsic, 2009.

TRINDADE, Rui; COSME, Ariana. **Organização e gestão do trabalho pedagógico**: perspectivas, questões, desafios e respostas. Porto: Livpsic, 2013.

VASCONCELLOS, Celso dos Santos. **Coordenação do trabalho pedagógico**: do projeto político-pedagógico ao cotidiano da sala de aula. São Paulo: Libertad, 2013.

VASCONCELOS, Eduardo Mourão. **Complexidade e pesquisa interdisciplinar**: epistemologia e metodologia operativa. Petrópolis: Vozes, 2011.

VIEIRA, Flávia. Para uma visão transformadora da supervisão pedagógica. **Educação e Sociedade**, Campinas, v. 29, n. 105, p. 197-217, jan./abr. 2009. Disponível em: http://www.cedes.unicamp.br. Acesso em: 20 ago. 2015.

YIN, Robert K. **Estudo de caso**: planejamento e métodos. Porto Alegre: Bookman, 2001.

YUS, Rafael. **Educação integral**: uma educação holística para o século XXI. Porto Alegre: ARTMED, 2002.

ZABALA, Antoni. **Enfoque globalizador e pensamento complexo**: uma proposta para o currículo escolar. Porto Alegre: ARTMED, 2002.

ZAYAS, Emilio López-Barajas (org.). **O paradigma da educação continuada**. Porto Alegre: Penso, 2012.

ZEICHNER, Ken. Novos caminhos para o *practicum*: uma perspectiva para os anos 90. *In*: NÓVOA, António. **Professores**: imagens do futuro presente. Lisboa: EDUCA, 2009.